本书是教育部人文社科研究规划基金项目（13YJA740021）和国家语委科研项目（YB125－66）的阶段性研究成果之一。

刘丽丽 著

休宁（溪口）方言研究

中国社会科学出版社

图书在版编目（CIP）数据

休宁（溪口）方言研究／刘丽丽著．—北京：中国社会科学出版社，
2014.7

ISBN 978-7-5161-4752-8

Ⅰ.①休… Ⅱ.①刘… Ⅲ.①江淮方言—方言研究—休宁县
Ⅳ.①H172.4

中国版本图书馆 CIP 数据核字（2014）第 206551 号

出　版　人	赵剑英	
责任编辑	冯春风	
责任校对	林福国	
责任印制	王炳图	

出　　　版　中国社会科学出版社
社　　　址　北京鼓楼西大街甲 158 号（邮编 100720）
网　　　址　http://www.csspw.cn
　　　　　　中文域名：中国社科网　010-64070619
发 行 部　010-84083685
门 市 部　010-84029450
经　　　销　新华书店及其他书店

印　　　刷　北京君升印刷有限公司
装　　　订　廊坊市广阳区广增装订厂
版　　　次　2014 年 7 月第 1 版
印　　　次　2014 年 7 月第 1 次印刷

开　　　本　710×1000　1/16
印　　　张　15.5
插　　　页　2
字　　　数　260 千字
定　　　价　47.00 元

目 录

第一章 绪言 ………………………………………………（ 1 ）

  一 地理人口简况 ………………………………………（ 1 ）

  二 历史沿革 ……………………………………………（ 1 ）

  三 方言系属及研究概况 ………………………………（ 2 ）

  四 标音符号 ……………………………………………（ 3 ）

  五 发音合作人 …………………………………………（ 4 ）

第二章 语音 ………………………………………………（ 5 ）

  一 单字音系 ……………………………………………（ 5 ）

  二 音韵特点 ……………………………………………（ 9 ）

  三 同音字汇 ……………………………………………（34）

  四 语流音变 ……………………………………………（67）

  五 见系声母腭化现象 …………………………………（82）

第三章 词汇 ………………………………………………（98）

  一 天文 …………………………………………………（98）

  二 地理 …………………………………………………（102）

  三 时令时间 ……………………………………………（106）

  四 农业 …………………………………………………（110）

  五 植物 …………………………………………………（113）

  六 动物 …………………………………………………（121）

  七 房舍 …………………………………………………（127）

  八 器具、用品 …………………………………………（130）

  九 称谓 …………………………………………………（138）

  十 亲属 …………………………………………………（143）

  十一 身体 ………………………………………………（149）

十二　疾病、医疗 ……………………………………………（155）

十三　衣服、穿戴 ……………………………………………（159）

十四　饮食 ……………………………………………………（163）

十五　红白大事 ………………………………………………（170）

十六　日常生活 ………………………………………………（175）

十七　讼事 ……………………………………………………（179）

十八　交际 ……………………………………………………（180）

十九　商业、交通 ……………………………………………（182）

二十　文化教育 ………………………………………………（186）

二十一　文体活动 ……………………………………………（190）

二十二　动作 …………………………………………………（193）

二十三　位置 …………………………………………………（201）

二十四　代词等 ………………………………………………（203）

二十五　形容词 ………………………………………………（205）

二十六　副词、介词等 ………………………………………（209）

二十七　量词 …………………………………………………（212）

二十八　附加成分等 …………………………………………（219）

二十九　数字等 ………………………………………………（220）

第四章　语法例句与语料记音 ………………………………（226）

一　语法例句 …………………………………………………（226）

二　语法特点 …………………………………………………（237）

三　语料记音 …………………………………………………（240）

参考文献 ………………………………………………………（242）

第一章　绪言

一　地理人口简况

溪口镇隶属休宁县，位于休宁以西 24 公里处，地处率水河上游，东与陈霞乡接壤、南与板桥乡为邻、西与汪村镇交界、北与渭桥乡毗邻。全镇国土面积 224.22 平方公里，是全县面积最大的乡镇。全镇地势南北高、中间低，大部分为低丘和浅丘地貌，沿率水流域有带状河谷平原分布，南部有较高山峰。境内最高峰为仙姑尖，海拔 1075 米。溪口镇现辖 27 个行政村，157 个村民组，人口 2.42 万人，是休宁县工业重镇，也是休宁县人口最多、幅员最辽阔的山区大镇和物资集聚的商贸强镇。

溪口是全国农科教发源地，也是黄山市生态乡镇。境内文物胜迹甚多。木干村北有清代名宦、书法家汪由敦墓地，为省重点文物保护单位。镇东水口林有关帝庙（俗称红庙）及其右侧的关帝亭，为溪口村标志性古建筑。和村的兰湖桥（又名弘济桥），是明代修建的石拱桥。率水之滨的阳干是省级生态村和省农家乐旅游示范点，也是县十大乡村旅游福地之一。溪口镇名人辈出，主要有清乾隆年间军机大臣汪由敦及其次子汪承霈，嘉庆年间状元吴信中，清末名医王少峰，篆刻名家戴厚光等。自宋至清，镇上有进士出身的官宦近 50 人。

二　历史沿革

溪口又称双河，据《休宁县志》记载，溪口镇唐代即有村落。清代属履仁乡十三都，民国时期先属双河镇，后属第 4 区。新中国成立后，1950 年 4 月撤乡设区，为溪口区。1952 年 12 月恢复乡镇制，境内设溪口镇、石田乡、江潭乡、冰潭乡、矶溪乡、祖功乡、杭溪乡、中段乡、花桥乡等，皆隶属溪口区。1955 年 12 月穆朗乡并入溪口镇。1956 年 5 月溪口镇改溪口乡。1958 年 10 月，实行公社制，溪口区改五星人民公社，各乡相应改为生产大队。1961 年 5 月恢复区，公社划小，溪口区辖溪口、石田、江潭、冰潭、花桥、长丰及陈霞、回溪、板桥等 9 个公社。1984 年溪口公社改为溪口镇，隶属溪口区。1992 年撤区并乡，花桥乡并入溪口镇。2004 年全县乡镇区划调整，江潭、冰潭两乡又并入溪口镇。2010 年，全镇辖 20 个行政村，154 个村民小组，7524 户 22793 人，其中农业人口 21681 人，乡村劳动力 14880 人。

三　方言系属及研究概况

徽语大致可以分为五片：绩歙片、休黟片、祁德片、严州片和旌占片，休宁溪口镇方言属于休黟片。休宁县境内主要有四种方音：五城口音、临溪口音、流口口音和板桥口音。前三种口音比较接近，板桥口音接近婺源方音，与其他三种差别较大。溪口方言与五城口音、临溪口音相近。

关于休宁方言的语音研究，目前有若干重要的研究文献。其中有平田昌司先生的《休宁音系简介》（《方言》1982 年第 4 期）、《徽州休宁の言语生活（徽州休宁的言语生活）》（日本《未名》）、《读〈休宁县志·方言卷〉》等，另有冯雪珍《休宁话简介》（《徽州师专学报（哲社版）》1987 年第 4 期）、《休宁方言纪要》（《语言研究集刊（2）》）等。此外，在合肥师范学院方言调查工作组编《安徽方言概况》及休宁县地方志编纂委员会编《休宁县志》卷 30 方言中对休宁方言也有所提及。而平田昌司先生主编的《徽州方言研究》对休宁方言的声韵调、音韵特点、文白异读、儿化音等均有详细的描写和分析。关于溪口方言，目前所能见到的只有程槎生 1958 年写的《徽州休宁县溪口方言音系》一文，对溪口方言的声韵调进行了描写，并与中古音、普通话进行了对比分析，是关于溪口方言最早的文献。

四　标音符号

本书采用国际音标标音，所用音标及其他有关符号如下：

1. 辅音表

发音方法 ＼ 发音部位			双唇	唇齿	舌尖前	舌尖中	舌叶	舌面前	舌根
塞音	不送气	清	p			t			k
	送气		ph			th			kh
塞擦音	不送气				ts		tʃ	tɕ	
	送气				tsh		tʃh	tɕh	
鼻音		浊	m					ȵ	ŋ
边音						l			
擦音	清			f	s		ʃ	ç	x
	浊			v					

2. 元音表

舌位 舌音 唇 标 位 形 类别	舌面					舌尖
	前		央	后		前
	不圆	圆	不圆	不圆	圆	不圆
高	i	y		ɯ	u	ɿ
半高	e			ɤ	o	
半低	ɛ		ə		ɔ	
低	a				ɑ	

3. 声调用五度标记法，即用 1、2、3、4、5 分别表示五个不同的高度。记音时，本调标在音标的右边，上标。如果有变调，一律标在本调的后面，本调和变调中间用"–"隔开。例如"日头 ȵie$^{311-33}$ thiu^{55}"（太阳）表示"日"的本调是 311，变调是 33，"头"本调 55 不变。轻声不

标具体调值，一律在音标后面标出 0。例如"哪一个 la$^{42-21}$ i^0 ka^{55}"，"一"为轻声。

4. 其他符号

Ø　零声母符号

h　送气符号

：　长元音符号

－ ＝在汉字和音标下分别表示白读音和文读音。

五　发音合作人

本书的语音分析及词汇、语法、语料记音等材料的主要发音人有：吴观孝，男，溪口镇和村人，1938 年生，文化程度高小，农民，未长期离开过本地，会说不标准的普通话。此外，休宁县地方志办公室的汪顺生同志提供了当地方志及部分语料。

第二章　语音

一　单字音系

（一）声母 23 个，零声母在内

p 悲排北笨　　　ph 破步匹拔　　　m 麦袜　　　　f 非费肥　　　v 握云

t 多盗图甜　　　th 透头托笛　　　　　　　　　　　　　　　　l 拿路栗
ts 姐截茶剑技　　tsh 坐就助池抄　　　　　　　　s 席士实是

tʃ 张姜倦卷　　　tʃh 浊住巧裙　　　　　　　　　ʃ 鞘绍训许
tɕ 周舌九　　　　tɕh 囚绸妾近　　　n̢ 念娘让硬　　ɕ 虽社厚现

k 哥茄光谐　　　kh 宽葵块舰　　　ŋ 瓦翁扼　　　x 黑盒

ø 儿玩

音值说明：

1. 古泥来母在今洪音前合并读 [l]，在今细音前古泥母读 [n̢]，古来母读 [l]。

2. [tʃ] [tʃh] [ʃ] 与 [tɕ] [tɕh] [ɕ] 和韵母的搭配互补。前者与开口呼和撮口呼如 "[o]、[ɑŋ]、[y]、[yːɐ]、[yin]" 等搭配，后者与齐齿呼如 "[i]、[ie]" 等搭配。

（二）韵母 31 个

ɿ 刺翅技次死　　i 虑徐危醉泪　　u 步所毒互姑　　y 猪书水睡女
a 哪孩埋兵形　　ia 也硬荣英　　　ua 怪杆夸华横　　ya 兄
e 悲批低石吃　　ie 日泥　　　　　ue 轨卫毁挥　　　ye 规追
o 雹莫否多歌　　io 弱药鸟约

ɔ 蛋塔杀恰牙

ɤɯ 配报梅走呆　　　　　　　　　　　uɤɯ 该绘忽或爱

　　　　　　　iːɐ 边姐剪全捏　　uːɐ 半罚代乱税　　yːɐ 船决远月

　　　　　　　iu 表丢逗牛狗

ɛn 笨朋送东暗　　　　　　　　　　uɛn 根滚很

　　　　　　　in 宾浓真绳　　　　　　　　　　　　　　yin 军春纯顺

　　　　　　　　　　　　　　　uːɐn 段顿嫩村

ɑŋ 盼帮汤香庄　　iɑŋ 亮让样　　uɑŋ 晃亡

m 母

n 二五

音值说明：

1. ［u］拼［t th l］有时有过渡音［ʋ］。

2. ［i］拼唇音、舌尖音时有动程，实际发音为［Ii］。

3. ［io］有时实际发音为［yo］。

4. ［ue］韵母中的［e］实际舌位略高。

5. ［ɔ］在长调或曲折调前有时有［ɐ］韵尾。

6. ［iːɐ］［uːɐ］［yːɐ］中，［iː］［uː］［yː］是主要元音，［ɐ］是韵尾，其实际舌位偏前，整个韵母发音前重后轻。

7. 假摄开口三等麻韵实际发音为［iɛ］。

8. ［n］有时发音为［ɲ］。

9. ［yin］中［i］实际舌位是［l］。

10. ［uːɐn］只在山摄合口一等端泥影组和臻摄合口一等端系出现，如：段［tuːɐn³¹¹］、遵［tsuːɐn³¹¹］。

11. ［ɑŋ］中主元音及鼻音韵尾实际发音部位偏前。

（三）声调 5 个

阴平　311　东开路地月白

阳平　55　门牛皮怪快去

阴上　42　古鬼九苦讨草

阳上　13　买老五有近动

入声　212　百节哭拍客北

声韵配合表

声母＼韵母	开口呼									齐齿呼							合口呼					撮口呼				
	ɿ	a	e	o	ɔ	ɤɯ	en	aŋ	m n ŋ	i	ia ie	io	a:i	iu	in	iaŋ	u	uaueuɤɯ	a:n	u n u:n uɜ	uaŋ	y	ya	ye	y:n	yin
p		冰	悲	包						笔		①	边	表	宾	②	布		半							
ph		败	劈	婆						披			偏	飘	贫		扑		判							
m		麦	美	磨						迷			面	庙	抿		目		马							
f			废	否		佛	风	放		飞							富		饭							
v						物				尾					云		握									
t		灯	低	多	蛋	刀	洞	当		地			电	丢			毒		对	顿						
th		太	替	拖	贪	讨	同	烫					天	头			土		腿	吞						
l		冷	犁	落	辣	老	笼	狼					怜	六			路		乱	嫩						
ts	子	正	挤	做	茶	早	中	装		嘴			尖	酒	针	亮	组		灶	尊						
tsh	刺	请	姜	炒	餐	草	充	窗		徐			千	秋	亲	奖	粗		菜	村						
s	丝	生	石	勺	山	嫂	送	双		需			先	修	心	想	苏		算	孙						
tʃ		京	鸡	浇																		距		闽	专	军
tʃh		坑	启	超																		区		亏	穿	春
ʃ		剩	徙	烧																		虚	兄	谁	船	顺

续表

韵母分组：开口呼（ɿ、a、e、o·、ɔ、mɣu、ɯn、aŋ、m n）｜齐齿呼（i、ia ie、io、a:i、iu、in、iɑŋ）｜合口呼（u、uaue、uɣu、a:n、uɣn、ua:n、uɑŋ）｜撮口呼（y、ya、ye、y:ɛ、yin）

声母＼韵母	ɿ	a	e	o·	ɔ	mɣu	ɯn	aŋ	m n	i	ia ie	io	a:i	iu	in	iɑŋ	u	uaue	uɣu	a:n	uɣn	ua:n	uɑŋ	y	ya	ye	y:ɛ	yin
tç										机			见	九	斤	让												
tçh										奇			欠	口	穷													
ɲ										艺	硬 日	弱	热	牛	认									女			月	
ç										戏			献	手	熊													
k		街		哥	家	高	公	江									姑	怪 轨	改	关	根							
kh		楷		棵	刊	靠	孔	康									苦	快 窥	开	款	捆							
ŋ		矮		饿	雁	夭	暗										吾					筐						
x		鞋		货	限	好	红	慌									虎	怀		欢 话	很	环	晃					
∅		阿		窝		儿		黄	母	衣 英 益		药		有	用	羊	无	蛙 胃 爱			稳	环	住	于			远	

注：

① pio^{212}："不要"的合音

② $pia\eta^{13}$："不曾"的合音

说明：

1. 阴平（311）开头略降，以平为主。

2. 入声（212）以升为主。

（四）音节结构

溪口方言音节结构的主要特点如下：

1. 声母［tʃ tʃh ʃ］可与［ɣ a ya e ye o yːɐ yin aŋ］等韵母相拼，声母［tɕ tɕh ɕ］只与［i iːɐ iu in］韵母相拼。

2. 合口呼韵母［ua ue uɣɯ uɛn uɑŋ］只与［k］组声母相拼。

3. 在今普通话中未腭化，读［k］组声母拼洪音的部分中古见系字，在今方言中腭化，读［tɕ］组声母拼齐齿呼或［tʃ］组声母拼开口呼和撮口呼。

4. 儿化韵多是［n］韵尾音节和鼻化音音节。

（五）声韵配合表

二　音韵特点

（一）声母

表 2－1　　　　　　　　　　溪口方言与中古声母对照表

古音条件	今音条件	溪口方言	例字	其他
帮	p	巴八	ph 跛果合一戈 谱遇合一模 彼止开三支 蝙山开四先 卜通合一东 m 秘~书，止开三脂
滂	ph	铺拍	p 颇果合一戈 玻果合一戈 怖遇合一模 臂止开三支
并	ph	婆步	
	p	排抱	
明	m	门幕	Ø 茂流开一候 母流开一候 拇流开一候 戊流开一候 木通合一东 l 谬流开三幽
非	f	飞富	ph 甫遇合三虞 脯遇合三虞
敷	f	肺翻	
奉	f	肥房	ph 辅遇合三虞 吠蟹合三废　　p 防宕合三阳

古音条件		今音条件	溪口方言	例字	其他
微			∅	武挽	
			v	微味	
			m	谋袜	
端			t	多掂	th 祷效开一豪
透			th	添脱	t 椭果合一戈 溻咸开一谈 汀梗开四青
定			th	谈大	
			t	抬甜	
泥		洪音前	l	闹能	
		细音前	ȵ	娘年	s 尿效开四萧　tɕ 拈咸开四添　∅ 赁租~，深开三侵 诺，宕开一唐 m 捻山开四先　l 撵山开四先 匿曾开三蒸 脓通合一冬 农通合一冬 浓通合三钟
来			l	路驴	kh 裸果合一戈
精			ts	紫酒	tsh 咨止开三脂 姿止开三脂 躁效开一豪 剿效开三宵 歼咸开三盐 笺山开四先 tʃ 俊臻合三谆 纵放通合三钟 tɕ 揪流开三尤 绩成~，梗开四青 爵宕开三阳
清			tsh	搓取	tʃh 锹铁~　s 悄效开三宵 俏效开三宵 鹊宕开三阳 tɕh 侵深开三侵
从	平		tsh	齐全	ts 樵效开三宵
	仄		ts	剂截	tʃ 绝山合三仙 tɕ 渐咸开三盐 捷咸开三盐 寂梗开四青
			tsh	坐在	
心			s	写心	ts 撕止开三支 髓止合三之 tsh 赐止开三支 饲止开三之 臊效开一豪 怂通合三钟 ʃ 徙止开三支 讯臻开三真 鞘效开三宵 迅臻合三谆 恤臻合三谆 镶宕开三阳 襄宕开三阳 ɕ 些假开三麻 犀蟹开四齐 虽止合三脂 绥止合三脂 戍臻合三谆

续表

古音条件	今音条件	溪口方言	例字	其他
邪		s	席俗	ts 似止开三之 ∫ 隧止合三脂巡臻合三谆循臻合三谆殉臻合三谆
		tsh	斜袖	tɕ 祀止开三之 tɕh 囚流开三尤 ɕ 袭深开三侵羡，山开三仙 ø 涎山开三仙
知	甲类	ts	罩扎	t 爹假开三麻 s 缀蟹合三祭 tsh 置位~，止开三之
	乙类	tʃ	猪追	tʃh 拄遇合三虞
	乙类	tɕ	展竹	
彻	甲类	tsh	戳拆	ts 侦梗开三清
	乙类	tʃh	超畅	
	乙类	tɕh	抽畜	
澄	甲类	tsh	迟沉	t 滞蟹开三祭 th 绽山开二山 t 瞪曾开三蒸
	甲类	ts	茶撞	
	乙类	tʃh	锤住	
	乙类	tʃ	场	
	乙类	tɕh	绸轴	
	乙类	tɕ	纠	
庄		ts	炸责	tsh 榛臻开三真 侧曾开三蒸 k 眨咸开二咸
初		tsh	抄插	s 栅梗开二耕
崇	平	tsh	巢谗	s 锄遇合三鱼 豺蟹开二皆 柴蟹开二佳 床宕开三阳
	平	ts	查雏	tɕh 愁流开三尤
	仄	ts	铡撰	
	仄	tsh	助骤	tʃ 镯江开二江 t 浞江开二江
	仄	s	柿闸	
生		s	沙梳	∫ 潲效开二肴 朔江开二江 生梗开二庚 tsh 产山开二山

古音条件	今音条件	溪口方言	例字	其他
章	甲类	ts	制针	tsʰ 址止开三之 趾止开三之 s 嘱1，通合三钟 tɕ 嘱2，通合三钟
	乙类	tʃ	煮主	tʃh 拙止合三仙
		tɕ	遮粥	tɕh 颤山开三仙
昌	甲类	tsh	齿出	
	乙类	tʃh	吹穿	
		tɕh	车尺	
船	甲类	s	神食	
	乙类	ʃ	船乘	
		tɕ	舌	
		ɕ	蛇	
书	甲类	s	世尸	tsh 翅止开三支 湿深开三侵 ts 春通合三钟
	乙类	ʃ	水说	tʃh 鼠遇合三鱼
		ɕ	收叔	
禅	甲类	tsh	蝉植	ts/tɕ 蜀通合三钟 ɕ 肾1，臻开三真
		s	是谁	
	乙类	tʃh	署	
		ʃ	竖纯	
		tɕh	仇售	
		ɕ	受善	
日	洪音前	Ø	儿耳	v 润臻合三谆 闰臻合三谆 l 扔曾开三蒸 仍曾开三蒸
	细音前	n̠	惹热	
见	甲类	k	姑交	kh 剐假合二麻 箍遇合一模 会~计，蟹合一泰 刽蟹合一泰 诡止合三支 愧止合三脂 昆臻合一魂 矿梗合二庚 Ø 蜗假合二麻 冀止开三脂 ts 剑咸开三严 tsʰ 讫臻开三殷
	乙类	tʃ	居规	ʃ 侥效开四萧 tɕh 供通合三钟 l 脸咸开三盐
		tɕ	鸡记	

古音条件	今音条件	溪口方言	例字	其他
溪	甲类	kh	可恰	k 课上～（老），果合一戈 慨蟹开一咍 蒯蟹合二皆 犒效开一豪 廓宕合一唐 x 恢蟹合一灰 tsh 泣深开三侵 腔江开二江
	乙类	tʃh	吃坑	ʃ 墟～市，遇合三鱼
		tɕh	弃口	tɕ 杞止开三之
群	甲类	kh	葵	
		k	茄	
	乙类	tʃh	癞跪	
		tʃ	渠具	
		tɕh	奇件	tsh 乾山开三仙 虔山开三仙 掮山开三仙 ts 岐止开三支
		tɕ	球仪	
疑	洪音前	ŋ	我牙	v 悟遇合一模
		∅	五岸	
	细音前	n̠	鱼遇	v 危止合三支 l 乐音～，江开二江
		∅	虞谚	
晓	甲类	x	吓瞎	∅ 歪蟹合二佳 讳止合三微 焕山合一桓 k 蒿效开一豪
	乙类	ʃ	靴徽	∅ 吁遇合三虞 s 喧山合三元 欣1，臻开三殷 胸通合三钟 凶通合三钟
		ɕ	戏休	tɕh 畜通合三东 蓄通合三东
匣		x	鞋咸	k 蛤～蟆，假开二麻 谐蟹开二皆 械蟹开二皆 解姓，了～，蟹开二佳 绘蟹合一泰 匣咸开二衔 降下～，江开二江 汞通合一东 kh 溃蟹合一灰 洽2，咸开二咸 舰咸开二衔 tsh 洽2，咸开二咸 s 系动词，蟹开四齐 ∅ 胡～须，遇合一模 坏蟹合二皆 话蟹合二夬 完山合一桓 丸山合一桓 皖山合一桓 换山合一桓 活山合一桓 滑山合二山还～钱，～有，山合二删环门～，山合二删 核桃～儿，臻开一魂 黄宕合一唐 蝗宕合一唐 镬宕合一唐 横～直，蛮～，梗合二庚 k 含～在嘴里，咸开一覃
		ʃ	弦悬	tʃh 奚蟹开四齐 穴山合四先 tʃ 迥梗合四青 ∅ 县山合四先
		ɕ	喉现	tɕh 携蟹合四齐 ∅ 淆效开二肴 肴效开二肴 萤梗合四青

续表

古音条件	今音条件	溪口方言	例字	其他
影		ŋ	挨暗	x 秽蟹合三废 ts 轧～棉花，山开二黠
		v	握屋	
		∅	窝呕	
云以		∅	爷摇	tʃ 捐山合三仙 x 汇止合一微
		ȵ	谓	
		v	为云	

溪口方言声母特点：

1. 古全浊声母今读清音声母，逢塞音塞擦音多数送气，少数不送气，与古声调的平仄无关。送气与否，总的来说，看不出规律。统计发现，古浊塞擦音的送气比例略高于古浊塞音的送气比例。古浊塞音声母今读送气与不送气的比例比较接近，如：婆并［pho⁵⁵］、排并［pa⁵⁵］、渠群［khɤ⁵⁵］、茄群［kɔ³¹¹］。定母较为特殊，今读不送气的约占 2/3，如：弹～琴［taŋ⁵⁵］、肚［tu¹³］。古浊塞擦音声母今读送气的比例占 2/3 强，如：赚澄［tshu:ɐ¹³］、站澄［tshɔ¹³］、愁崇［tɕhiu⁵⁵］、助崇［tshu³¹¹］、蟾禅［tshi:ɐ⁵⁵］、植禅［tshɤ³¹¹］、坐从［tsho¹³］、聚从［tshi¹³］。邪母送气比例达到 93%，如：斜［tshi:ɐ⁵⁵］、随［tshi⁵⁵］、寻［tshin⁵⁵］，船母读不送气：盾［tuɐ:n³¹¹］、舐［tɕi:ɐ¹³］、舌［tɕi:ɐ³¹¹］。

2. 古微母白读为［m］声母、文读为［∅］，如：晚［mu:ɐ¹³］［u:ɐ¹³ᐟ⁴²］、蚊［mɛn⁵⁵］／［uɛn⁵⁵］。

3. 古泥来母在今洪音前相混，均读为［l］；细音前不混，分别读为［ȵ］、［l］，前者如：拿泥［lɑ³¹¹］、努泥［lu¹³］、路来［lu³¹¹］，后者如：碾泥［ȵi:ɐ¹³］、谅来［liaŋ³¹¹］、娘泥［ȵiaŋ⁵⁵］、轮来［lin⁵⁵］。

4. 分尖团，尖音读［ts］组声母拼齐齿呼，团音读［tɕ］组声母拼齐齿呼或［tʃ］组声母拼开口呼、撮口呼。来自古开口的尖团音声母不同，如：酒精［tsiu⁴²］≠九见［tɕiu⁴²］，秋清［tshiu³¹¹］≠丘溪［tɕhiu³¹¹］，就从［tshiu³¹¹］≠旧群［tɕhiu³¹¹］，修心［siu³¹¹］≠休晓［ɕiu³¹¹］，先心［si:ɐ³¹¹］≠掀晓［ɕi:ɐ³¹¹］。来自古合口的尖团音声母和韵母都不同，如：需心［si³¹¹］≠虚晓［ʃy³¹¹］，全从［tshiːɐ⁵⁵］≠拳群［ɕʃhyːɐ⁵⁵］，旬邪［sin⁴²］≠训晓［ʃyin⁵⁵］。此外，古见晓组声母腭化后，还有读作［tʃ］组声母拼开口呼的，如：京［tʃa³¹¹］，鸡［tʃe³¹¹］，脚［tʃo²¹²］，香［ʃaŋ³¹¹］。这类音虽然韵母不是细音，但反映了与古精组声母腭化后不同的读音，所以也可以称为团音。

5. 古知庄章组按摄、等和呼的不同分为［ts］组和［tʃ］（开口呼、撮口呼前）［tɕ］组（齐齿呼前）两类不同的声母。只读［ts］声母的情况：除了江摄开口二等入声之外的知组二等和庄组，止、蟹、深、臻、曾、梗开口三等的知章组，蟹摄、臻摄（入声）、通摄（舒声）合口三等的知章组，例字如：摘知［tsa²¹²］、拆彻［tsha³¹¹］、阻庄［tsu⁴²］、士崇［sɿ³¹¹］、蒸章［tsin³¹¹］、税书［suːɐ⁵⁵］。只读［tʃ］［tɕ］声母的情况：假摄开口三等章组，效、流、咸、山、宕（舒声）开口三等的知章组，遇、止、山、臻（舒声）合口三等的知章组，例字如：追知［tʃye³¹¹］、厂昌［tʃhaŋ⁴²］、蛇船［ɕiːɐ⁵⁵］。［ts］和［tʃ］［tɕ］声母读音都有的情况：宕摄开口三等入声知章组，江摄开口二等入声知庄组，通摄合口三等入声知章组，例字如：着知，～衣［tso²¹²］、着澄，睡～附～［tʃho³¹¹］、勺禅［so³¹¹］、芍禅［ʃo³¹¹］、桌知捉庄［tso²¹²］、戳彻［tʃho²¹²］、镯崇［tʃo³¹¹］等。总体来看，知二和庄组读［ts］声母为常，三等知章组的读音分化没有明显的规律。

从声母分混的情况看，古知庄章第一类声母与古精组声母相混，古知庄章第二类多了声母与细音前的古见晓组相混。前者如：纸章＝子精，争庄＝精精，绳船＝信心；后者如：扯昌＝遣溪，昼知＝救见，缠澄＝权群，招章＝浇见。

6. 古日母字今多读鼻音声母［ȵ］或［Ø］，如：热［ȵiːɐ³¹¹］、染［ȵiːɐ¹³］、乳［y¹³］、若［io³¹¹］、冉［iːɐ⁴²］。止摄日母字"二耳而"等，读［ɤɯ］或自成音节的鼻音［n̩］，如：儿［ɤɯ⁵⁵］、二［n̩³¹¹］。

7. 蟹摄合口三四等、止摄合口三等、流摄一等、宕摄开口一等合口三等、曾摄开口一等、梗摄开口二等、通摄三等见系声母读音多腭化，读［tʃ］或［tɕ］组，如：闺蟹合四齐［tʃye³¹¹］、规止合三支［tʃye³¹¹］、狗流开一侯［tɕiu⁴²］、刚宕开一唐［tʃaŋ³¹¹］、筐宕合三阳［tʃhaŋ³¹¹］、肯曾开一登［tɕhin⁴²］、坑梗开二庚［tʃha³¹¹］、弓通合三东［tɕin³¹¹］（详见本章"五 见系声母腭化现象"）。

8. 古疑母一二等字多读洪音，声母为［ŋ］或［Ø］，三四等字多读细音，声母为［ɲ］或［Ø］，如：瓦假合二麻［ŋɔ¹³］、岸山开一寒［u:ɐ³¹¹］、言山开三元［ɲi:ɐ⁵⁵］、尧效开四萧［ɲio⁵⁵］、谚山开三仙［i:ɐ³¹¹］。流摄例外，如：偶_{儿流开一侯}［ɲiŭ¹³］。

9. 古匣母文读［x］声母，白读［Ø］，如：坏［xua³¹¹］／［ua³¹¹］、黄［xɑŋ⁵⁵］／［ɑŋ⁵⁵］。

10. 古影母一二等今多读洪音，声母为［ŋ］或［Ø］，三四等多读细音，声母为［Ø］，如：哀_{蟹开一哈}［uɤɯ³¹¹］、亚_{假开二麻}［ŋɔ⁴²］、蛙_{假合二麻}［ua³¹¹］、因_{臻开三真}［in³¹¹］、烟_{山开四先}［i:ɐ³¹¹］、冤_{山合三元}［y:ɐ³¹¹］。

（二）韵母

表 2 - 2　　　　　　　　　　　溪口方言与中古韵母对照表

中古音韵地位			声母	溪口方言	例字	其他
果	开口	一等歌	端精见晓组来母	o	多搓可河罗	a 他
			泥影母	a	挪阿~哥	
		三等戈	见组	ɔ	茄	
	合口	一等戈	帮端见系	o	波惰糯课火	ɤɯ 捼
		三等戈	见组	o	瘸	
			晓组	y:ɐ	靴	
假	开口	二等麻	帮组	u:ɐ	疤爬麻	
			帮组泥母	a	巴帕妈把爸拿	
			知见系	ɔ	茶家虾丫	a 洒哈吓蛤 ~蟆 o 乍
		三等麻	精知章影组日	i:ɐ	姐爹遮爷惹	a 者 ia 也 i 些
	合口	二等麻	庄见晓组	u:ɐ	傻瓜花	a 要
			见晓影组	ua	寡跨蛙	
			疑母	ɔ	瓦	

续表

中古音韵地位			声母	溪口方言	例字	其他
遇	合口	一等模	帮端泥精见系	u	铺兔路故	o 赂
			帮精组	o	摹做错	
		三等鱼	来母精组	i	驴旅绪	u 庐
			庄组	u	阻初疏所	
			知章组见系日	y	猪书如居虚	ɣɯ 渠他去
		三等虞	非庄组	u	夫数名词，动词	iu 雏
			来母	iu	屡缕	
			精组	i	取趣须	iu 续
			知章组日见系	y	住主乳拘雨	iu 戍 u 娱
蟹	开口	一等咍泰	端组泥母	a	带态贷耐	
			见系	uɣɯ	该开海哀	i 贝 ɣɯ 沛埃呆 ~ 板 a 艾孩
			端精组来母	aːɐ	戴灾才赛来	ɔ 赖癞蔡
		二等皆佳夬	帮知见系泥母	a	排柴介械奶	ɔ 稗 aːɐ 疣 ɣɯ 摤 io 涯崖 ie 隘
		三等祭废	帮见组	i	蔽敝艺	
			帮精章组来母	e	币祭制世励	aːɐ 例 a 滞 i 厉
		四等齐	帮端泥精组见系	i	谜涕黎犀艺	ʮ 脐
				e	批低礼挤鸡	
			见系	ie	倪	
	合口	一等灰泰	帮组	ɣɯ	杯配妹	i 眛
			见系	uɣɯ	盔灰会	a 外 ua 块
			端系	aːɐ	推雷最	i 累劳 ~ ɣɯ 偏
		二等皆佳夬	见系	ua	乖快怀蛙	
				aːɐ	褂卦画话	
		三等祭废	非精知组	e	废肺岁缀	
			奉母	i	吠	
			章组	aːɐ	赘税	
			清母	ɣɯ	脆	
			见母	ye	鳜	

续表

中古音韵地位			声母	溪口方言	例字	其他
蟹	合口	三等祭废	云母	ue	卫	
			以母	ɑːɐ	锐	
		四等齐	见匣母	ye	圭闺桂慧	
			溪母	uɤɯ	奎	
			匣母	ue	慧	
止	开口	三等支脂之微	帮端泥组见系	i	彼地尼寄	
			帮泥组	e	婢美荔	
			精组知系	ɿ	紫智示视	
			日母	ɤɯ	儿而耳	
				n	二贰	
	合口	三等支	泥精组以疑母	i	嘴危	
			章组日群母	y	吹垂蕊跪	
			见系	ue	诡窥毁委	
				ye	规	
		三等脂	来母精知组见系	i	类醉坠季唯	ye 追 uɤɯ 葵
			精知章组	y	隧锤水遂	ye 谁
			来母精庄章组见组	uːɐ	垒粹帅锥	
				ue	轨	
		三等微	非影组	i	飞未违畏	e 痱费
			见系	y	贵徽威	
				ue	魏讳胃	uɤɯ 汇
效	开口	一等豪	帮端见系	ɤɯ	保刀遭高	o 熬
			帮系	o	抱暴冒	
		二等肴	帮庄泥组见系	o	包抄交孝闹	罩 ɤɯ 笊~次 uːn 抓
			帮庄组	iu	猫捎稍	
			泥组匣母	io	挠肴淆	ɔ 闹
		三等宵	帮泥精组	iu	表票疗小	
			精知章见晓组	o	鞘超招骄	
			日母影组	io	扰妖耀	
		四等萧	端泥精组	iu	挑条聊萧	io 鸟 i 尿

续表

中古音韵地位			声母	溪口方言	例字	其他
效	开口	四等萧	见晓组	o	浇叫晓	
			见影组	io	尧吆杳	
流	开口	一等侯	帮端见系	iu	茂偷漏凑够	a 剖
			明母	m	母	
			明母见系	o	某抠殴	
			精见晓组	ɤɯ	走叩吼	
			明母端精组	u	戊陡叟	
		三等尤	非组端知见系	iu	酒抽柔九	i 骤 ɤɯ 搂
			非庄组	u	妇富搜	
			非组	o	否矛	
			庄组	ɤɯ	馊瘦	
		三等幽	帮端见影组	iu	彪丢纠幼	
咸（舒）	开口	一等覃谈	端见晓组	aŋ	耽堪憨	
			端泥精晓组	ɔ	潭男蚕含	
			端见晓影	ɛŋ	潭感憨暗	
			见组	a	坎甘柑	
		二等咸衔	知庄见晓影	ɔ	斩减咸	uːŋ 赚
		三等盐严	帮端知见系	iːɛ	贬敛闪染脸	yːy 阉
		四等添	端见系	iːɛ	添念谦嫌	
	合口	三等凡	非组	aːŋ	凡范泛	aŋ 帆
深（舒）	开口	三等侵缉	帮端知见系	in	品林心深饮	ɔ 簪
			庄章	ɛŋ	森渗斟	
山（舒）	开口	一等寒	端泥精见	ɔ	丹烂餐刊	
			精组见系	uːŋ	赞干寒安	
			端晓组	aŋ	弹~棉花罕	
			见母	ua	杆秆	

续表

中古音韵地位			声母	溪口方言	例字	其他
山（舒）	开口	二等山删	庄见晓影	ɔ	山拣限晏	
			帮见晓组	iæ/æ	束谏	a 绽扮 aŋ 盼
			帮组	u:æ	办班慢	
		三等仙元	帮端知章日见	iæ	编联展然演	a 涎 æ:y 缠 i 溅
		四等先	帮端见系	iæ	辫田前燕	ɔ 砚 y:æ 舷 in 咽
	合口	一等桓	帮端见系	u:æ	般短酸管欢	a 拼 aŋ 绊 ɛ 馒
			端泥影组	u:æ/uæ	段团端豌弯	ɛ 桓
		二等山删	庄组见系	æ	闩关幻弯	aŋ 篡 o 宦
		三等仙元	泥精晓影组	iæ	恋选喧	
			非组	u:æ	翻反	
			精组知章见系	y:y	转拳捐远	ɔ 铅 æ:y 篆
		四等先	见晓影组	y:y	犬玄渊	
臻（舒）	开口	一等痕	见系	ɛn	恳痕恨	吞 u:æ
				uɛn	根很	
		三等真殷	帮端知见系	in	宾怜亲珍巾	i:æ/a 肾 yin 讯
	合口	一等魂	帮组	ɛn	奔喷门	
			见系	uɛn	昆昏温	
			端泥精组	u:æ	敦嫩尊	in 忖
		三等谆文	非组	ɛn	分愤份	
			微母	uɛn	文吻闻	in 璺
			泥精影组日母	in	轮荀允润	y 熨 uɛn 莙 u:æ 遵盾 i 芛
			精知章见晓	yin	巡准均训	in 巡

中古音韵地位			声母	溪口方言	例字	其他
宕（舒）	开口	一等唐	帮端泥精见晓影	aŋ	榜堂脏抗杭	ɛŋ 操 u:ɛ 丧~失
		三等阳	精知庄章见晓	aŋ	镶张装章香	
			泥精日母见影组	iaŋ	娘将嚷仰	
	合口	一等唐	见晓影组	aŋ	光黄汪旷	uaŋ 晃
		三等阳	非见晓影组	aŋ	房眶王	u:ɛ 逛 iaŋ 旺
			明母见影组	uaŋ	妄匡往	
江（舒）	开口	二等江	帮知庄组见系	aŋ	棒撞双江项	ɛŋ 巷夯
曾（舒）	开口	一等登	端精晓组	ɛŋ	朋疼层恒	
			端泥精组	a	等能增	in 楞肯
		三等蒸	帮知章组日	a	冰瞪仍测	in 仍
			影组	ia	蝇	
			帮泥知章见系	in	凭凌蒸	i 凝
	合口	一等登	见组	ɛŋ	弘	
梗（舒）	开口	二等庚耕	帮泥知庄见晓组	a	萌冷撑生耕	in 浜（新）
			见影组	ia	硬鹦樱	
			帮见晓组	ɛŋ	棚耿莺	
			帮组	aŋ	盲蚌	ɛŋ 蚌
		三等庚清	帮泥精知章见组	a	兵领性贞轻	o 镜 1
			影组	ia	婴赢	iaŋ 映 i:ɛ 盈
			帮见组	in	皿迎竞	
		四等青	帮端泥精见晓组	a	瓶定宁醒型	
			帮泥晓组	in	姘拎馨	
	合口	二等庚耕	晓组	ɛŋ	轰	
				ua	横	
			见组	aŋ	矿	
		三等庚清	见影组	in	倾永颖	
			影组	ia	荣营	ya 兄
		四等青	晓组	in	萤	

中古音韵地位		声母	溪口方言	例字	其他
通（舒）	合口 一等东冬	帮端泥精见晓影组	ɛŋ	蓬东宋孔翁	iŋ 农
	三等东钟	非精知见系	ɛŋ	风从中拱	
		泥精组日见系	iŋ	隆绒用	
咸（入）	开口 一等合盍	端泥精组	ɔ	答踏纳杂	a 拉
		见晓组	ɣɯ	喝鸽磕	
	二等洽狎	知庄见晓影	ɔ	眨炸恰狭	a 压
	三等叶业	泥精章见晓影组	iːɐ	镊接业胁	
	四等贴	端见晓组	iːɐ	帖跌蝶协	
	合口 三等乏	非组	uːɐ	法乏	
深（入）	开口 三等缉	泥精见晓影	i	粒袭急吸	ie 入
		精见组	e	集泣	
		知庄章组	ʅ	涩汁十	
山（入）	开口 一等曷	端泥精组	ɔ	达捺辣	
		见晓组	ɣɯ	渴喝	
		见组	uːɐ	割葛	
	二等黠辖	帮庄晓影组	ɔ	拔札杀瞎	a 轧被车 ~
	三等薛月	帮泥精知章见系日	iːɐ	别列薛杰歇	a 撤辙 ia 杰
	四等屑	帮端泥精见	iːɐ	憋铁捏节洁	iu 屑不 ~
	合口 一等末	帮端泥精见晓	uːɐ	泼脱撮阔活	
		帮端晓	o	沫夺豁	
	二等黠辖	庄见晓影组	uːɐ	刷刮滑挖	
	三等薛月	泥精组	iːɐ	劣雪	
		非组	uːɐ	发罚袜	
		精章见影组	yːɐ	说掘越	y 拙 ia 曰
	四等屑	见晓组	yːɐ	诀缺血	
臻（入）	开口 三等质迄	帮精见影组	i	笔七吉一	ie 日 a 讫
		帮泥精组	e	匹栗疾	
		知庄章组	ʅ	侄虱质	

续表

中古音韵地位			声母	溪口方言	例字	其他
臻（入）	合口	一等没	帮端组	ɣɯ	没突	i 卒 u 猝 o 勃
			见晓组	uɣɯ	骨忽	
		三等术物	非组	ɣɯ	佛物	. o 术白 ~
			泥精组	i	律戌	
			庄章组	uːɐ	率出	
			精见组	yːɐ	恤掘	
			见组	y	橘屈	
宕（入）	开口	一等铎	帮晓组	a	泊郝	u 踱 ɔ 柞 io 诺 2
			帮端泥精见系	o	博托洛作各	
		三等药	知章见组	o	酌脚却	iaŋ 掠
			泥精组	iu	略鹊	
			日母见影组	io	弱虐约	
	合口	一等铎	见晓组	o	郭廓霍	
		三等药	非组	u	缚	
			见组	yːɐ	镢	
江（入）	开口	二等觉	帮知庄见晓组	o	剥桌镯学	
			帮影组	u	朴握	
曾（入）	开口	一等德	帮端精组	e	北得则	
			泥精见晓组	ɣɯ	勒贼刻黑	
		三等职	帮精见组	e	逼即极	in 抑匿
			泥影组	i	力忆	e 力 2
			知章组	ɿ	直织食	
			庄组	a	侧色	e 啬穑 ~
	合口	一等德	见晓组	uɣɯ	国或惑	
		三等职	影组	y	域	

续表

中古音韵地位			声母	溪口方言	例字	其他
梗（入）	开口	二等陌麦	帮知庄见系	a	百摘册客	o帛
			帮见组	e	迫格	
			庄组	ɔ	窄栅	
		三等陌昔	帮精章组	e	碧积石	y剧 a掷
			帮见影组	i	僻逆亦	
			影组	ie	益	
			章组	ʅ	炙适	
			章影组	iːɐ	射液	
		四等锡	帮端泥精见	e	劈踢溺戚吃	
				i	觅的目~寂激	
	合口	二等麦	晓组	uːɐ	划计~	
				u	获	
		三等昔	影组	y	疫役	
通（入）	合口	一等屋沃	帮端泥精见晓影组	u	扑读鹿速谷	ɣɯ瀑曝 m木 o木
		三等屋烛	非精章组	u	福目促赎	
			泥精知章日见系	iu	六肃竹肉菊	o逐
			非庄章见	o	牧足缩触	
			知见组	y	锔玉	

溪口方言韵母特点：

1. 入声字没有塞音尾，只有入声调，如：北〔pe²¹²〕、七〔tshi²¹²〕、挖〔uːɐ²¹²〕。

2. 有长元音韵母〔iːɐ〕、〔uːɐ〕、〔yːɐ〕，主要来自假、蟹、止、咸、山、宕等摄，如：姐假〔tsiːɐ⁵⁵〕、爬假〔phuːɐ⁵⁵〕、在蟹〔tshuːɐ¹³〕、垒止〔luːɐ⁴²〕、接咸〔tsiːɐ²¹²〕、汗山〔xuːɐ³¹¹〕、血山〔tʃhyːɐ⁴²〕、逛宕〔kuːɐ⁵⁵〕。

3. 普通话〔-i〕韵尾溪口方言中多读〔-ɐ、-ɯ〕尾或开尾，主要在蟹止摄，如：雷〔luːɐ⁵⁵〕、才〔tshuːɐ⁵⁵〕、税〔suːɐ⁵⁵〕、帅〔suː

ɐ^{55}]、锐[y:ɐ^{311}]、陪[pɤɯ^{55}]、脆[tshɤɯ^{55}]、奎[khuɤɯ^{311}]、灰[xuɤɯ^{311}]、海[xuɤɯ^{42}]、吠[phi^{311}]、嘴[tsi^{42}]、吹[tʃhy^{311}]、耐[la^{13}]、乖[kua^{311}]、废[fe^{55}]、卫[ue^{311}]、闺[tʃye^{311}]。

普通话[-u]韵尾溪口方言中多读[-ɯ]尾或开尾，主要在效流摄，如：走[tsɤɯ^{42}]、高[kɤɯ^{311}]、陡[tu^{55}]、抱[po^{311}]、骄[tʃo^{311}]、某[mo^{42}]、肴[io^{55}]、妖[io^{311}]。

4. 古鼻音韵尾字，咸山摄今读多失去鼻音韵尾，读作开尾或元音尾；宕江摄仍多读作后鼻音韵尾；曾梗通三摄今多读作前鼻音韵尾，部分字与深臻摄字读音合流。具体情况如表 2-3。

表 2-3　　溪口方言中古鼻音韵尾字今读音情况表

古音条件			鼻尾韵母	开尾或元音尾韵母
咸	开口	一等	aŋ ɛn	ɔ a
		二等	u:ɐn（蘸）	ɔ u:ɐ
		三等	-	i:ɐ y:ɐ
		四等	-	i:ɐ
	合口	三等	aŋ（帆）	u:ɐ
深	开口	三等	inɛn	ɔ（簪）
山	开口	一等	aŋ（盼）	ɔ u:ɐ ua
		二等	aŋ（攀）	a u:ɐ i:ɐ ɔ
		三等	-	i:ɐ i a y:ɐ
		四等	in（咽）	i:ɐ ɔ y:ɐ
	合口	一等	ɛn u:ɐn aŋ	u:ɐ a
		二等	aŋ（篡）	u:ɐ o
		三等	aŋ（繁）	i:ɐ y:ɐ u:ɐ ɔ
		四等	-	y:ɐ
臻	开口	一等	u:ɐnɛn uɐn	-
		三等	in yin	i:ɐ/a（肾）
	合口	一等	ɛn uɐn u:ɐn in	-
		三等	u:ɐn in yinɛn uɐn	i（尹）y（熨）

古音条件			鼻尾韵母	开尾或元音尾韵母
宕	开口	一等	aŋ u:ɐn（丧）ɐn（操）	－
		三等	iaŋ aŋ	－
	合口	一等	aŋ uaŋ	－
		三等	aŋ uaŋ iaŋ	u:ɐ（逛）
江	开口	二等	aŋ ɐn（巷）	－
曾	开口	一等	ɐn in	a
		三等	in	a ia i
	合口	一等	ɐn（弘）	
梗	开口	二等	aŋ（盲、虹、蛙）ɐn in	a ia
		三等	in iaŋ（映）	a i ia i:ɐ
		四等	in	a
	合口	二等	aŋ ɐn	ua
		三等	in	ya ia i:ɐ y
		四等	in	o
通	合口	一等	ɛn aŋ（虹2）in	－
		三等	ɛn in	－

说明：例字极少的在"（）"内标出，"－"表示没有字。

溪口方言中古鼻音韵尾字今读音情况如下：

（1）除"蘸［tsu:ɐn¹³］、盼［phaŋ⁵⁵］、攀［phaŋ⁵⁵］、咽［in³¹¹］、篡［tshaŋ⁴²］、繁2［faŋ⁴²］、帆［faŋ⁴²］"和咸摄开口一等、山摄合口一等外，咸山两摄其他等今读元音尾或开尾如［a:、ɔ、a、ua、i:ɐ、u:ɐ］等，咸摄如：咸［xɔ⁵⁵］、险［çi:ɐ⁴²］、点［ti:ɐ⁴²］、泛［fu⁵⁵］，山摄如：懒［lɔ¹³］、扮［pa⁵⁵］、杆［kua⁴²］、连［li:ɐ⁵⁵］、办［phu:ɐ³¹¹］。咸摄开口一等、山摄合口一等今音既有读鼻音韵尾的字，又有读元音尾或开尾的字，咸摄如：敢［kɛn⁴²］、喊［xɔ⁵⁵］、砍［kha⁴²］，山摄如：端［tu:ɐn³¹¹］、酸［su:ɐn³¹¹］、乱［lu:ɐn³¹¹］。

除"篸［tsɔ³¹¹］、肾［ɕiːɐ⁵⁵/sa⁵⁵］、尹［i³¹¹］、熨［y⁴²］"外，深臻
两摄今读前鼻音韵尾。深摄读［ɛn、in］，如：渗［sɛn³¹¹］、心［sin³¹¹］，
臻摄读［ɛn、uɛn、in、yin、uːɐn］，如：啃［khɛn⁴²］、很［xuɛn⁴²］、巾
［tɕin³¹¹］、春［tʃhyin³¹¹］、村［tshuːɐn³¹¹］。

（2）除"逛宕［kuːɐ⁵⁵］""丧宕，~失［suːɐn⁴²］""操宕［sɛn⁴²］"
"巷江［xɛn³¹¹］"等字外，宕江摄今读后鼻音韵尾。宕摄读［aŋ、iaŋ、
uaŋ］，如：狼［laŋ⁵⁵］、娘［ȵiaŋ⁵⁵］、往［uaŋ⁴²］；江摄读后鼻音［aŋ］，
如：胖［phaŋ⁵⁵］。

曾梗摄部分字今读开尾［a、ia、ua］，如：灯曾［ta³¹¹］、蝇曾
［ia⁵⁵］、荣梗［ia⁵⁵］、横梗，~直［ua⁵⁵］等，其余多读前鼻音韵尾［ɛn、
in］。通摄除"虹［kaŋ⁵⁵］"外，今全读前鼻音韵尾［ɛn、in］。深臻曾梗
通五摄今音读阳声韵时大多混同，如：针深开二＝真臻开三＝蒸曾开三，恨臻开
一＝亨梗开二＝烘通合一，~干，轮臻合三＝临深开三＝楞曾开一＝翎梗开四＝龙通
合三。

（3）总起来说，咸山两摄鼻音韵尾的弱化走得最快，曾梗次之，通
摄又次之，深臻宕江走得最慢。值得一提的是咸摄开口一等、山摄合口一
等中部分字读［aŋ］，咸摄如：耽［taŋ⁵⁵］、堪［khaŋ³¹¹］，山摄如：罕
［xaŋ⁵⁵］、盼［phaŋ⁵⁵］，这些字都不是口语常用字，后鼻韵尾读音应该是
读书音。

5. 遇摄三等鱼韵来母和精组读［i］，如：驴［li⁵⁵］、徐［tshi⁵⁵］，虞
韵精组读［i］，如：取［tshi⁴²］、趣［tshi³¹¹］。鱼虞两韵知章组日母见系
读［y］，如：猪［tʃy³¹¹］、主［tʃy⁴²］、遇［ȵy³¹¹］、乳［y¹³］。臻摄合口
三等入声泥精组读［i］，如：律［li³¹¹］、戌［ɕi²¹²］，见组读［y］，如：
屈姓［tʃhy⁵⁵］。

6. 蟹摄开口一二等字今读有别，如：凯［khuɤɯ⁴²］≠楷［kha⁴²］、
哀［uɤɯ³¹¹］≠挨~近［ŋa³¹¹］。蟹摄开口一等和合口一等同韵，读
［uɤɯ、uːɐ］，如：害＝灰［xuɤɯ³¹¹］、代＝堆［tuːɐ³¹¹］。

7. 流摄一三等见系字今读同音，如：狗＝九［tɕiu⁴²］、勾＝纠
［tɕiu³¹¹］。

8. 古开口今读合口呼的主要有假摄二等帮组字，如：爬［phuːɐ⁵⁵］、
麻［muːɐ⁵⁵］；蟹摄一等字，如：开［khuɤɯ³¹¹］、来［luːɐ⁵⁵］；流摄一等

明母端精组、三等非庄组，如：戊［u³¹¹］、陡［tu⁵⁵］、妇［fu¹³］、搜［su³¹¹］；山摄一等精组见系、二等帮组，如：赞［tsuːɐ⁵⁵］、杆［kua⁴²］、班［puːɐ³¹¹］；臻摄见系一等部分字，如：根［kuɛn³¹¹］、很［xuɛn⁴²］；山摄见系一等入声字，如：割［kuːɐ²¹²］。

古合口今读开口呼的主要有果摄一、三等字，如：火［xo⁴²］、瘸［tʃho³¹¹］；宕摄一、三等字，如：光［kaŋ³¹¹］、王［aŋ⁵⁵］；曾摄一等字，如：弘［xɛn⁵⁵］；梗摄二等字，如：哄起~［xɛn³¹¹］、矿［khaŋ⁵⁵］；通摄一、三等字，如：东［tɛn³¹¹］、中当~［tsɛn³¹¹］；臻摄一、三等入声字，如：突［thɤɯ²¹²］、物［mɤɯ³¹¹］／［vɤɯ³¹¹］；宕摄一等入声字，如：郭［ko²¹²］、霍［xo⁵⁵］；通摄三等入声字，如：牧［mo⁵⁵］、触［tʃho²¹²］。

9. 宕摄开口一等与合口一等见系字今读同韵，如：抗＝旷［khaŋ⁵⁵］、缸＝光［kaŋ³¹¹］。

（三）声调

表 2－4　　　　　　　　溪口方言与中古声调对照表

古音条件		阴平 311	阳平 55	阴上 42	阳上 13	入声 212
平	清	东该通开				
	浊		龙牛皮糖			
上	清			懂古统苦		
	浊				五有动近	
去	清			冻怪痛快		
	浊	卖路地饭				
平	清					谷百苦拍
	浊		六月毒白			

表 2-5　　　　　　　　　　　溪口方言与中古声调比较表

中古声调	中古声母	溪口声调	例字
平声	清	阴平	多家
		阳平	过倭俘敷拘迂吁台 ~州，天 ~埃堤姿咨炊掏滔操曹 ~臊教 ~书要 ~求飕耽嵌粘 ~贴掂藩 2 禁 ~不住攀扇轩榛滂胜 ~任听腥攻纵 ~横从 ~容
		阴上	夸褒苟妩肪梗
		阳上	萎沾
		入声	阿 ~胶，~哥戈剜
	次浊	阴平	妈拿耶梧巫诬于桅捞犹悠阎任姓研铅捐闻 1 论 ~语昂 1 庸胲
		阳平	埋危
		阴上	挪筵顽闽仍
		阳上	寥瞒扔
	全浊	阴平	乎之 ~者也群瘸蛤 ~蟆佘姓锄奉芙雏谐奚分怀携脾 1 葵号呼 ~刨狍樵瞧韶调 ~和惭酬旋焚惩彭 1 膨鲸盛 ~满琼松放 ~
		阳平	甜嫌
		阴上	蒲 ~公英条一 ~残旬帆
		阳上	从宏名字
		入声	划 ~拳茌筹衡度量 ~
上声	清	阴平	跛簸颗俾滓纪毁轨悄剿沼矫呕 ~吐殴湫有纠掩坦 ~白鲜 ~少宛诊疹忖慷拯逞顷拥拱 ~手
		阳平	贾吐 ~痰处相 ~杵抚彼鄙杞岂髓癸祷扫 ~地懊侥杳陡剖叟吼灸喊魇寝罕柬攒境矿茜怂宠
		阴上	粉紧
		阳上	肚猪 ~拄 ~拐杖悔楠贿徙委搞脸坦平 ~尽滚梗拱 ~卒儿
		入声	傻耍洒玺偬矢始诡叩陕裥秉腆 ~肚子
	次浊	阴平	裸雅奶吃 ~累 ~积敛缅莽撵抿尹吻刎攘嚷壤
		阳平	予给 ~靡尔唯伟苇藐渺燎瞭搂诱莠俨阮 2 颖蟒垄陇
		阴上	哪我也鲁伍午女旅汝武鹉侮宇羽愈禹奶身体部位礼每美履理垒扰绕秒了 ~结某亩柳冉演览揽友捻卵挽晚 1 ~上敏允蟒莽朗仰往猛皿永懵冗甬勇涌
		阳上	瓦名词语
		入声	养

中古声调	中古声母	溪口声调	例字
上声	全浊	阴平	诞士技汇夏姓厦～门腐釜汇婢技妓雉～鸡祀祭～土仕抱绍葚桑～甚诞限篆圈猪～笨盾忿愤1荡放～锭
		阳平	罢怠距浩殆陛～下莽似恃负皁撼渐践键撰肾囤1沌窘汞
		阴上	痔并埪挺艇跪强勉～解晓蟹舰皖晃很迥辅
		阳上	肚腹～柿
去声	清	阴平	爸岔带名词稼疏注～恕讣报～趣输运～戍沛带背会～计秽智瘴冀思畏膏～油稍涌醮俏诏勾勘钐渗荫窖旦按疝咽叛宷冠～军观1道～焕唤转～螺丝串绢券怨鬓殡亲～家趁衬奔喷逊奋～斗钢～刀创瘴倡障双更映钉订经～纬瓮综讽间～或称相～
		阳平	课借
	清	阴上	佐假放～亚跨注贷载～重懈慰犒校～对较漂饮～马愧1枕动词灿间～苗涧铜宪堰宴腕1篡困熨趟丧～失畅饷桄访径栋控统壅
		阳上	刹庈据驻替缢晦愧讳糙蘸断决～印奋兴～并合～凳况
		入声	帕吓舍蔡介隘蜕蒯厕～所宿星～腕2涮
	次浊	阴平	饿骂
		阳平	厉摞研预像喻奈昧离谊媚肆毅为～什么冒涝疗妙贸盐动词酽赁眩酿酒～忘凝宁～可另
		阴上	那寅绕～线又缆玩吝妄孕泳咏
		阳上	瓦动词屡耐议饵魏纬廖2谬纫砚刃辆弄动词
		入声	迈
	全浊	阴平	大缝
		阳平	和～面乍暇藉～故华～山,姓桦～树械寨敝毙滞剂溃绘豉媚自嗜嗣调～动隧坠暴校上～掉逗憾饯禅～让健腱叛幻传～记倦疲～眩钝殉傍藏西～澄～水剩横蛮～
		阴上	载满～翡校学～贱奠仅竞
		阳上	下～降署专～系联～视治遂骤授錾赚站栈郡上～面凤俸
		入声	乍第续系～鞋带复～兴宙售汴羡膳单姓佃垫1

续表

中古声调	中古声母	溪口声调	例字
入声	清	阴平	拓榻塌腌朔泣揖作～楔～子屑不～拙笨～瑟讫佛仿～炙朔饬格大～子赫栅僻的目～笃～定沃肥～肃
		阳平	幅滴执妾错泄哲绰锅乞酷屈姓霍霍豁忽郝亿忆
		阴上	朴扑醵督掇饮郁剔
		阳上	卒握
		入声	八福
	次浊	阴平	越域
		阳平	匿觅牧掠勒略2鄂逆逸
		阴上	历～史演
		入声	摸蹑～脚走癞抹～布；涂～捏粒没沉～，～有膜陌～生育
	全浊	阴平	拔读
		阳平	勃缚乏寂炸洽2
		阴上	仆犊捷洽1
		阳上	伐剧杰人名用字2核～对或惑筏
		入声	沓一～纸别离～铡续闸匣协涉达到～袭截辙夺滑绝猾橛～子穴突术述偃～强泊水～铎柞浞水～浊帛泽复～原淑俗赎属蜀续杰人名用字3

说明：声调演变符合表 2-4 规律的只列举 2 个例字，其他的标出全部。

溪口方言声调特点如下：

1. 溪口方言的阴平调来自中古清声母平声字、浊声母去声及浊声母入声字，如：多〔to³¹¹〕、鸦〔ŋɔ³¹¹〕、爸〔pa³¹¹〕、谢〔tshiːɐ³¹¹〕、悟〔ŋu³¹¹〕、月〔ɲyːɐ³¹¹〕、读〔thu³¹¹〕。

2. 溪口方言的阳平调主要来自中古浊声母平声字、清声母去声字，如：埋〔ma⁵⁵〕、贫〔phin⁵⁵〕、借〔tsiːɐ⁵⁵〕、课〔kho⁵⁵〕。

3. 溪口方言的阴上调主要来自中古的清声母及次浊声母上声字，如：紧〔tɕin⁴²〕、玩〔uːɐ⁴²〕。

4. 溪口方言的阳上调主要来自中古的次浊及全浊声母上声字，如：语〔ɲy¹³〕、舵〔to¹³〕。

5. 溪口方言的入声调主要来自中古的清声母入声字，如：血〔siː

ɐ²¹²〕、七〔tshi²¹²〕。

总体上说，溪口方言的声调特点有：

（1）平声按照古声母的清浊分为阴平和阳平；

（2）上声按古声母清浊分为阴上和阳上；

（3）去声多数按古声母清浊分别归入阳平和阴平；

（4）次浊入和全浊入多归阴平，清入自成一类，仍读入声。

（四）文白异读

溪口方言有很多文白异读字，有的因为声类，有的是因为韵类的关系，还有一些看不出明显规律的文白异读字，以下列表说明。

表 2－6　　　　　　　　　　溪口方言文白异读字表

中古音韵地位	文白异读字	文读	白读
明母字	亩	〔miu⁴²〕	〔m̩¹³〕
	木	〔mo³¹¹〕	〔m̩³¹¹〕
	拇	〔mo¹³〕	〔m̩¹³〕
敷母字	副	〔phu⁵⁵〕（量词）	〔fu⁵⁵〕（～主席）
奉母字	防	〔fɑŋ⁵⁵〕	〔pɑŋ⁵⁵〕
微母字	物	〔vɤɯ³¹¹〕（～理）	〔mɤɯ³¹¹〕（买～）
	晚	〔uːɐ¹³/⁴²〕	〔muːɐ¹³〕
	蚊	〔uɛn⁵⁵〕（～香）	〔mɛn⁵⁵〕（～虫）
	问	〔uɛn³¹¹〕	〔mɛn³¹¹〕
	忘	〔uɑŋ⁵⁵〕	〔mɑŋ⁵⁵〕
	望	〔uɑŋ³¹¹〕（希～）	〔mɑŋ³¹¹〕（～一～）
精组字	绝	〔tʃyːɐ²¹²〕	〔tshiːɐ³¹¹〕
	涎	〔iːɐ⁵⁵〕	〔sa⁵⁵〕（口～）
	讯	〔ʃyin⁵⁵〕	〔sin⁵⁵〕
	巡	〔ʃyin⁵⁵〕	〔tshin⁵⁵〕
日母字	尔	〔ɣɯ⁵⁵〕	〔n̩⁵⁵〕
	人	〔in⁵⁵〕	〔n̠in⁵⁵〕

中古音韵地位	文白异读字	文读	白读
疑母字	五	[u⁴²]	[n¹³]
匣云两母字	坏	[xua³¹¹]（破～）	[ua³¹¹]（打～）
	滑	[xuːɐ²¹²]	[uːɐ²¹²]
	还	[xuːɐ⁵⁵]（～原）	[uːɐ⁵⁵]（～钱）
	环	[xuːɐn⁵⁵]（～境，耳～）	[uːɐn⁵⁵]（门～）
	黄	[xɑŋ⁵⁵]（～山）	[ɑŋ⁵⁵]（～色）
	蝗	[xɑŋ⁵⁵]	[ɑŋ⁵⁵]
	禾	[xo⁵⁵]（～旁程）	[o⁵⁵]（割～）
	横	[xua⁵⁵]	[ua⁵⁵/³¹¹]
以母字	样	[iɑŋ³¹¹]	[ɲiɑŋ³¹¹]
见系开口二等字	艰	[tɕiːɐ³¹¹]	[kɔ³¹¹]
	去	[tʃhy⁵⁵]	[khɤɯ⁵⁵]
	确	[tʃho²¹²]	[kho²¹²]
	渠他	[tʃy⁵⁵]	[khɤɯ⁵⁵]
见系非开口二等字	慧	[xue³¹¹]	[ʃye³¹¹]
	惠	[xue³¹¹]	[ʃye³¹¹]
	亏	[khue³¹¹]（～本）	[tʃhye³¹¹]（～本,吃～）
	诡	[khue²¹²]	[tʃy⁴²]
	癸	[kuɤɯ³¹¹]	[tʃy⁵⁵]
	辉	[xue³¹¹]	[ʃy³¹¹]
	后	[xɤɯ¹³]	[ɕiu¹³]
	框筐	[khɑŋ³¹¹]	[tʃhɑŋ³¹¹]
	宫弓恭	[kɛn³¹¹]	[tɕin³¹¹]
	刚	[kɑŋ³¹¹]	[tʃɑŋ³¹¹]
	供	[kɛn⁵⁵]（上～）	[tɕhin³¹¹]（～养，上～）
	恐	[khɛn⁴²]	[tɕhin⁴²]
	共	[kɛn³¹¹]（～同）	[tɕhin³¹¹]（～产党）

续表

中古音韵地位	文白异读字	文读	白读
果摄开口字	大	［tha³¹¹］（～学）	［tho³¹¹］（～小）
咸摄开口字	潭	［thɛn⁵⁵］	［thɔ⁵⁵］
	篮	［lɑŋ⁵⁵］（～球）	［lɔ⁵⁵］
咸摄合口字	帆	［faŋ⁴²］	［fuːɐ³¹¹］
山摄开口字	攀	［phaŋ⁵⁵］	［phuːɐ³¹¹］
曾梗摄 开口字	澄（～水）	［tshin⁵⁵］	［ta⁵⁵］
	称（～呼）	［tshin³¹¹］	［tsha³¹¹］
	清	［tshin³¹¹］（～早）	［tsha³¹¹］（～水）
	另	［lin⁵⁵］	［la⁵⁵］
	仍	［in⁵⁵］	［la⁴²］
	应（答～）	［in⁵⁵］	［ia⁵⁵］
规律不明显的	撕	［sʅ³¹¹］	［tsʅ³¹¹］
	盖	［kuɣɯ⁵⁵］	［kuːɐ⁵⁵］（宝～头）
	煤	［me¹³］	［mɣɯ⁵⁵］
	位	［vi³¹¹］	［y³¹¹］
	含	［xɔ³¹¹］（包～）	［kɔ³¹¹］（～在嘴里）
	姘	［phin³¹¹］	［phɛn³¹¹］（～头）
	旺	［uaŋ³¹¹］	［iaŋ³¹¹］
	蚌	［pɛn³¹¹］	［paŋ¹³］
	曾	［tshɛn⁵⁵］	［ʃaŋ¹³］
	侧	［tsha²¹²］（～面）	［tsa²¹²］（～个睏）

三　同音字汇

凡例：

1. 本字汇收录溪口方言常用字 4000 余个，按韵母、声母、声调的次序排列，具体顺序分别见于本章"单字音系"的韵母、声母、声调。

2. 声调只标调类，不标调值。

3. 无适当字可写的，用"□"表示。

4. 较生僻或有歧义的字加释义或例词，在字后用小字标出，例词中用"～"代替本字。

5. 同一语境有多种读音的，分别在字的右下角用阿拉伯数字"1""2"等标出；新老异读分别在字的右下角加注"新""老"；说法很少的字音一般在字的右下角加注"少"。

ʅ

ts　（阴平）辎 ～重炙滋之芝滓兹脂资技岐蜘 ～蛛知智支枝肢妓老栀 ～子花 □□［pu²¹²］ ～莺：蝉撕

（阳平）执志 ～气志杂 ～致至似置 ～办置位 ～痣

（阴上）仔痔止子梓旨指紫纸只 ～有□ ～肠：盲肠

（阳上）治

（入声）汁质织职□打 ～眯：侧着睡

tsh　（阴平）殖植直值饬侄秩蛰惊 ～嗤 ～笑痴寺饲字稚幼 ～雌雉 ～鸡

（阳平）恃持嗣伺慈磁 ～石迟次自姿咨瓷 ～器糍 ～粑脐刺赐池驰翅词祠辞跂豆 ～鸶鹭 ～鹚鸬 ～□ ～脚：赤脚□打 ～：打喷嚏

（阴上）此耻齿趾址

（阳上）巳辰 ～午未

（入声）湿侈奢 ～

s　（阴平）蛳螺 ～司丝食蚀实瑟十什 ～物拾 ～起来思撕斯厮施私师狮尸士战 ～，男 ～仕事诗侍莳 ～田：插秧□ ～□［kɔ³¹¹］□［phu⁵⁵］：油条

（阳平）试时鲥嗜四肆匙钥 ～匙汤 ～□熨 ～：铁熨斗

（阴上）豕死屎使驶史

（阳上）是氏视柿俟市士道 ～

（入声）虱涩矢示始失室式识饰释适

i

p　（阴平）篦 ～子痹麻 ～琵 ～琶碑蓖 ～麻

（阳平）庇泌秘 ～密鄙闭陛 ～毙敝蔽贝臂譬 ～喻

　　（阴上）比~较

　　（入声）毕必笔

ph　（阴平）僻弼鼻备被~打，~迫避吠披脾1辟批量词

　　（阳平）屁皮荸疲脾2片量词彼秕~杷□吐□秤~：秤尾低□~刀：菜刀

　　（阴上）□焦~：锅巴□~□〔tshiːɐ²¹²〕：女仆

　　（阳上）被~子

　　（入声）□女阴

m　（阴平）蜜密

　　（阳平）觅媚迷昧弥靡眉楣秘~书

f　（阴平）非飞妃扉菲

　　（阳平）肥淝

　　（阴上）榧~子匪翡~翠

v　（阴平）畏未味位~置

　　（阳平）违伟苇芦~微维惟唯危为~什么为作~

　　（阳上）尾

t　（阴平）递的目~

　　（阳平）滴1量词□给、被

th　（阴平）地

　　（阳上）涕鼻~

l　（阴平）力1率速~律笠立类泪虑滤利俐痢吏累劳~，连~累~积

　　（阳平）莉梨厉~害厘狸~猫黎驴离~别；~开篱璃玻~隔房~妹：堂妹

　　（阴上）历~史旅履理

　　（阳上）鲤吕李里公~，~面

　　（入声）粒

ts　（阳平）溅~一身水髓醉坠

　　（阴上）嘴

　　（入声）□吮吸

tsh　（阴平）趣蛆生~

　　（阳平）徐随

　　（阴上）取娶

　　（阳上）骤聚绪叙遂

（入声）七漆

s　（阴平）尿需须必~，胡~

　　（阳平）絮荽

　　（入声）蟋

tɕ　（阴平）及来得~忌祀祭~几~平机纪~律，世~，年~讥饥~饿，~荒肌基妓新箕屐木~

　　（阳平）寂季记杞棋期时~旗既祈祁鳍寄稘继 1

　　（阴上）己几~个

　　（阳上）徛站

　　（入声）激击吉戟急给~你给供~级□□[xo⁵⁵]□[lo⁵⁵]~：腋下□~子：结巴

tɕh（阴平）及~时，~格欺

　　（阳平）乞奇骑弃器岂汽气其蜞□打~个：镉碗的

　　（阴上）企起

ȵ　（阴平）艺义腻

　　（阳平）凝疑毅沂~河尼谊宜仪逆顺~，~风

　　（阳上）蚁议□个~：这些；么~：那些

ɕ　（阴平）兮些犀牺稀希嬉熙虽绥

　　（阳平）戏

　　（阴上）喜蟢~子

　　（入声）袭吸戌

ø　（阴平）□蝇~□[lo⁵⁵]：蜗牛亦译翼尹揖作~医异衣依伊冀易容~

　　（阳平）亿忆逸遗饴高粱~意移姨夷肆~业

　　（阴上）椅

　　（阳上）□~□[xɤɯ³¹¹]：有已以矣

　　（入声）一乙

u

p　（阴平）伏~小鸡：孵

　　（阳平）怖恐~布分~布~匹□脊后：背后

　　（阴上）补□~□[lo³¹¹]：疤

（阳上）部簿

（入声）不□ ~□ [tsʅ^{311}] 莺：蝉

ph （阴平）埠商~步铺~设

（阳平）副量词铺店~蒲菖~脯胸~□松树~：松球□□ [sʅ^{311}] □ [kɔ^{311}] ~：油条

（阴上）蒲~公英苦~萨仆~人扑醭醋生白~朴脯果~甫普谱浦捕辅

（入声）仆~倒卜

m （阴平）目

（阳平）模~子

f （阴平）服伏~天讣报~芙~蓉夫肤釜腐

（阳平）幅缚负富副~主席阜浮讣~告付赋附咐赴傅符扶抚敷俘~房□□ [me^{42}] ~灯：煤油灯

（阴上）斧俯腑府

（阳上）父妇

（入声）福腹覆反~复~兴，反~，~原

v （阴平）沃

（阳平）□甜辣~：柿子椒

（阴上）□ ~□ [ȵiaŋ^{55}] 花：野生的红杜鹃花

（阳上）握

（入声）屋

t （阴平）独犊踱毒笃~定度渡1镀妒都首~都~是

（阳平）徒屠涂图途陡

（阴上）犊堵赌睹

（阳上）杜肚鱼~，猪~肚腹~

（入声）督嘟□床铺~底：床底下

th （阴平）读渡2□漂洗

（阳平）吐~痰吐呕~

（阴上）土

（入声）秃□糊~：糊涂

l （阴平）鹿禄怒路露鹭~鸶

（阳平）庐~山奴卢炉芦~荸鸬~鹚鲈

（阴上）鲁

（阳上）虏卤橹努

ts （阴平）租

（阴上）祖组阻

tsh （阴平）族初粗助

（阳平）醋

（阴上）楚

（入声）促仓 ~□~水猫儿：潜水

s （阴平）搜苏酥锄梳 ~头疏 ~远, 注 ~蔬

（阳平）漱飕叟数名词诉素塑 ~像嗦鸡 ~子

（阴上）数动词所

（入声）赎束速嘱 1

k （阴平）姑孤

（阳平）故固雇顾

（阴上）古牯股鼓估 ~计

（入声）谷稻 ~, 山 ~

kh （阴平）枯箍菇

（阳平）库裤酷

（阴上）苦

（入声）哭

ŋ （阳平）吾

（入声）拗折, 折断

x （阴平）斛稻 ~：脱粒用的木桶获呼乎之 ~者也互瓠 ~子, ~瓜护

（阳平）乎在 ~沪胡姓蝴湖狐壶糊 ~涂葫 ~芦

（阴上）虎浒水 ~

（阳上）户戽 ~水

ø （阴平）悟戊雾务巫诬污乌误梧 ~桐

（阳平）焐煮娱糊面 ~, ~墙无恶可 ~吴胡 ~须

（阴上）伍队 ~午坞武鹉鹦 ~侮五

（阳上）舞

y

tʃ　（阴平）柜归龟具惧俱驹朱珠诛株蛛猪诸居裾车 ~马炮

　　（阳平）锔 ~碗贵癸句瞿拘铸蛀锯 ~子，~木头距渠著显 ~

　　（阴上）鬼举主注煮诡1 矩规 ~

　　（阳上）驻巨拒据苎 ~麻剧 ~烈，戏 ~

tʃh　（阴平）拙枢住趋区 ~域驱吹

　　（阳平）屈姓迭锤槌炊橱厨去来 ~，~皮处 ~所处相 ~杵除储 ~蓄

　　（阴上）鼠跪诡2

　　（阳上）柱拄 ~拐杖署专 ~

　　（入声）屈委 ~

ʃ　（阴平）树输 ~赢，运 ~虚嘘吹 ~墟废 ~书舒恕睡瑞徽辉（少）

　　（阳平）殊庶垂隧 ~道

　　（阴上）许暑黍水

　　（阳上）竖

n̠　（阴平）玉御遇谓渭

　　（阳平）鱼渔愚

　　（阴上）女汝

　　（阳上）语

ø　（阴平）威芋裕誉荣 ~淤于关 ~役疫域位 ~地 ~

　　（阳平）围虞儒预像与及，给 ~余剩 ~，姓于姓如吁迂盂榆愉逾喻

　　（阴上）熨寓宇羽愈 ~好，病 ~禹慰

　　（阳上）乳雨

a

p　（阴平）兵浜（老）冰爸□□［io³¹¹］~□［tsin¹³］：带犊儿（妇女改嫁带的儿女）

　　（阳平）屏 ~风扮罢牌簰 ~筏拜排柄□捡□花 ~叶儿：灯蛾

　　（阴上）并 ~且饼月 ~，~儿干（饼干）摆丙□倒

　　（阳上）并合 ~

　　（入声）百柏秉伯阿 ~□哈 ~：人或东西次、不好□ ~翼：翅膀

ph　（阴平）白拼 ~命败病□量词，一排

　　（阳平）聘派剖平评坪萍瓶

　　（入声）拍魄帕泊停~，梁山~

m　（阴平）麦脉妈卖命

　　（阳平）铭名萌埋明鸣盟螟冥暝瞑

　　（阳上）买

　　（入声）陌~生迈掰~开

t　（阴平）订~约钉~住，铁~汀丁叮疔瞪~眼邓登灯呆~子带名词戴~手表□蛤蟆~：瘊子

　　（阳平）带动词逮亭停庭蜓蜻~廷澄~水誊腾滞停~

　　（阴上）顶鼎打等

　　（入声）□特~特儿：特意

th　（阴平）遏~邋：邋~他（读字）锭定厅绽破~大~夫，~黄，大学□脚梁~：胫骨□不~：不管

　　（阳平）听~见，~话，~任藤太泰态□~年伴儿：童养媳

　　（阴上）挺艇贷

l　（阴平）邋遢~：~遢令拿拉

　　（阳平）另~外灵铃伶龄零宁安~宁~愿能奈□貂~：松鼠

　　（阴上）仍挪哪~个那

　　（阳上）领岭冷奶牛~耐乃扔（读字）

ts　（阴平）正~月贞侦睛眼~精晶惩征~求争睁筝赠增憎曾姓斋□~尿：尿床□打徛~：倒立

　　（阳平）债甑寨

　　（阴上）井者

　　（阳上）□（阿）~：姐姐□歪

　　（入声）□压摘责侧~个瞙：侧着睡

tsh　（阴平）青蜻~蜓掷逞~能净清~水撑择~菜，选~宅称对~称~呼讫差出~

　　（阳平）情晴

　　（阴上）请踩

　　（阳上）静靖

　　（入声）泽拆~开测侧~面策册撤辙坼厕~所厕茅~

s　（阴平）生星盛~满了盛兴~声牲笙甥僧筛~子□~瓜：黄瓜

　　（阳平）腥圣城成诚姓性承丞胜~任，~败□~骨：肋骨肾2涎晒柴豺

　　（阴上）醒省~长，节~省反~

　　（入声）色傻洒撒~手，~种□谷~：稻穗

tʃ　（阴平）经~纬，~线经~历羹庚更~换，五~拯~救耕鲸京惊

　　（阳平）政正~在证症□斟擎境竟镜1敬

　　（阴上）径颈哽骨~在喉；噎住了景警整

tʃh　（阴平）轻~重，年~郑坑卿杰人名用字1

　　（阳平）程呈庆

　　（阴上）□~面：抻面条

　　（阳上）杰人名用字2

ʃ　（阴平）□莴~梗儿：莴笋（指茎部）

　　（阳平）形刑型乘~法剩邢

k　（阴平）更自力~生柑甘佳街谐皆阶蛤~蟆

　　（阳平）械疥戒届芥尬尴~界个~人，一~

　　（阴上）懈解讲~，~开，理~

　　（入声）革隔介格及~解姓

kh　（阴平）揩

　　（阳平）□磨蹭

　　（阴上）楷坎砍

　　（入声）客

ŋ　（阴平）外艾挨~近，~住

　　（阴上）矮

　　（入声）扼轭轧1被车~压

x　（阴平）赫行品~核审~哈~腰下量词

　　（阳平）桁~头：檩衡平~行~为鞋孩□量词：一块（手巾）

　　（阴上）蟹

　　（阳上）杏幸郝姓核~对，~心

　　（入声）吓~一跳吓恐~

ø　（入声）阿~胶阿~哥

ia

ȵ̩　（阴平）硬

ø　（阴平）婴缨应~当，~用鹦~鹉，~哥樱~桃莺曰英

　　（阳平）赢蝇应~对，答~，响~荣营□阿~：指叔叔或父亲

　　（阴上）影也者~，~是□~指：无名指

ua

k　（阴平）乖

　　（阳平）怪

　　（阴上）杆秆稻~，麦~寡□血~：血管

　　（入声）擓□扔，摔

kh　（阳平）刽快块

　　（阴上）夸垮侉跨□黄~：蚯蚓

x　（阴平）□歪怀坏破~

　　（阳平）槐淮宏1名字华~山，姓华中~桦~树铧横上~头：上座

　　（阳平）宏2名字

　　（入声）划~拳

ø　（阴平）洼哇蛙歪坏打~横一~

　　（阳平）横~直横蛮~

ya

ʃ　（阴平）兄

e

p　（阴平）悲卑俾婢鎞~刀布□□[tshɔ²¹²]~骨：胯骨

　　（入声）北逼璧壁迫

ph　（阴平）弊批~发，~准币

　　（入声）劈匹一~布，一~马

m　（阴平）墨默

　　（阴上）美□~□[fu⁵⁵]灯：煤油灯

　　（阳上）□□［tshɔ³¹¹］ ~舅：小舅子米<u>煤</u>

f　（阳平）废肺痱~子费~用

t　（阴平）低提

　　（阳平）□抽~：抽屉滴动词，~下来帝题蹄堤提

　　（阴上）底抵

　　（入声）第得德嫡

th　（阴平）笛敌狄特籴梯~田

　　（阳平）替剃屉抽~，笼~啼锑

　　（阴上）剔体

　　（阳上）弟

　　（入声）踢

l　（阴平）溺~死历日~力1栗丽美~隶励荔~枝

　　（阳平）犁□在□鳗~：鳗鱼

　　（阴上）礼

ts　（阳平）制~造，~度济祭稷芦~：高粱际剂一~药，面~子

　　（阴上）挤

　　（入声）绩地名：~溪；成~只1一~积脊迹鲫即则□洇□脚~腕儿：脚腕子

tsh　（阴平）夕籍藉狼~泣妻习辑编~集

　　（阳平）荠砌翠齐□~孙儿：重孙

　　（入声）缉~鞋口戚

s　（阴平）石席逝誓西栖□~镬：灶

　　（阳平）细岁缀点~世势婿女~

　　（阴上）洗

　　（入声）锡析昔惜玺膝悉熄息媳啬斉~

tʃ　（阴平）鸡稽

　　（阳平）计继2系~鞋带

　　（入声）只2一~

tʃh　（阴平）极溪奚

　　（阳平）契~约

　　（阴上）启

　　（入声）赤斥尺吃

ʃ　（阳上）徙系_联~

ie

n̩　（阴平）日
　　（阳平）倪泥
ø　（阴平）入易_{交~}□打□〔xuːɐ⁵⁵〕~：打哈欠
　　（阳平）瞖_{目~}
　　（阳上）缢
　　（入声）隘益

ue

k　（阴平）轨
kh　（阴平）诡窥<u>亏</u>_{~本}
　　（阳平）愧1
　　（阴上）愧2
x　（阴平）<u>慧毁挥辉惠</u>_{优~}
ø　（阴平）卫伪胃猬
　　（阳平）喂
　　（阳上）纬魏讳委萎_{气~}

ye

tʃ　（阴平）圭闺规追
　　（阳平）桂鳜_{~鱼}
tʃh　（阴平）<u>亏</u>_{吃~，~本}
ʃ　（阴平）<u>惠</u>_{优~}<u>慧彗</u>
　　（阳平）谁

o

p　（阴平）雹铇刨_{~地}刨_{~子}狍胞包抱颇玻波菠_{~菜}簸_{~一}~薄_{~膜}薄_{~荷}
□烫_{~子：汤婆子}
　　（阳平）勃暴跑豹爆

$$\text{[xuːɐ}^{55}\text{]}$$

　　　　（阴上）饱

　　　　（阳上）鲍姓，~鱼膀

　　　　（入声）博剥驳帛脖

ph　　（阴平）泡水~脬抛坡跛~足

　　　　（阳平）破婆炮枪~泡~在水里

m　　（阴平）穆莫寞沫茉貔慕幕墓募暮木磨~面磨石~

　　　　（阳平）嫲猪~：母猪牧贸模~范摹临~魔磨~刀蘑~菇馍摩冒锚2谋2茅

矛1□一~：一枚

　　　　（阴上）某么

　　　　（阳上）卯拇

　　　　（入声）膜摸

f　　（阴上）否

t　　（阴平）多

　　　　（阳平）驮拿，~起来驼砣

　　　　（阴上）掇掋~躲朵垛柴~

　　　　（阳上）椭舵剁惰

　　　　（入声）涊淋□~边：缫边儿

th　　（阴平）拖大~小□~老官：摆架子

　　　　（阳平）□~板：差（差五角十元，即九元五角）；（人）不好

　　　　（阴上）妥

　　　　（入声）夺托手承物托拜~铎

l　　（阴平）辘赂烙骆洛络酪乐快~乐音~落诺1闹吵~糯~米□摁□~□儿［loⁿ⁵⁵］骨：踝骨

　　　　（阳平）捋罗锣箩啰~嗦骡螺脶手指文□含~草：含羞草□~蟹：螃蟹

□□［xo⁵⁵］~□［tɕi²¹²］：腋下□摧~□［so³¹¹］：打栗暴

　　　　（阴上）□鸡脚~：鸡爪□急~：大舌头

ts　　（阳平）做

　　　　（阴上）左佐爪~牙爪~子找

　　　　（入声）捉斫卓桌琢酌着1~衣乍作~坊作工~

tsh　（阴平）逐座昨术白~，苍~剿搓抄掠取钞钱~

　　　　（阳平）绰宽~凿错~误错~杂，交~巢锉措~施

（阴上）炒吵□~下：厨房

（阳上）赵兆矬矮坐

s （阴平）勺~子襄梭织布 ~嗦啰 ~□推□〔lo⁵⁵〕~：打栗暴

（阴上）少多~琐~碎锁

（入声）缩索绳~

tʃ （阴平）镯~子浇轿狡~诈娇骄蛟诏沼~气，池~召昭招郊朝今~

（阳平）朝~代潮叫照镜2

（阴上）缴上~校~对校学~较比~狡迥~然不同

（入声）脚□不~：不行，不厉害

tʃh （阴平）着睡~着2附~超瘸锹铁~

（阳平）乔桥侨荞窍翘□金~莲：葵花

（阴上）巧

（入声）却戳浊确触

ʃ （阴平）芍~药朔嚣邵绍韶~关烧潲~水

（阳平）薯少~年侥~幸鞘刀~肖校上~

（阴上）晓

k （阴平）歌哥交胶跤

（阳平）课上~（老）窖过教~书教~育

（阴上）果裹绞铰搅

（阳上）搞

（入声）觉睡~角戈郭廓各阁搁胳~膊□~牌凳：方凳

kh （阴平）抠敲科窠棵颗一~~珍珠裸~体

（阳平）课上~（新）□~马：母马

（阴上）可□打~睡：打盹儿

（入声）壳搉击确扩~大

ŋ （阴平）岳南~，~父；姓饿卧

（阳平）鄂蛾俄鹅讹熬1

（阴上）我

（阳上）咬

x （阴平）学鹤宦贺效

（阳平）霍藿~香孝酵货禾~旁程和~面和~气河何荷~花荷薄~□~

□［lo⁵⁵］□［tɕi²¹²］：腋下

（阴上）火伙

（阳上）豁~然豁~嘴，~口祸

（入声）□手茧

ø　（阴平）镬锅蜗窝呕~吐殴苪

（阳平）禾割~：割稻子倭怄~气沤久浸水中

（入声）恶善~恶~心

io

p　（入声）□"不要"合音词

ȵ　（阴平）弱虐疟~疾，发~子箬~笠：斗笠

（阳平）挠铙饶尧

（阴上）绕围~绕~线扰鸟

ø　（阴平）药钥~匙跃若诺²妖邀腰耀幺~二三吆~喝□~□［pa⁵⁵］

□［tsin¹³］：带犊儿（妇女改嫁带的儿女）□~名：匿名

（阳平）杳~无音信谣摇窑姚要~求要想~，重~淆肴涯天~崖山~

（阳上）舀

（入声）约

ɔ

t　（阴平）达发~但弹子~蛋旦元~诞单~独丹担~任，扁~

（阳平）旦花~担挑~

（阴上）胆掸鸡毛~

（阳上）淡

（入声）达到~答搭溻汗~~□~□［khɔ⁵⁵］：大腿根儿

th　（阴平）坦~白，平~滩瘫~疾榻塌拓~本贪坍~下来□~被：褥子

（阳平）叹炭檀坛谈痰潭~渡：地名谭探试~，侦~

（入声）塔踏杳一~纸

l　（阴平）萝~卜儿闹~热：热~辣捺撇~难灾~烂赖癞~蛤蟆纳滥蜡腊

□□［pu⁴²］~：疤阑

（阳平）难~易兰拦栏南楠男蓝篮□迈，跨□□［phuːɐ⁵⁵］~：四个钉子的

钉钯

　　（阴上）缆榄橄~览揽

　　（阳上）懒

　　（入声）癞~痢

ts　（阴平）簪楂山~渣查姓□刹~啄

　　（阳平）窄1炸用油~炸~弹榨~油诈查调~茶□~盒：装瓜子等用的圆竹筐

　　（阴上）斩盏

　　（阳上）□踩

　　（入声）窄2轧2~棉花札铡~刀扎用针~扎驻~

tsh　（阴平）餐搀暂惭杂参岔三~路口钗权枝~差~别差~不多叉交~□~□［me¹³］舅：小舅子

　　（阳平）蚕谗馋岔打~□鱼~：鱼刺

　　（阴上）产生~铲灿残惨洽1

　　（阳上）巉陡栈站车~

　　（入声）柞~树察擦茬蔡礤插獭水~□~□［pe³¹¹］骨：胯骨

s　（阴平）衫栅~栏疝~气删山珊钐大~杉三沙纱砂朱~莎~士比亚舢~舨□水~：母水牛□~饭：泡饭

　　（阳平）散分~

　　（阴上）产~妇伞散鞋带~了

　　（入声）杀萨闸煞□眨

k　（阴平）奸艰监~视，~牢稼间中~，房~，~断间~或家~里，~具加嘉痂枷茄番~□~脚：跷二郎腿□□［sŋ³¹¹］~□［phu⁵⁵］：油条

　　（阳平）监国子~，~察鉴尴~尬含~在嘴里架驾嫁价贾姓□桃

　　（阴上）间~苗涧拣简减碱假真~假放~

　　（阳上）夹名词

　　（入声）夹动词：~菜匣箱~甲胛肩~挟裌~衣眨~眼□~帚：扫帚

kh　（阴平）铅刊

　　（阳平）嵌洽2□□［tɔ²¹²］~：大腿根儿

　　（阴上）舰

　　（入声）恰掐

ŋ　（阴平）雁衙雅丫~头桠树~鸦

（阳平）晏颜岩砑~平牙芽伢蚜

（阴上）哑亚

（阳上）砚眼瓦

（入声）鸭押

x　（阴平）辖限陷馅狭峡夏姓；春~虾鱼~厦~门厦大~

（阳平）闲衔军~咸~阳，~淡暇空~霞遐瑕含包~函喊□~□［iu⁵⁵］：气喘

（阳上）下底~，~来

（入声）瞎

ɣɯ

p　（阴平）焙~干杯干~

（阳平）报辈培陪赔裴背后~

（阴上）保宝堡褒~奖

　（阳上）倍□阿~：奶奶背~书

ph　（阴平）曝瀑~布丕佩胚~胎坯土~沛□□［phi⁵⁵］~：唾沫

（阳平）配袍

m　（阴平）物买~妹

（阳平）梅媒煤枚霉毛

（阴上）每

（入声）没沉~没~有

f　（阴平）佛~教佛仿~

v　（阴平）物~理勿

t　（阴平）导盗刀叨唠~

（阳平）倒~水到

（阴上）倒打~，颠~岛

（入声）□~物：什么

th　（阳平）掏~出来滔桃逃淘~米萄陶涛祷套□~帚：笤帚

（阴上）讨

（阳上）道稻

（入声）突

l　（阴平）捞□装~：装傻

（阳平）垃~圾搂~取勒涝痨劳牢唠~叨摞~起来□到：扔~水里

（阳上）脑恼老佬

ts　（阴平）遭糟

（阳平）灶罩笊~篱□~地：锄地，松土□后~：后脑勺

（阴上）早澡蚤走

tsh　（阴平）贼操体~

（阳平）躁臊~气曹槽马~脆操曹~

（阴上）草

（阳上）造建~皂糙粗~，~米

（入声）出~去，~来

s　（阴平）骚馊饭~了

（阳平）瘦嗽咳~扫~地扫~帚

（阴上）嫂

（入声）圾垃~

k　（阴平）蒿蓬~高篙进船竿羔糕膏牙~膏~油□□儿［kaŋ¹³］~：蜻蜓

（阳平）告

（阴上）稿槁

（入声）蛤~蚤：跳蚤合十~一升嗝佮和

kh　（阳平）铐靠去来~渠他

（阴上）考烤拷

（入声）刻时~，用刀~克渴磕叩~头咳~嗽

ŋ　（阴平）傲

（阳平）鳌奥懊~恼，~悔搋~打，~骂埃尘~呆~板熬2

（阴上）袄

x　（阴平）盒□□［i¹³］~：有合~作号~叫号几月几~

（阳平）吼耗浩豪壕毫好爱~

（阴上）好~坏

（入声）黑喝~酒喝~彩，吆~

（阳上）后~面，皇~

ø　（阳平）而儿尔

（阳上）耳饵

uɣɯ

k　（阴平）该癸□倚

　　（阳平）绘桧盖丏乞~慨感慨~，慷~溉概

　　（阴上）改

　　（入声）国骨筋~，~头

kh　（阴平）葵奎开盔魁会~计

　　（阳平）溃~疡

　　（阴上）凯傀~儡

　　（入声）窟

x　（阴平）汇~款汇~报秽害恢灰会开~，~不~

　　（阳平）回茴~香

　　（阴上）海

　　（阳上）忽悔贿亥晦或惑

ø　（阴平）碍哀桅船~杆

　　（阳平）爱蔼和~

aːi

p　（阴平）边鞭编

　　（阳平）遍一~变

　　（阴上）扁匾贬鳊

　　（阳上）辩辨

　　（入声）汴鳖憋瘪

ph　（阴平）蝙便方~篇偏

　　（阳平）片肉~骗~子便~宜

　　（入声）撇~捺别区~，离~

m　（阴平）篾竹~缅面~粉面~孔灭脶

　　（阳平）眠棉绵

　　（阴上）冕鞔捻以指~碎

　　（阳上）勉免娩分~

t　（阴平）电殿颠爹蝶谍牒叠巅

（阳平）滇填店甜掂~掇

（阴上）滴2量词莫典腆~肚子点踮

（入声）佃垫坐~跌

th （阴平）垫~钱天添

（阳平）田掭~墨：~笔

（阴上）□~铫：炒菜用的锅

（阳上）簟席□私~：私塾

（入声）铁帖碑~，请~贴腆□腰~：脾

l （阴平）恋劣捺练炼列烈裂辇例敛猎

（阳平）莲怜廉镰帘联连鲢

（阴上）□竹~：笼子

（阳上）脸

（入声）楝~树

ts （阴平）楔~子尖煎

（阳平）荐饯~行箭践剑借藉~故

（阴上）姐剪

（入声）接节截疖

tsh （阴平）绝~症千篆笺迁谢歼~灭签抽~签~名

（阳平）全荃泉前禅~宗禅~让乾~坤虔捐蝉钱蟾~蜍潜邪斜筤斜

（阴上）贱且浅

（入声）切~开彻□□［phi⁴²］~：女仆

s （阴平）射喧宣旋~转旋~吃~做先鲜新~鲜~少仙

（阳平）镟阉（鸡）鳝舷泄~漏线卸泻

（阴上）选癣写

（入声）雪屑锯~，木~薛羡1

tç （阴平）艰舌肩坚兼毡遮瞻占~卜

（阳平）见腱健1建键战蚕谏柬拈钳蔗渐占~领

（阴上）笕以竹通水捷检展

（阳上）俭沾舐以舌舔物

（入声）荚羯阉结洁揭折~断，~叠浙哲裥劫杰人名用字3

tçh （阴平）牵健2杰~出谦携车汽~

（阳平）颤歉欠茨妾苘 ~麻

（阴上）扯遣

（阳上）件

（入声）怯胆 ~

ȵ　（阴平）廿研热孹念业验聂姓镊 ~子奶吃 ~；身体部位

（阳平）年言严酽俨粘 ~贴黏鲇 ~鱼

（阳上）碾惹染

（入声）捏蹑 ~手~脚

ɕ　（阴平）现掀折跌 ~着：跌 ~了苋 ~菜麝 ~香赊奢薢佘姓□量词，锭

（阳平）肾1贤献轩扇名词，动词蛇赦嫌畲乘 ~凉□跟 ~：现在

（阴上）显宪舍 ~不得闪险

（阳上）社单姓膳善

（入声）羡2歇歇蝎设协胁舍宿 ~摄涉陕 ~西

ø　（阴平）腋液烟蜒谚腌页淹耶夜掩焰□太阳 ~：太阳穴胭叶

（阳平）芫盈涎厌沿焉心不在 ~延然燃魇炎盐名词檐爷 ~ ~：祖父□谷 ~：

秕谷

（阴上）宴堰演冉□螺蛳 ~：踝骨

（阳上）野

（入声）曆酒 ~

ɑːn

p　（阴平）瘢巴搬般班斑扳颁芭疤

（阳平）半琶琵 ~杷枇 ~霸坝水 ~

（阴上）板版舨舢 ~把 ~握，~柄，一 ~

（阳上）拌

（入声）八拨钵

ph　（阴平）钹判潘攀拔办稗耙 ~地耙犁 ~

（阳平）扒 ~手盘襻 ~扣爬怕钯 ~子□下 ~：下巴□ ~□ [lɔ⁵⁵]：四个钉子的

钉钯

（阳上）伴

（入声）泼

m　（阴平）蔓末漫幔骂慢鳗

　　（阳平）蛮麻芝～，发～蟆蛤～

　　（阳上）晚～娘瞒马蚂码～头满

　　（入声）抹～布，～桌

f　（阴平）罚饭番1儿～翻藩1

　　（阳平）藩2贩烦番2儿～繁1矾凡帆泛乏

　　（阴上）反返

　　（阳上）伐范模～；姓犯筏

　　（入声）发头～，出～法方，，～子

t　（阴平）代兑堆队□滚～水：开水袋□马～：马褂儿

　　（阳平）苔对碓戴姓怠殆抬台天～台～州

　　（阴上）短

　　（阳上）待

th　（阴平）胎推

　　（阳平）退褪

　　（阴上）腿

　　（阳上）断～绝，决～

　　（入声）脱蜕蛇～皮，蝉～

l　（阴平）乱内□稞儿～：擀面槌

　　（阳平）来雷莱

　　（阴上）卵垒磊

　　（阳上）暖□光～汉：光棍儿

ts　（阴平）钻动词灾栽抓

　　（阳平）撰钻名词：木工用具攒积～再赘赞最

　　（阴上）纂编～载～重；满～载年～宰

tsh　（阴平）串～门窜汆～丸子猜催摧崔姓

　　（阳平）菜财裁才～能，刚～材

　　（阴上）采彩睬

　　（阳上）罪在赚

　　（入声）出～门，进～撮～药：买药

s　（阴平）栓拴闩酸腮鳃衰□～蝎：蝎子

　　　　（阳平）算蒜帅赛碎税粹_{纯～}□_{鸡～：鸡窝}

　　　　（入声）耍术_技述率_{～领}刷牙涮_{～洗}

k　　（阴平）掼关鳏_{～寡}观1_{～道}观_{参～}官棺倌冠_{鸡～}冠_{～军}干_{天～}支干_地干_湿肝竿_{竹～}瓜

　　　　（阳平）盖_{宝～头}逛惯观2_{～道}灌贯罐挂卦褂干_{～部}

　　　　（阴上）赶管馆

　　　　（入声）括_{包～}聒割葛刮

kh　（阴平）宽

　　　　（阴上）款剐看_{～守}

　　　　（入声）阔

x　　（阴平）患唤欢汗焊翰花划_计～画塌_{～坝：河中拦水的建筑物}

　　　　（阳平）幻汉化寒韩还_{～原}□打_～□[ie³¹¹]：打哈欠痪瘫_～

　　　　（阴上）□_{～草：锄草}

　　　　（阳上）缓旱

　　　　（入声）猾_{狡～}滑_{～溜}

ø　　（阴平）鹌_{～鹑儿：～鹑}万湾弯活焕换岸话安鞍按

　　　　（阳平）还_{～原，～钱}还_{～有}完丸肉_{～案}

　　　　（阴上）晚1_{～上}挽顽_{～皮，～固}腕1玩_{古～，游～}碗皖_{～南}划_{～船}

　　　　（阳上）晚2_{～上}

　　　　（入声）剜挖腕2滑_{～溜}

a:ɐ

tʃ　（阴平）捐绢鹃娟砖专转_{～圆圈}

　　　　（阳平）眷倦卷试_～□_{～子：手残疾的人}

　　　　（阴上）卷_{～起来}转_{～交}

　　　　（入声）镢_{～头}绝_{～症}厥决诀倔橛

tʃh　（阴平）掘券圈_{圆～}串_{量词，一～；动词，～门}穿川

　　　　（阳平）椽劝拳颧权传_{～达}传_{～记}缠

　　　　（阴上）犬喘

　　　　（入声）穴缺

ʃ　　（阴平）靴

（阳平）眩悬玄楦_鞋~船弦

（入声）恤血说_{~话}

n̥ （阴平）月愿

（阳平）原源元_{~旦}

（阳上）软阮1

ø （阴平）渊县越粤怨宛冤院阅悦锐阁

（阳平）袁园援_{~救}辕阮2元一_{~钱}员圆缘

（阳上）远

iu

p （阴平）彪膘_{肥~}标

（阴上）表婊

ph （阴平）飘

（阳平）票车_~瓢嫖_{~赌}

（阴上）漂_{~白粉}漂_{~亮}

m （阴平）庙茂

（阳平）锚1描苗渺藐妙牡谋1矛2

（阴上）秒<u>亩</u>

t （阴平）丢刁雕貂兜调_{~和调音~，~动}□指指儿_{~：顶针儿}

（阳平）逗钓吊掉投调_{~动斗~钱斗~争}

（阴上）斗器具抖

th （阴平）挑偷痘铫豆

（阳平）透头跳条_{油~}

（阴上）条量词：一~

l （阴平）绿录六陆略1料漏陋

（阳平）略2溜廖1_姓馏流刘浏留榴石_{~硫~}磺琉_{~璃}楼瞭燎疗聊潦镣撩

□青_{~：墨鱼}

（阴上）柳了_{~结}

（阳上）廖2_姓谬篓寥屡缕_{丝~}

ts （阴平）邹绉樵雏椒焦蕉_{芭~，香~}

（阳平）皱

（阴上）酒

（入声）蜀 1

tsʰ　（阴平）鳅湫袖就秋~天，~千瞧缲~边锹

　　　（阳平）凑

s　（阴平）肃屑不~修羞萧箫俏悄消宵销硝霄戌稍梢树~捎~带

　　（阳平）诱莠笑秀绣锈铁~

　　（阴上）小

　　（入声）鹊属粟续俗淑削剥~削~铅笔宿住~宿星~

tɕ　（阴平）纠~缠，~正阄抓~鸠周舟州洲揪勾~当沟钩

　　（阳平）救究灸针~球咒昼构购奏够 1 能~，往上~□~脚：蜷腿

　　（阴上）狗苟帚九韭久

　　（阳上）纠桀~

　　（入声）竹筑祝粥菊烛蜀 2 足掬一~：一捧嘱 2 爵

tɕʰ　（阴平）局轴抽丘坵旧枢跷

　　　（阳平）求仇姓囚扣~住寇稠绸愁仇报~酬臭香~

　　　（阴上）口丑~恶，子~

　　　（阳上）舅咎臼垢

　　　（入声）曲~折曲歌~蓄储~麹酒~筹宙售畜~生畜~牧

ȵ　（阴平）狱肉

　　（阳平）牛揉扭够 2 往上~□~蚴：蜈蚣

ɕ　（阴平）熟煮~，~悉候收寿休

　　（阳平）喉猴侯兽

　　（阴上）手首守朽

　　（阳上）授受后~面，皇~厚

　　（入声）叔

ø　（阴平）辱欲浴柚鼬黄~釉佑右欧瓯幽忧优尤犹悠鱿

　　（阳平）幼邮由油游□□［xɔ⁵⁵］~：气喘

　　（阴上）郁又友

　　（阳上）有酉

　　（入声）育

ɛŋ

p （阴平）畚 ~箕：挑东西用的簸箕 崩绷笨奔锛乒乓 ~球 蚌

　　（阳平）迸 ~裂

　　（阴上）本

　　（阳上）□ "不曾"合音

ph 　（阴平）姘 ~头彭1膨 ~胀喷 ~水喷 ~香碰

　　（阳平）蓬篷彭2 棚朋盆

　　（阴上）捧□拥抱

　　（阳上）□香 ~腰：水蛇腰

m 　（阴平）梦问闷□蚕 ~：桑葚

　　（阳平）蒙蠓 ~虫蚊 ~虫门馒 ~头

　　（阴上）懵 ~懂猛孟

f 　（阴平）缝—条 ~锋峰蜂封讽风枫疯丰份奋 ~斗忿愤1分 ~开，一 ~芬纷吩焚

　　（阳平）缝 ~衣服逢冯粪坟

　　（阴上）粉

　　（阳上）俸奉凤奋兴 ~愤2

t 　（阴平）洞东蹲冬

　　（阳平）冻铜童瞳筒咙窿

　　（阴上）栋懂董

　　（阳上）动凳

th 　（阴平）通熥

　　（阳平）痛同桐潭

　　（阴上）捅桶统

l 　（阴平）脓弄 ~堂

　　（阳平）笼聋

　　（阳上）拢弄动词

ts 　（阴平）春 ~米钟盅踪终中当 ~忠棕鬃马 ~，猪 ~斟宗综鍾粽

　　（阳平）种 ~树众中打 ~粽□外 ~：外衣；里 ~：内衣□量词，一所

　　（阴上）种 ~类肿冢总□蹲

（阳上）□动词：攊；量词：一攊

tsh （阴平）冲充仲聪匆囱烟 ~ 葱

（阳平）宠重 ~ 复怂 ~ 惠纵 ~ 横，~ 容，放 ~ 从 ~ 来铳放 ~ 崇虫蹭磨 ~ 曾 ~ 经层

（阳上）重轻 ~ □火 ~：火篮

（入声）□看

s （阴平）讼嵩渗 ~ 透松放 ~ 淞蒙 ~ 雨：毛毛雨森参人 ~

（阳平）颂诵送宋□精液

k （阴平）恭宫故 ~ 工公蚣蜈 ~ 功泔猪 ~ 水跟 ~ 着走弓共 ~ 同拱 ~ 手

（阳平）供上 ~ 汞贡攻进 ~

（阴上）感橄 ~ 榄敢梗 ~ 米耿

（阳上）供 ~ 地拱 ~ 卒儿

kh （阴平）空 ~ 虚

（阳平）空 ~ 缺

（阴上）恐 ~ 怖控孔恳垦啃

ŋ （阴平）瓮翁恩庵

（阳平）暗俺

（阴上）□ ~ 尘：灰尘揞手覆：~ 住

x （阴平）哄起 ~ 哄1 ~ 骗烘 ~ 干亨巷夯打 ~ 醄憨痴恨轰

（阳平）桓嗅闻红洪鸿虹1 恒痕弘宏宽 ~ 大量；地名：~ 村

（阴上）哄2 ~ 骗

（入声）衡度量 ~

uɛn

k （阴平）根跟脚后 ~

（阳平）棍

（阳上）梗

（入声）滚

kh （阴平）昆 ~ 明，~ 仑

（阳平）睏

（阴上）捆困 ~ 难

x　（阴平）荤婚昏

　　（阳平）魂馄 ~饨浑 ~浊

　　（阴上）很狠

　　（阳上）混 相~

ø　（阴平）问吻刎闻1 温瘟

　　（阳平）蚊 ~香闻2 文纹

　　（阴上）稳

in

p　（阴平）浜（新）鬓殡彬槟 ~榔乒 ~乓球宾

　　（阳平）凭1

　　（阴上）禀

ph　（阴平）姘 ~头

　　（阳平）凭2 贫频 ~繁苹

　　（阴上）品□ ~眼儿：小气

m　（阴平）璺裂 ~抿

　　（阳平）悯民

　　（阴上）敏闽皿

v　（阴平）韵运晕润闰

　　（阳平）云匀□ ~筐：圆的筐，晒物用

　　（阴上）允永泳咏

l　（阴平）□ ~妹：妹妹

　　（阳平）浓拎匿楞龙垄陇隆黧另凌翎陵菱沦轮伦仑1 昆 ~邻磷鳞琳临淋林农□菜畦□阁 ~梯儿：楼梯

　　（阴上）吝 ~啬

　　（阳上）囡

ts　（阴平）蒸疹诊真臻珍津针砧

　　（阳平）振震镇浸进晋

　　（阴上）枕 名词

　　（阳上）□□［io311］□［pa311］ ~：带犊儿（妇女改嫁带的儿女）

tsh　（阴平）称 ~呼，~重量皴脸 ~忖衬阵趁1 亲 ~密亲 ~家清 ~早

（阳平）松~树秤一杆~澄~水橙榛陈尘秦寻寝沉巡
（阳上）蕈蘑菇尽~前，用~□门~：门槛
s （阴平）胸凶吉~，~恶升慎身申伸娠辛新薪欣1甚心深葚桑~
（阳平）绳辰臣晨神信讯擤
（阴上）榫~头笋旬荀审沈
（阳上）婶
tɕ （阴平）恭弓宫~殿躬巾斤筋荆今金襟□蚊~帐：蚊帐□~桌儿：长条几
（阳平）劲有~劲~敌勤芹擒禽琴禁~不住禁~止
（阴上）巩紧仅谨竞锦
tɕh （阴平）共~产党供~养，上~，~销社趁2侵顷琼倾钦
（阳平）穷
（阴上）肯恐~怕
（阳上）近
ȵ （阴平）认韧
（阳平）银□~炭：在山上制作的炭人新~：新娘迎吟淫
（阳上）忍刃纫缝~
ɕ （阴平）馨兴~旺欣2
（阳平）雄熊兴高~衅挑~
ø （阴平）用拥庸雍痈鹰因咽泅姻殷荫音阴任姓任责~
（阳平）印蓉芙~茸鹿~融戎绒灯心~仍应答~寅仁人一个~赁萤茔颖颖壬
（阴上）甬~道勇涌冗~长孕隐饮~酒，冷~饮~马
（阳上）抑引

yin

tʃ （阴平）君军钧均肫~肝
（阳平）窘俊
（阴上）准~时，标~，批~
（阳上）菌
tʃh （阴平）春椿香~抻
（阳平）群裙
（阴上）蠢

　　　　　（阳上）郡

ʃ　　（阴平）熏薰勋顺

　　　　（阳平）迅训舜唇纯醇迅殉循巡

uːn

t　　（阴平）蹾_{阄（牛）}段椴缎端～阳遁1盾矛～敦～煌墩□～头发：掉头发

　　　　（阳平）锻～炼团1～圆，～长钝顿豚沌囤1饨炖馄～屯

　　　　（阳上）囤2

th　　（阴平）吞□～调：烹调遁2

　　　　（阳平）团2～圆，～长

l　　（阴平）论讨～论～语嫩

　　　　（阳平）仑2昆～鸾

ts　　（阴平）遵尊

　　　　（阳上）蘸～酱油

tsh　　（阴平）村

　　　　（阳平）寸存

s　　（阴平）逊孙狲

　　　　（阴上）丧～失损

x　　（阳平）环耳～，～境

ø　　（阴平）豌～豆

　　　　（阳平）环门～

ɑŋ

p　　（阴平）塝_{高的田坎：割～}邦帮

　　　　（阳平）防～贼绊傍谤螃～蟹旁1

　　　　（阴上）榜磅绑

　　　　（阳上）棒蚌

ph　　（阳平）庞胖旁2滂～沱叛攀盼

　　　　（阴上）□手～：上臂

m　　（阴平）望～一～

　　　　（阳平）氓盲虻牛～忘茫忙芒麦～儿，～果

（阴上）蟒莽

（阳上）网辋车~

f （阴平）方芳

（阳平）放房防国~

（阴上）访纺仿~佛，相~仿~效肪脂~妨~害帆繁2

t （阴平）当~兵，应~裆

（阳平）当~作当典~堂螳~螂唐塘棠弹~琴，~棉花耽

（阴上）党档挡阻~凼水~：水坑儿

th （阴平）汤荡放~

（阳平）糖烫

（阴上）趟倘~使躺

（阳上）毯坦平~

l （阴平）浪□大~：哥哥晾

（阳平）狼螂廊郎榔囊篮~球

（阴上）朗□很：~短，~低

ts （阴平）撞桩装妆庄脏不干净

（阳平）壮葬

tsh （阴平）菖~蒲腔口~窗创状疮脏心~苍仓

（阳平）藏隐~藏西~□溇柿子

（阴上）篡闯

s （阴平）双霜孀丧婚~桑

（阳平）床

（阴上）爽嗓磉屋柱~：柱下石

tʃ （阴平）障保~瘴~气疆僵姜生~，姓~缰马~礓~石章樟张刚

（阳平）账胀帐长~短场

（阴上）掌涨长生~

（阳上）强倔~

tʃh （阴平）框腔~调，口~倡提~羌昌筐

（阳平）唱肠强~大

（阴上）畅强勉~厂

（阳上）丈仗杖

ʃ　（阴平）尚香乡商伤镶₁襄₁

　　（阳平）向常偿尝裳衣~

　　（阴上）饷享响赏晌~午鲞

　　（阳上）曾~经上~山

k　（阴平）□~蟆：青蛙江扛豇~豆钢~铁钢刀钝了，~~岗<u>刚</u>纲缸冈光

　　（阳平）降下~虹₂杠□火郎~：螳螂

　　（阴上）讲港~口广桄——~线撑~面

　　（阳上）□身~：身材

kh　（阴平）慷~慨糠康眶眼~堪龛勘~探，~误<u>框筐</u>

　　（阳平）□火郎~：螳螂囥藏炕抗狂矿

x　（阴平）荒慌□竹~：竹竿儿

　　（阳平）降投~，~服行~列，银~杭航黄<u>~</u>山簧弹~皇隍蝗₁~虫憾撼罕

　　（阴上）谎

　　（阳上）项况

ø　（阴平）昂₁汪肮~脏

　　（阳平）黄<u>~</u>色王昂₂蝗₂~虫□瞪眼

iaŋ

p　（阳上）□"不曾"的合音

l　（阴平）量数~谅亮

　　（阳平）掠良凉粮梁量~长短梁

　　（阳上）辆两~个，斤~

ts　（阴平）浆将~军（象棋中）

　　（阳平）酱将~来将大~

　　（阴上）奖蒋桨

tsh　（阴平）匠枪

　　（阳平）墙详祥

　　（阳上）橡~皮象动物像

　　（阴上）抢象~棋

s　（阴平）箱厢湘镶₂襄₂相互~

　　（阳平）相~貌

（阴上）想

ȵ　（阴平）让酿~酒攘嚷样壤土~

　　（阳平）酿酒~娘□□［u⁴²］~花：野生的红杜鹃花

　　（阴上）仰

∅　（阴平）样旺兴~，火~映央秧殃□火~虫：萤火虫

　　（阳平）羊扬阳杨疡溃~烊融化洋瓢瓜~□~菜：咸菜

　　（阳上）痒

　　（入声）养

uaŋ

kh　（阴平）匡筐

x　（阴上）晃~眼

∅　（阴平）旺兴~，火~望希~

　　（阳平）忘亡

　　（阴上）枉往妄

m

　　（阴平）木貌

　　（阳上）拇亩母姆

n

　　（阴平）二贰~心

　　（阳平）尔你

　　（阳上）五伍数字

　　（入声）□这么（高），那么（高）

注："盆、凳、潭、梗、毯、龛"不知是否儿化，在此处和"儿化同音字汇"中均列出。

四　语流音变

（一）连读变调

1. 两字组连调表

溪口方言两字组的连读规律见表 2 - 7。表中各栏的上一行为单字调，下一行为连读变调。无下一行的表示连读变调与单字调相同。

表 2 - 7　　　　　　　　　　溪口方言两字组连调表

前字 ＼ 后字	阴平 311	阳平 55	阴上 42	阳上 13	入声 212
阴平 311	311　311 33　311 42　311	311　55 33　55	311　42 33　42	311　13	311　212 33　212
阳平 55	55　311 55　311 42　311	55　55	55　42	55　13 42　13	55　212 42　212
阴上 42	42　311 42　311 33　311	42　55 42　55 21　55	42　42 13　42	42　13	42　212
阳上 13	13　311	13　55	13　42	13　13	13　212
入声 212	212　311 13　311	212　55 21　55	212　42 13　42	212　13 21　13	212　212 13　212

2. 两字组连调类

溪口方言有五个单字调，双音词或双音词组的组合当有 25 种连调类，其中 4 种有两类读法，合并相同者，实为 19 类，以下例词。

阴平 + 阴平①：飞机　fi$^{311-33}$tçi^{311}　　　东风　tɛn$^{311-33}$fɛn^{311}
地方　thi$^{311-33}$faŋ^{311}　　　卫生　ue$^{311-33}$sa^{311}

阴平 + 阴平②：读书　thu$^{311-42}$ʃy^{311}　　　石灰　se$^{311-42}$xuɤɯ^{311}
立夏　li$^{311-42}$ɕɔ^{311}　　　当官　taŋ$^{311-42}$kuːɐ^{311}

阴平 + 阳平：清明　tsha$^{311-33}$ma^{55}　　　工人　kɛn$^{311-33}$in^{55}
开门　khuɤɯ$^{311-33}$mɐn^{55}　　　耕田　tʃa$^{311-33}$tiːɐ^{55}

阴平 + 阴上：共产　kɛn$^{311-33}$tshɔ^{42}　　　身体　sin$^{311-33}$the^{42}
乡长　ʃaŋ$^{311-33}$tʃaŋ^{42}　　　天井　thiːɐ$^{311-33}$ùtsa^{42}

阴平＋阳上：大雨　tho^{311}y^{13}　　味道　vi^{311}thɤɯ^{13}

公里　kɛn^{311}li^{13}　　招待　tʃo^{311}tuːɐ^{13}

阴平＋入声：钢笔　kaŋ$^{311-33}$pi^{212}　　东北　tɛn$^{311-33}$pe^{212}

中国　tsɛn$^{311-33}$kuːɐ^{212}　　工作　kɛn$^{311-33}$tso^{212}

阳平＋阴平①：副业　fu^{55}n̠iːɐ^{311}　　中毒　tsɛn^{55}tu^{311}

四月　sๅ^{55}n̠yːɐ^{311}　　做贼　tso^{55}tshɤɯ^{311}

阳平＋阴平②：农村　lin$^{55-42}$tshuːɐn^{311}　　良心　liaŋ$^{55-42}$sin^{311}

骑车　tɕhi$^{55-42}$tɕhiːɐ^{311}　　爬山　phuːɐ$^{55-42}$sɔ^{11}

阳平＋阳平：眉毛　mi^{55}mɤɯ^{55}　　农民　lin^{55}min^{55}

驼背　to^{55}pɤɯ^{55}　　同意　thɛn^{55}i^{55}

阳平＋阴上：牙齿　ŋɔ^{55}tshๅ^{42}　　门口　mɛn^{55}tɕhiu^{42}

防火　faŋ^{55}xo^{42}　　进口　tsin^{55}tɕhiu^{42}

阳平＋阳上：牛奶　n̠iu$^{55-42}$la^{13}　　城市　sa$^{55-42}$sๅ^{13}

跳舞　thiu$^{55-42}$u^{13}　　对待　tuːɐ$^{55-42}$tuːɐ^{13}

阳平＋入声：政策　tʃa$^{55-42}$tsha^{212}信息　sin$^{55-42}$se^{212}

正式　tsa$^{55-42}$sๅ^{212}　　建设　tsiːɐ$^{55-42}$ɕiːɐ^{212}

阴上＋阴平①：火车　xo^{42}tɕhiːɐ^{311}　　点心　tiːɐ^{42}sin^{311}

手艺　ɕiu^{42}n̠i^{311}　　死活　sๅ^{42}uːɐ^{311}

阴上＋阴平②：比方　pi$^{42-33}$faŋ^{311}　　打针　ta$^{42-33}$tsin^{311}

转业　tʃyːɐ$^{42-33}$n̠iːɐ^{311}　　伙食　xo$^{42-33}$sๅ^{11}

阴上＋阳平①：水库　ʃy^{42}khu^{55}　　海带　xuːɐ^{42}ta^{55}

写信　siːɐ^{42}sin^{55}　　比赛　pi^{42}suːɐ^{55}

阴上＋阳平②：水池　ʃy$^{42-21}$tshๅ^{55}　　草鞋　tshɤɯ$^{42-21}$xa^{55}

倒霉　tɤɯ$^{42-21}$mɤɯ^{55}　　检查　tɕiːɐ$^{42-21}$tsɔ^{55}

阴上＋阴上：手表　ɕiu$^{42-13}$piu^{42}　　厂长　tʃhaŋ$^{42-13}$tʃaŋ^{42}

火腿　xo$^{42-13}$thuːɐ^{42}　　水果　ʃy$^{42-13}$ko^{42}

阴上＋阳上：起码　tɕhi^{42}muːɐ^{13}　　水稻　ʃy^{42}thɤɯ^{13}

赶马　kuːɐ^{42}muːɐ^{13}　　改造　kuɤɯ^{42}tshɤɯ^{13}

阴上＋入声：粉笔　fɛn^{42}pi^{212}　　赌博　tu^{42}po^{212}

享福　ʃaŋ^{42}fu^{212}　　洗脚　se^{42}tʃo^{212}

阳上＋阴平：老师　lɤɯ^{13}sๅ^{311}　　尾巴　vi^{13}puːɐ^{311}

坐车 tsho¹³tɕhiːɐ³¹¹　　动工 tɛn¹³kɛn³¹¹

阳上＋阳平：码头 muːɐ¹³thiu⁵⁵　　老婆 lɤɯ¹³pho⁵⁵

满意 muːɐ¹³·i⁵⁵　　买票 ma¹³phiu⁵⁵

阳上＋阴上：老虎 lɤɯ¹³xu⁴²　　老板 lɤɯ¹³puːɐ⁴²

动手 tɛn¹³ɕiu⁴²　　市长 sʅ¹³tʃɑŋ⁴²

阳上＋阳上：养老 iaŋ¹³lɤɯ¹³　　远近 yːɐ¹³tɕhin¹³

道理 thɤɯ¹³li¹³　　犯罪 fuːɐ¹³tshuːɐ¹³

阳上＋入声：满足 muːɐ¹³tɕiu²¹²　　稻谷 thɤɯ¹³ku²¹²

道德 thɤɯ¹³te²¹²　　犯法 fuːɐ¹³fuːɐ²¹²

入声＋阴平：国家 kuːɐ²¹²⁻¹³ko¹¹　　北京 pe²¹²⁻¹³tʃa³¹¹

铁路 thiːɐ²¹²⁻¹³lu³¹¹　　质量 tsʅ²¹²⁻¹³liaŋ³¹¹

入声＋阳平：骨头 kuɤɯ²¹²⁻²¹thiu⁵⁵　　铁门 thiːɐ²¹²⁻²¹mɛn⁵⁵

节气 tsiɛ²¹²⁻²¹tɕhi⁵⁵　　发票 fuːɐ²¹²⁻²¹phiu⁵⁵

入声＋阴上：黑板 xɤɯ²¹²⁻¹³puːɐ⁴²　　缺点 tɕhyːɐ²¹²⁻¹³tiːɐ⁴²

发火 fuːɐ²¹²⁻¹³xo⁴²　　发展 fuːɐ²¹²⁻¹³tɕiːɐ⁴²

入声＋阳上：谷雨 ku²¹²⁻²¹y¹³　　接受 tsiːɐ²¹²⁻²¹ɕiu¹³

黑马 xɤɯ²¹²⁻²¹muːɐ¹³　　发动 fuːɐ²¹²⁻²¹tɛn¹³

入声＋入声：节约 tsiːɐ²¹²⁻¹³yːɐ²¹²　　答复 to²¹²⁻¹³fu²¹²

出血 tshuːɐ²¹²⁻¹³ʃyːɐ²¹²　　出国 tshuːɐ²¹²⁻¹³kuɤɯ²¹²

3. 溪口方言两字组的连读变调有以下几个特点：

（1）一般是前字变，后字不变。

（2）同一调类的前字在不同调类的后字之前往往读为一种共同的调值，例如阴平字在阴平字、阳平字、阴上字、入声字之前往往读作 33 调。

（3）不同调类的前字在同一调类的后字之前有读为一种共同的调值的趋向，如入声字和阴上字在阴上字的前面都读作 13 调。

（4）存在今单字调相同但连读变调不同的情况。古清声母的去声字调类归入浊声母的平声字，即阳平 55 调。但在连读变调中不同，表现有二：作为连读时的前字，古浊声母的平声字在古浊声母的入声字（今归入阴平 311 调）前变 42 调，如"农业 lin⁵⁵⁻⁴²n̠iːɐ³¹¹""粮食 liaŋ⁵⁵⁻⁴²sʅ³¹¹"；古清声母的去声字在浊声母的入声字前不变调，如"副业 fu⁵⁵n̠iːɐ³¹¹""中毒 tsɛn⁵⁵tu³¹¹"。作为连读时的后字，古清声母的上声字（42 调）在古浊声母的平声字前变 21 调，如 "水池 ʃy⁴²⁻²¹tshŋ⁵⁵" "草鞋 tshɣɯ⁴²⁻²¹xa⁵⁵"；在古清声母的去声字前不变调，如 "水库 ʃy⁴²khu⁵⁵" "海带 xuːɐ⁴²ta⁵⁵"。

我们认为，无论作为前字，还是作为后字，连读变调的不同反应了古浊声母的平声字和古清声母的去声字两类字原来单字调的不同，说明了单字调的归并早于连读变调的归并。

除此之外，阴平和阴平、阴上和阴平的连读变调也各有两种情况，但没有找出明显的分化条件。

（二）儿化

据赵日新《徽语的小称音变和儿化音变》（《方言》1999 年第 2 期），徽语的儿化现象非常丰富，儿化形式也很多样。多数地方的儿化都是原韵母加上 [-n] 尾，具体说来，又有细微区别：旌德、绩溪、建德、遂安的 "儿化" 其实是儿尾，方式是在词语的后面加上自成音节的 "儿"，儿化后，前一音节的声韵母都不发生变化（绩溪方言 "儿化" 只出现在概数词组成的数量词组中，儿化使量词的调值发生变化）；岩寺等地儿化使前一音节带上 [-n] 尾，[-n] 前的元音变为长元音；屯溪、休宁、黟县、祁门、寿昌（部分）儿化的方式是在基本音节的后面带一个 [-n] 尾，儿化后，声调大多发生变化，黟县还会导致前一音节韵母的变化；婺源、寿昌（部分）等地儿化使前一音节的主要元音变成鼻化元音；淳安有个别字的特殊读音（鼻化元音）可能是儿化造成的，德兴尚未发现有儿化现象。

徽语儿化的作用丰富多样，除了具有与普通话儿化大致相同的作用外，还有指少、表程度、表蔑视等几种功能：①绩溪方言儿尾的主要功能是 "指少"，经常与表示范围的副词 "只" 等呼应使用，如：尔本书我只看了几页儿（这本书我只看了几页）；②屯溪、休宁、黟县等地，偏正结构形容词的前一音节儿化，其附加意义是表示程度进一步加深。如黟县 "飞儿快" 是 "非常非常快" 的意思；③屯溪、黟县方言有些词儿化以后，带有蔑视、厌恶的感情色彩。如屯溪话 "钻" 是一般动词，而 "钻儿" 则指到处经营、无理取闹。④祁门方言的儿尾隐含有指大的作用，"儿" 的主要功能是成词或作名词标记，没有明显的指小、喜爱、亲切之类的附加意义。在亲属称谓中，称呼长辈或同辈的年长者多用儿化形式，如：伯儿（父亲或伯父）、老儿（曾祖父）、姐儿。

1. 儿化音

"儿"在溪口方言中读［ɤɯ^{55}］，溪口方言的儿化和小称变调现象很丰富。

开尾或元音韵尾字儿化既有儿化变韵，又有儿化变调。儿化音变大致有以下几种形式：①基本韵母加［-n］尾，主要元音变成长元音，其中部分字主要元音发生变化；②基本韵母加［-n］尾，没有长元音，部分字主要元音发生变化；③主要元音鼻化，少数字主要元音鼻化后仍带［-n］尾，如：鹞儿［iõ:n］（风筝）；④部分韵母为［ɔ］的字，儿化后变为［ɑŋ］。4种形式中，①②是主要形式。采用这两种儿化形式时，部分字的主要元音发生变化，有高化、前化现象，如主要元音［a］、［ɔ］儿化后变成［ɤ:］、［ɛ］。④未在徽语的其他方言中发现过。

根据溪口方言儿化韵与基本韵母的对应关系，列表如下：

表 2-8　　　　　　　　溪口方言儿化韵与基本韵母对照表

儿化韵	基本韵母	例词	方式
ɿⁿ	ɿ	子（棋~），指（指~：手指），式（样~：样子）	
i:n	i	序（顺~），谜，几（茶~），鼻（鼻涕），皮（~薄：很薄），卒	
	i:ɐ	点	
	iu	豆，逗（逗号）	
u:n	u	蝠（蝙蝠），袂（洋~：手绢儿）	
y:n	y	箸（筷子），蕊，桔，猪（小~）	①
e:n	a	格，额（额头）	
	e	塞，特（特□［ta$^{212-13}$］~：特意）	
o:n	o	餜，觉（困~），坳，鳔，窠，索（绳索），壳1（蚌~）	
ɤ:ɤ	a	橙，核	
	ɤɯ	枚，杯，偏（傀~），枣，帽，刀，鸽，盒，蛤	
uɤ:n	uɤɯ	核	
iu:n	iu	猫	

儿化韵	基本韵母	例词	方式
uan	ua	块（一~：一块钱）	
εᴺ	a	奶（阿~：奶奶），蟹，凳，格 2，饼（~干：饼干），瓶，萍（浮萍）	
	aːu	攀	
	ɔ	潭，男（~团儿：男孩）	
uεᴺ	ua	拐（拐杖）筷，梗	
iːɐᴺ	iːaɪ	褶，燕 1，碟，辫，茧，团（毛~：婴儿），叶	
iɐᴺ	aɪ	舌（猪~），燕 2	
uːaᴺ	eˑ	梯	②
	ɔ	坛	
	uːɐ	马，码（号~），耙，坝，袋，苔，画，裤，话（笑~：故事），板（小老~），慢（慢~），八（八~：八哥）团，盘，碗，钻（针~：锥子），伴（□［thaⁿ⁵⁵］年~：童养媳），官（新郎~），腕（脚~），撮（量词），刷，袜，发（披头~：刘海儿）	
yːɐᴺ	yːɐ	橡，砖，缺（耳朵~：耳朵眼）	
ū	u	卜（胡萝~），兔	
ē	e	米	
õ	o	包（包子），蛾（蚕~：蚕蛹）	
iõ	io	鸟（男阴）	
iū	iu	雀，藕，柔，褥，瓢（金属制小勺），纽（纽扣）	③
õːn	o	多（差不~）桌，壳 2（蚌~）	
iõːn	ɔ	篮	
	io	鹞（风筝），伴（躲~：捉迷藏）	
ɑᴺ	ɔ	铲，伞，虾（红~），眼，蚕，衫，蛋（鸭~），杉（~树□儿［loːn¹³］：杉球）	④

音值说明：

①最后一列"①②③④"表示上文所述儿化的 4 种方式。

②"格儿"有两个音：[ke:n¹³] 和 [kɛn¹³]。"燕儿"有两个音：[i:ɐn¹³] 和 [iɛn¹³]。"撮儿"（量词）有两个音：[tshu:ɐn¹³] 和 [tshun¹³]。"壳儿"（蚌～）有两个音：[kho:n¹³] 和 [khõ:n¹³]。"眼儿"又音 [ŋã¹³]。

③[o:n] 的实际发音为 [o:ɲ]

④"簪儿"实际读音为 [tsɔ̃:ɲ¹³]

从表中可以看出，有些儿化韵与基本韵母是一一对应的，有些儿化韵与基本韵母是一对多的关系，这应该是儿化韵的读音演变快于基本韵母，使得不同韵母的儿化读音合流所致。如儿化韵 [e:n] 来自 [a]、[e] 两个基本韵母，它们的音韵地位也不相同，[a] 来自梗摄开口二等、[e] 来自曾摄开口一等，但两个韵母的儿化读音已经合流。这样的儿化韵还有 [i:n]、[ɤn]、[ɛŋ]、[u:ɐ] 和 [õ:n] 等。

2. 小称变调

开尾或元音尾韵母的字儿化，无论原来声调如何，儿化韵声调绝大多数读低升 13 调，少数阳平字儿化后仍读 55 调，如：块儿 [khuan⁵⁵]（一～：一块钱）、枚儿 [mɤ:n⁵⁵]、苔儿 [tu:ɐn⁵⁵]、团儿 [tu:ɐn⁵⁵]、橡儿 [tʃhy:ɐn⁵⁵]、瓶儿 [pɛn⁵⁵]、篮儿 [lõ:n⁵⁵]、耙儿 [phu:ɐn⁵⁵]、瓢儿 [phiũ⁵⁵]（金属制小勺）、萍儿 [phɛn⁵⁵]（浮萍）。

极个别字儿化后不变调，如：角儿 [ko:n²¹²]（一～：一角钱）、鼻儿 [phi:n³¹¹]（鼻涕）、特儿 [te:n³¹¹]（特□ [ta²¹²⁻¹³] ～：特意）、转儿 [tʃy:ɐn³¹¹]（打～头：翻跟头）。

鼻音韵尾字儿化后韵母未见有变化的情形，除阳平 55 调字外，都变为 13 调，如：印儿 [in¹³]、婶儿 [sin¹³]、孙儿 [su:ɐn¹³]、滚儿 [kuɛn¹³]（～圆）、心儿 [sin¹³]（背～）。

阳平 55 调字未见有变调现象。

3. 儿化韵的演变

表 2-9   溪口方言基本韵母与儿化韵对照表

基本韵母	儿化韵	例词
ʅ	ʅⁿ	子（棋～）指（指～：手指），式（样～：样子）

基本韵母	儿化韵	例词
i	iːn	序（顺~）谜，几（茶~），卒，鼻（鼻涕）
u	uːn	蝠（蝙蝠），兜，袱（洋~：手绢儿）
	ũ	卜（胡萝~），兔
y	yːn	箸（筷子），蕊，桔，猪（小~）
a	eːn	格1，额（额头）
	ɤn	橙，核
	εŋ	奶（阿~：奶奶），蟹，格2，饼（~干：饼干），瓶，萍（浮萍）
ua	uan	块（一~：一块钱）
	uεn	拐（拐杖），筷，梗
e	eːn	塞，特（特□［ta²¹²⁻¹³］~：特意）
	uːɐn	梯
	ẽ	米
o	oːn	馃，觉（困~：睡觉），坳，窠，索（绳索），朝（阿~：祖父）
	õːn	桌，饺，多（差不~）
	õ	包（包子），蛾（蚕~：蚕蛹）
io	iõːn	鹞（风筝），伴（躲~：捉迷藏）
	iõ	鸟（男阴）
ɔ	uːɐn	坛
	õːn	篮
	ɑŋ	虾（红~），蚕，南（~瓜：南瓜），蛋（鸭~），衫，伞，铲，眼，盏（油~：油灯），杉（~树□儿［loːn¹³］：杉球）
ɤɯ	ɤɯ	枚，杯，枣，鸽，盒，偏（傀~），帽，蛤，刀
uɤɯ	uɤɯ	核

续表

基本韵母	儿化韵	例词
iːɛ	iːɛn	褶，艳（作人名时），叶，碟，团（毛～：婴儿），燕1，辫，茧
	iɛn	舌（猪～），燕2
	iːn	点
uːɛ	uːɛn	马，码（号～），耙，坝，袋，苔，画，裤，话（笑～：故事），板（小老～），慢（慢～），八（八～：八哥），团，盘，碗，钻（针～：锥子），伴（□［thaᵉ⁵⁵］年～：童养媳），官（新郎～），腕（脚～），撮（量词，一撮），刷，袜，发（披头～：刘海儿）
	ɛŋ	襻
yːɐ	yːɛn	橡，砖，缺（耳朵～：耳朵眼）
iu	uːn	猫
	iːn	豆，逗（逗号）
	iũ	雀，藕，柔，褥，瓢（金属制小勺），纽（纽扣）

从表中可以看出，溪口方言中基本韵母与儿化韵并不都是一一对应的，有时一个基本韵母对应多个儿化韵，情况如下：

（1）有的儿化韵中［-n］尾脱落或读成鼻化音，使一个基本韵母对应多个儿化韵，如基本韵母"［u］"的两个儿化韵"［uːn］"和"［ũ］"，后者显然是前者变化的结果。其他的还有"［o］"的两个儿化韵"［oːn］"和"［õ］"，"［io］"的两个儿化韵"［iõːn］"和"［iõ］"，"［iu］"的三个儿化韵"［iuːn］"、"［iũ］"和"［iːn］"。

（2）有时，一个基本韵母对应于几个不同的儿化韵，应该是早期基本韵母的不同所致，这也反映了这些字的基本韵母变化比儿化韵读音变化更快，如基本韵母"［ua］"有两个儿化韵"［uan］"和"［uɛn］"，前者来自蟹摄合口一等，后者来自蟹摄合口二等和梗摄合口二等，儿化韵的不同反映了早期合口一二等之间的语音区别。

4. 儿化的功用

溪口方言儿化的功用主要有：

（1）有些名词儿化后有着不同于原词的独特意义，如"纽儿"指纽扣、"瓢儿"指金属制小勺、"鼻儿"指鼻涕。有的儿化词在别的方言中很少儿化，我们已经看不出它的意义，当地人也觉察不出它是儿化，如：饼儿干（饼干）；

（2）很多动词儿化后变成名词，如"塞儿、拐儿"指塞子、拐杖；

（3）一些量词儿化后有极言其少的意思，如：一块儿（钱）、一撮儿（头发）；

（4）一些形容词、副词或短语儿化后有表示程度加深的意思，如：差不多儿、滚儿圆；

（5）一些亲属称谓有儿化形式，如"阿朝儿"是祖父的面称、"阿奶儿"是祖母的面称，这些儿化隐含有指大的作用，没有明显指小的附加意义；

（6）一些人名常用字多儿化，如：艳儿、燕儿。

5. 儿化同音字汇

凡例：本表收录溪口方言的儿化音，儿化音按前鼻音、鼻化音、后鼻音的顺序排列，前鼻音按 [－n] 前元音的顺序排列。每个音按照韵母、声母、声调的次序排列。写不出本字的音节用"□"表示。"（）"里是例词或必要的注释，举例时用"～"代替本字。

η^n

ts [13] 子（棋～）指（指～：手指）

tsh [13] □（蛇～：蜥蜴）

s [13] 式（样～：样子）

$i{:}n$

ph [311] 鼻（鼻涕）[13] 皮（～薄：很薄）

m [13] 谜

t〔13〕点

th〔13〕豆逗（逗号）

ts〔13〕几（茶～）卒

tsh〔13〕序（顺～）□（打船～：子孑）

u:n

f〔13〕蝙（蝙蝠）袱（洋～：手绢儿）

t〔13〕兜□（碗～：碗底儿）

th〔13〕兔

ø〔13〕印

y:n

tʃ〔13〕桔猪鬼（～子：鬼子）

tʃh〔13〕箸（筷子）

ʃ〔13〕树（橡～：橡子）

ø〔13〕蕊□（蹄～：猪脚尖）

e:n

t〔311〕特（特□〔ta$^{212-13}$〕～：特意）

s〔13〕塞

k〔13〕格₁

ŋ〔13〕额（额头）

o:n

ph〔13〕鳔坡（山～）

l〔13〕□（松树～：松球）

s〔13〕索（绳索）

tʃ〔13〕朝（阿～：祖父）

k〔13〕馃觉（困～）〔212〕角（一～一角钱）

kh〔13〕窠壳₁（蚌～）

ø〔13〕坳窝（心～）

ɤn

p［13］杯

ph［311］□（～皮：刨花）

m［55］枚［13］帽

t［13］刀

l［13］偏（傀～）□（布～：针线筐）

ts［13］枣

tsh［13］橙

k［13］鸽蛤

x［13］盒核好（好～走：好好走）

uɤn

x［13］核

iuːn

m［13］猫

uan

kh［55］块（一～：一块钱）

εŋ

p［55］瓶［13］饼（～干：饼干）

ph［55］萍（浮萍）盆［13］襻（纽儿～：中式纽扣）

t［13］凳丁（肉～：肉丁）

th［55］潭

l［55］男（～团儿：男孩）［13］奶（阿～：奶奶）

k［13］格2

ŋ［13］□（牛～：牛犊）

x［13］蟹

uɛn

k［13］拐（拐杖）梗杆（秤~：秤杆）

kh［13］筷

i:ɐn

p［13］辫瓣（花~）

ph［13］片（肉~）

th［13］碟铁（~钉：钉子）

l［13］链（项~）

ts［13］姐（隔房老~：堂姐）

tɕ［13］茧褶毽

n̪［13］团（毛~：婴儿）

ø［55］爷（老~：老爷）［13］艳（作人名时）燕₁叶

iɛn

tɕ［13］舌（猪~）

ø［13］燕₂

uɐn

p［13］坝板（小老~）八（八~：八哥）伴（□［tha⁵⁵］年~：童养媳）把

ph［55］耙（扒子）盘

m［13］马码（号~）末（肉~：肉末）袜慢（慢~）

f［13］发（披头~：刘海儿）

t［55］苔（青~）团［13］袋

th［55］坛［13］梯

ts［13］钻（针~：锥子）□（髻）

tsh［13］撮（量词，一撮）

s［13］刷□（肉~：做面的臊子，肉末）

k［13］褂官（新郎~）

x［13］画□（耳朵～：耳挖子）

ø［13］碗话（笑～：故事）腕（脚～）

yːɐn

tʃ［311］转（打～头：翻跟头）砖

tʃh［55］橡拳（～头）［13］缺（耳朵～：耳朵眼）钏（耳环）

ø［55］圆（汤～：汤圆）

ũ

p［13］卜（胡萝～）

th［13］兔

kh［13］箍（顶针～：顶针）

ẽ

m［13］米

õ

l［55］辘（车辘～）

p［13］包（包子）

ph［13］泡（鱼泡～：鱼鳔儿）□（后生～：小伙子；囡～：姑娘）

ŋ［13］蛾（蚕～：蚕蛹）

ø［13］□（山～：山坳）

iõ

t［13］鸟（男阴）

iũ

ph［55］瓢（金属制小勺）

m［13］杪（树～：树梢）□（针～：针尖）

ts［13］雀

s［13］小（从~：从小）

tɕ［13］钩（鱼~）

n̥［13］藕偶（配~）柔褥纽（纽扣）

õːn

t［13］多（差不~）

l［55］篮□（□［loᵘ³¹¹］ ~骨：踝骨）

ts［13］桌罩（灯~儿：灯~）

tʃ［13］饺

kh［13］壳₂（蚌~）

iõːn

ø［55］伴（躲~：捉迷藏）［13］鹞（风筝）

ɑŋ

t［13］蛋（鸭~）

th［13］摊（~贩：摆摊的）毯

l［55］南（~瓜：南瓜）［13］□（麻~：麻雀）

ts［13］盏（油~：油灯）

tsh［55］蚕［13］铲

s［13］伞衫萨（菩~）

ʃ［311］杉（~树□儿［loːn¹³］：杉球）

k［13］□（~□［kɣɯ³¹¹］：蜻蜓）

kh［311］龛［13］夹（皮~：钱包）槛（~窗：窗）

ŋ［13］眼（耳朵~）

x［13］虾（红~）

说明：

① "桌儿"有［tsõ¹³］、［tsõːn¹³］两读。

② "法儿"（变戏~）发音为［fuːẽn¹³］。

③表中"盆儿、凳儿、潭儿、梗儿、毯儿、龛儿"等是儿化还是本音目前还无法判断。

五　见系声母腭化现象

现代汉语普通话中的舌面前声母是由今细音前面的古精组和见系声母演变而来，洪音前面的古精组和见系声母都没有腭化。但许多地方言中，普通话没有腭化的见系声母都有不同程度的腭化现象。我们把这类现象称为"见系声母腭化现象"（以下简称"腭化现象"），即中古见系字在今普通话中未腭化、读［k］组拼洪音的，在现代汉语方言中腭化、读［tɕ］组拼细音或［tʃ］组的现象。

经过实地方言调查，我们发现溪口的腭化情况与休宁基本一致。由于此类现象也普遍存在于徽州方言及邻近的吴语、赣语中，我们将首先讨论徽州方言中的此类现象，以便能够更清楚地揭示溪口方言腭化的性质和特点。

（一）徽州方言腭化情况

徽州多数方言点存在腭化现象，赵日新《徽语的特点和分区》中说，"蟹摄合口三四等、止摄合口、流摄一等、通摄三等见晓组字，屯溪、休宁、黟县、祁门、浮梁、婺源、德兴（限于流摄一等）、遂安（限于止摄）声母腭化，其他点不腭化"。

根据《徽州方言研究》，我们对绩溪、歙县、屯溪、休宁、黟县、祁门、婺源 7 个方言点的腭化字进行了统计，腭化字从少到多依次是：绩溪（1 个）、歙县（1 个）、屯溪（31 个）、祁门（39 个）、黟县（46 个）、休宁（58 个）、婺源（64 个）。很明显，西部婺源和休宁腭化现象最多，其次是黟县、祁门和屯溪，东部歙县和绩溪极少。声母上，黟县和溪口读［tʃ］或［tɕ］组，其他方言点读［tɕ］组，腭化字表详见下文。

说明：本处收录徽州绩溪、歙县、屯溪、祁门、黟县、休宁、婺源（材料来源于《徽州方言研究》）和溪口见系声母腭化字（以下简称"腭化字"）。先标腭化字，后列腭化读音，有语境限制的举出例词。举例时本字用"~"代替。

绩溪　腭化字 1 个，"刚"［tɕiõ³¹］（~好）。

歙县　腭化字 1 个，"筐"［tɕhia³¹］（盛~：晒粮食用的圆簸箕）。

屯溪　腭化字 31 个，读［tɕ］组。

腭化字	读音	腭化字	读音	腭化字	读音	腭化字	读音
龟	tçy^{11}	轨	tçy^{11}	诡	tçy^{32}	鬼	tçy^{32}
贵	tçy^{55}	柜	tçhy^{11}	跪	tçhy^{32}	危	ŋy^{55}
徽~州	çy^{11}	桂	tçye^{11}	鳜	tçye^{11}	规	tçye^{11}
圭	tçye^{11}	闺	tçye^{11}	亏吃~	tçhye^{11}	惠	çye^{11}
挥	çye^{11}	刚	tçiau^{11}	勾	tçiu^{11}	沟	tçiu^{11}
构	tçiu^{11}	狗	tçiu^{32}	够	tçiu^{55}	口	tçhiu^{32}
偶	ȵiu^{13}	藕	ȵiu^{13}	候	çiu^{11}	喉	çiu^{11}
厚	çiu^{13}	猴	çiu^{55}	肯	tçhin^{32}		

祁门　腭化字39个，读［tç］组。

腭化字	读音	腭化字	读音	腭化字	读音	腭化字	读音
逮	tçhy^{55}	葵	tçhy^{55}	柜	tçhy^{55}	跪	tçhy^{42}
何	çiɑ^{55}	勾	tçie^{11}	钩	tçie^{11}	沟	tçie^{11}
够	tçie^{213}	购	tçie^{213}	狗	tçie^{42}	苟	tçie^{42}
抠	tçhie^{11}	眍	tçhie^{11}	寇	tçhie^{213}	侯	çie^{55}
口	tçhie^{42}	扣	tçhie^{213}	喉	çie^{55}	猴	çie^{55}
候	çie^{33}	圭	tçy:ə^{11}	后	çie^{42}	厚	çie^{42}
闺	tçy:ə^{11}	规	tçy:ə^{11}	桂	tçy:ə^{213}	鳜	tçy:ə^{213}
葵	tçy:ə^{213}	亏吃~	tçhy:ə^{11}	刚	tçiõ^{11}	肯	tçhian^{42}
宫	tçiɤŋ^{11}	躬	tçiɤŋ^{11}	啃	tçhian^{42}	弓	tçiɤŋ^{11}
恭	tçiɤŋ^{11}	供~应,~品 tçiɤŋ^{11}		共	tçhiɤŋ^{33}		

黟县　腭化字46个，读［tʃ］或［tç］组。

腭化字	读音	腭化字	读音	腭化字	读音	腭化字	读音
归	tçyɛi^{31}	龟	tçyɛi^{31}	轨	tçyɛi^{53}	诡	tçyɛi^{53}
鬼	tçyɛi^{53}	柜	tçyɛi^{53}	桂	tçyɛi^{313}	贵	tçyɛi^{313}

瑰	tɕyɛi⁵³	癸	tɕyɛi³¹³	馗	tɕyɛi⁴⁴	葵	tɕyɛi⁴⁴
亏	tɕyɛi³¹	逵	tɕyɛi⁴⁴	跪	tɕyɛi⁵³	危	ȵyɛi⁴⁴
魏	ȵyɛi³	勾	tʃaɯ³¹	沟	tʃaɯ³¹	钩	tʃaɯ³¹
苟	tʃaɯ⁵³	狗	tʃaɯ⁵³	购	tʃaɯ³¹³	口	tʃaɯ⁵³
够	tʃaɯ³¹³	构	tʃaɯ³¹³	叩	tʃhaɯ³¹³	扣	tʃhaɯ³¹³
寇	tʃhaɯ³¹³	偶	ȵiaɯ⁵³	沤	ȵiaɯ³	肯	tʃheɐ⁵³
藕	ȵiaɯ⁵³	呕~气	ȵiaɯ³¹³	圭	tɕyɛɐ³¹	闺	tɕyɛɐ³¹
规	tɕyɛɐ³¹	弓	tʃaŋ³¹	宫	tʃaŋ³¹	恭	tʃaŋ³¹
躬	tʃaŋ³¹	供	tʃaŋ³¹	巩	tʃaŋ⁵³	恐	tʃhaŋ⁵³
共	tʃhaŋ³	匡	tɕhiŋ³¹				

休宁　腭化字58个，读［tɕ］组。

腭化字	读音	腭化字	读音	腭化字	读音	腭化字	读音
归	tɕy³³	龟	tɕy³³	轨铁~	tɕy³³	鬼	tɕy³¹
诡	tɕy³¹	贵	tɕy⁵⁵	夔	tɕy⁵⁵	跪	tɕhy³¹
逵	tɕhy⁵⁵	谓	ȵy³³	危	ȵy⁵⁵	徽~州	ɕy³³
更三~	tɕia³³	耕	tɕia³³	哽	tɕia³¹	鲠	tɕia³¹
坑山~:山涧	tɕhia³³	圭	tɕye³³	闺	tɕye³³	规	tɕye³³
瑰	tɕye⁵⁵	葵	tɕye⁵⁵	桂	tɕye⁵⁵	鳜	tɕye⁵⁵
癸	tɕye⁵⁵	亏	tɕhye³³	彗~星	ɕye³³	惠	ɕye³³
慧	ɕye³³	勾	tɕiu³³	钩	tɕiu³³	沟	tɕiu³³
狗	tɕiu³¹	够~得着，能~	tɕiu⁵⁵	构	tɕiu⁵⁵	购	tɕiu⁵⁵
媾	tɕiu⁵⁵	口	tɕhiu³¹	扣名、动	tɕhiu⁵⁵	寇	tɕhiu⁵⁵
藕	ȵiu¹³	偶	ȵiu¹³	候	ɕiu³³	厚	ɕiu¹³
垢	ɕiu¹³	后	ɕiu¹³	侯	ɕiu⁵⁵	喉	ɕiu⁵⁵
猴	ɕiu⁵⁵	弓	tɕin³³	躬	tɕin³³	宫	tɕin³³

恭	tɕin³³	铿	tɕhin³³	供	tɕhin³³	共	tɕhin³³
肯	tɕhin³¹	恐	tɕhin³¹				

婺源　腭化字 64 个，读［tɕ］组。

腭化字	读音	腭化字	读音	腭化字	读音	腭化字	读音
癸	tɕi²	圭	tɕy⁴⁴	归	tɕy⁴⁴	规	tɕy⁴⁴
闺	tɕy⁴⁴	龟	tɕy⁴⁴	轨	tɕy²	鬼	tɕy²
诡	tɕy²	鳜	tɕy³⁵	贵	tɕy³⁵	亏吃~	tɕhy⁴⁴
桂	tɕy³⁵	愧	tɕy³⁵	窥	tɕhy⁴⁴	逵	tɕhy¹¹
葵	tɕhy¹¹	跪	tɕhy²	卫	ȵy⁵¹	魏	ȵy⁵¹
柜	tɕhy⁵¹	危	ȵy¹¹	挥	ɕy⁴⁴	辉	ɕy⁴⁴
徽	ɕy⁴⁴	毁	ɕy²	慧智~	ɕy⁵¹	勾	tɕia⁴⁴
讳	ɕy³⁵	惠贤~	ɕy⁵¹	沟	tɕia⁴⁴	钩	tɕia⁴⁴
狗	tɕia²	苟	tɕia²	扣	tɕhia³⁵	寇	tɕhia³⁵
枸~杞	tɕia²	够	tɕia³⁵	偶	ȵia³¹	藕	ȵia³¹
购	tɕia³⁵	构	tɕia³⁵	侯	ɕia¹¹	喉	ɕia¹¹
猴~子	tɕhia¹¹	口	tɕhia²	猴	ɕia¹¹	厚	ɕia³¹
后皇~,~来	ɕia³¹	候	ɕia⁵¹	躬	tɕiɔm⁴⁴	宫	tɕiɔm⁴⁴
给	tɕiɛ⁵¹	刻	tɕhiɔ⁵¹	恭	tɕiɔm⁴⁴	供	tɕiɔm⁴⁴
克	tɕhiɔ⁵¹	黑	ɕiɔ⁵¹	拱~门	tɕiɔm²	巩	tɕiɔm²
肯	tɕhiɔ̃⁵²	弓	tɕiɔm⁴⁴	恐	tɕhiɔm²	共	tɕhiɔm⁵¹

溪口腭化字 57 个，读［tɕ］或［tʃ］组。

腭化字	读音	腭化字	读音	腭化字	读音	腭化字	读音
鳜~鱼	tʃye⁵⁵	圭	tʃye³¹¹	跪	tʃhy⁴²	诡	tʃy⁴²
闺~女	tʃye³¹¹	桂~花	tʃye⁵⁵	龟	tʃy³¹¹	逵	tʃhy⁵⁵
惠贤~	ʃye³¹¹	慧	ʃye³¹¹	癸	tʃy⁵⁵	归	tʃy³¹¹

规~矩 tʃye³¹¹	亏吃~,~本 tʃhye³¹¹	鬼 tʃy⁴²	贵 tʃy⁵⁵
辉 ʃy³¹¹	徽 ʃy³¹¹	勾~当,~引 tɕiu³¹¹	钩 tɕiu³¹¹
柜 tʃy⁵⁵	后 ɕiu¹³	沟 tɕiu³¹¹	狗 tɕiu⁴²
购 tɕiu⁵⁵	构 tɕiu⁵⁵	苟 tɕiu⁴²	口 tɕhiu⁴²
扣 tɕhiu⁵⁵	寇 tɕhiu⁵⁵	够1~得着 tɕiu⁵⁵/ȵiu⁵⁵	够2能~ tɕiu⁵⁵
猴 ɕiu⁵⁵	喉 ɕiu³¹¹	厚 ɕiu¹³	偶儿配~ ȵiũ¹³
侯 ɕiu⁵⁵	候 ɕiu³¹¹	藕儿 ȵiũ¹³	岗 tʃaŋ³¹¹
冈 tʃaŋ³¹¹	刚 tʃaŋ³¹¹	耕 tʃa³¹¹	更~换,五~ tʃa³¹¹
筐 tʃhaŋ³¹	肯 tɕhin⁴²	坑 tʃha³¹¹	庚 tʃa³¹¹
羹 tʃa³¹¹	哽 tʃa⁴²	恭 tɕin³¹¹	巩 tɕin⁴²
弓 tɕin³¹¹	共~产党 tɕhin³¹¹	供上~,~养 tɕhin³¹¹	恐 tɕhin⁴²
宫~殿 tɕin³¹¹	躬 tɕin³¹¹		

　　我们发现，腭化字多来自蟹摄合口三四等、止摄合口三等、流摄一等、宕摄开口一等合口三等、曾摄开口一等、梗摄开口二等、通摄三等。为了更好地对比各方言点的腭化情况，我们按照腭化字由少到多的顺序，把这些摄的腭化字在7个方言点的全部读音（可以在《徽州方言研究》中检索到的）——列出，即表2-10。

表2-10　　　　徽州方言见系声母腭化字读音情况对照表

音韵地位	读音例字	绩溪	歙县	屯溪	祁门	黟县	休宁	婺源
蟹合三	鳜		kue	tɕye/tɕy:e	tɕy:ə		tɕye	tɕy
	圭		kue	kue/tɕye	tɕy:ə	tɕyɐ	tɕye	tɕy
	闺	kui	kue	kue/tɕye	tɕy:ə	tɕyɐ	tɕye	tɕy
	桂	kui	kue	tɕye	tɕy:ə	tɕyɛi	tɕye	tɕy
蟹合四	惠		xue	ɕye	xui		ɕye	xuɣ 书/ɕy
	慧		xue		xui		ɕye	xuɣ 书/ɕy
	彗							xue/ɕye

续表

音韵地位	读音例字	绩溪	歙县	屯溪	祁门	黟县	休宁	婺源
	规	kui	kue	kue/tɕye	tɕy:ə	tɕyɛ	təye	kuɤ 书/tɕy
	诡	kui	kue	tɕy	kui	tɕyɛi	tɕy	kuɤ 书/tɕy
	亏	khui	khue	khue ~本/tɕhye 吃~	khui 多~/tɕhy:ə 吃~	tɕhyɛi	khue ~待/tɕhye 吃~	khuɤ 书/tɕhy 吃~
	窥	khui	khue	khue	khui			khuɤ 书/tɕhy
	夔						tɕy	
	跪	khui	khue	tɕhy	kui 下~/tɕhy ~下来	tɕhyɛi	tɕhy	khuɤ 书/tɕhy
	危			ɲy	vui	ɲyɛi	ɲy/y	ɲy
	卫				vui			ɲy
	魏				vui	ɲyɛi		ɲy
	毁		xue	xue	xui	xuɛi	xue	xuɤ 书/çy
	龟	kui	kue	tɕy	kui	tɕyɛi	tɕy	tɕy
	轨	kui	kue	kue/tɕy	kui	tɕyɛi	kue/tɕy	tɕy
止合三	癸	khui	khue	khue	tɕy:ə	tɕyɛi	tɕye	tɕi
	愧	khui	kue	khue	khui		khue	tɕy
	逵	khui	khue	khue	tɕhy	tɕhyɛi	tɕhy	tɕhy
	馗					tɕhyɛi		
	葵	khui	khue	khue	tɕhy	tɕhyɛi	tɕye	tɕhy
	瑰	kui				tɕyɛi	tɕye	
	柜	khui	kue	tɕhy	tɕhy	tɕyɛi		tɕhy
	归	kui	kue		kui	tɕyɛi	kue/tɕy	tɕy
	鬼	kui	kue	tɕy	kui	tɕyɛi	tɕy	tɕy
	贵	kui	kue	tɕy	kui	tɕyɛi	tɕy	tɕy
	挥		xue	xue/çye	xui	xuɛi	xue	çy
	辉		xue	xue	xui	xuɛ	xue	çy
	徽		xue	xue ~章/çy ~州	xui	xuɛi	xue ~章/çy ~州	çy
	讳					xuɛi		çy
	谓						ɲy	y

音韵地位\读音例字	绩溪	歙县	屯溪	祁门	黟县	休宁	婺源
勾	ki	kio	tɕiu	tɕie	tʃaɯ	tɕiu	tɕia
钩	ki	kio		tɕie	tʃaɯ	tɕiu	tɕia
沟	ki	kio	tɕiu	tɕie	tʃaɯ	tɕiu	tɕia
狗	ki	kio	tɕiu	tɕie	tʃaɯ	tɕiu	tɕia
苟	ki	kio		tɕie	tʃaɯ		tɕia
枸							tɕia
够	ki	kio	tɕiu	tɕie	tʃaɯ	tɕiu	tɕia
构	ki	kio	tɕiu		tʃaɯ	tɕiu	tɕia
购	ki	kio		tɕie	tʃaɯ	tɕiu	tɕia
媾							tɕiu
抠	khi	khio		tɕhie			
眍	khi	khio		tɕhie			
口	khi	khio	tɕhiu	tɕhie	tʃhaɯ	tɕhiu	tɕhi
叩		khio	khɤ		tʃhaɯ	khɤ	
扣	khi	khio		tɕhie	tʃhaɯ	tɕhiu	tɕhia
寇	khi	khio		tɕhie	tʃhaɯ	tɕhiu	tɕhia
藕	ŋi	ŋio	ȵiu	ie	ȵiaɯ	ȵiu	ȵia
偶	ŋi	ŋio	ȵiu	ie	ȵiaɯ	ȵiu	ȵia
呕		ŋio		ŋɔ	ȵiaɯ		
沤		ŋio			ȵiaɯ		
侯	xi	xio		ɕie		ɕiu	ɕia
喉	xi	xio	ɕiu	ɕie		ɕiu	ɕia
猴	xi	xio	ɕiu	ɕie		ɕiu	ɕia
猴		xio					tɕhia
厚	xi	xio	ɕiu	ɕie		ɕiu	ɕia
后	xi	xio		ɕie		xɤ/ɕiu	ɕia
候	xi	xio	ɕiu	ɕie		ɕiu	ɕia
垢						ɕiu	

（左侧跨行标注：流开一）

音韵地位	读音例字	绩溪	歙县	屯溪	祁门	黟县	休宁	婺源
宕开一	刚	tɕiõ	ka	kau/tɕiau	kɔ̃~强/tɕiɔ̃~来	koŋ	kau	k ɑ̃
宕合三	筐	khõ	khuɛ/tɕhia	khau	khũə		khau	khu ɑ̃
	匡	khõ	khuɛ	khau	khũə	khuɑŋ/tɕhiŋ	khau	khu ɑ̃
曾开一	肯	khɑ̃	khʌ̃	khɛ/tɕhin	tɕhian	tʃhɐɐ	tɕhin	tɕhiɔ̃
	啃				tɕhian			
	刻	khɤʔ	khɛ̃ʔ	khɤ	khɑ	khɤɑ	khɤ	tɕhiɔ
	克	khɤʔ		khɤ	khɑ	khɤɑ	khɤ	tɕhiɔ
	黑	xɤʔ	xɛ̃ʔ	xɤ	xei		xɤ	çiɔ
梗开二	更	ka~加/kěi打~	kɛ五~/kʌ̃五~,~加	kɛ	kɑ̃五~,~加	ka打~,~好	ka~换,~加/tɕia五~	kɔ̃五~,~强
	哽	kěi	kʌ̃		kɑ̃	ka	tɕia	kɔ̃
	鲠					ka	tɕia	
	耕	kěi	kɛ		kɑ̃	ka	tɕia	kɔ̃
	坑	khěi		khɛ	khɑ̃	kha	kha/tɕhia	khɔ̃
	铿						tɕhin	
通合三	弓	kuã	kuʌ̃	kan	tɕiɤŋ	tʃaŋ	kan/tɕin	tɕiɔm
	躬	kuã	kuʌ̃	kan	tɕiɤŋ	tʃaŋ	tɕin	tɕiɔm
	宫	kuã	kuʌ̃	kan	tɕiɤŋ	tʃaŋ	tɕin	tɕiɔm
	恭	kuã	kuʌ̃	kan	tɕiɤŋ	tʃaŋ	tɕin	tɕiɔm
	供	kuã~猪,~应	kuʌ̃~养,~应	kan	tɕiɤŋ~应,~品	tʃaŋ	kan~销/tɕhin	tɕiɔm
	拱	kuã	kuʌ̃	kan	kɤŋ	kəŋ	kan	tɕiɔm
	巩	kuã	kuʌ̃	kan	kɤŋ	tʃaŋ	kan	tɕiɔm
	恐	khuã	khuʌ̃	khan	khɤŋ	tʃhaŋ	khan/tɕhin	tɕhiɔm
	共	khuã	khuʌ̃	kan	tɕhiɤŋ	tʃhaŋ	kan/tɕhin	tɕhiɔm

说明：由于只讨论声韵母，此处不标声调，以下同。"书"表示读书音。

根据上表，7 个方言点腭化字读音情况可以归纳如下表 2－11。

表 2－11　　　　　　徽州方言见系声母腭化字读音情况归纳表

音韵地位	绩溪	歙县	屯溪	祁门	黟县	休宁	婺源
蟹合三四	kui	kue	tɕy:e tɕye kue	tɕy:ə xue	tɕyɐ tɕyɛi	tɕye xue	tɕy xuɤ
止合三等	kui	kue	tɕye tɕy ȵy kue	tɕy:ə tɕhy kui	tɕyɐ tɕyɛi ȵyei xuɛi	tɕye tɕy kue	tɕy ȵy kuɤ
流开 一等	ki ŋi	kio ŋio xio	tɕiu ȵiu khɤ	tɕie ȵɔ	tʃaɯ ȵiaɯ	tɕiu ȵiu khɤ	tɕia ȵia
宕开一等	tɕiõ	ka	tɕiau kau	tɕiɔ̃ kɔ	koŋ	kau	kɑ̃
宕合三等	khõ	tɕhia khuɛ	khau	khũ:ə	tɕhiŋ khuaŋ	khau	khuɑ̃
曾开 一等	khã khɤʔ	khʌ̃ khẽʔ	tɕhin khɛ khɤ	tɕhian khɑ xei	tʃhɛɐ khɤɑ	tɕhin khɤ	tɕhiɔ̃ tɕhiɔ̃
梗开 二等	kã kẽi	kʌ̃ kɛ	kɛ	kɑ̃	ka	tɕia tɕhin ka	kɔ̃
通合三等	kuã	kuʌ̃	kan	tɕiɤŋ kɤŋ	tʃaŋ koŋ	tɕin kan	·tɕiɔm

说明：

[k] 和 [tɕ]、[tʃ] 分别代表未腭化的 [k] 组和已经发生腭化的 [tɕ]、[tʃ] 组两类声母。

下面按照开合口和摄的顺序，对以上腭化字读音层次逐一分析。

（1）流摄一等字有 [k] 组拼齐齿呼（[ki]、[kio]）、[tɕ] 组拼齐齿呼（[tɕiu]、[tɕie]、[tɕia]，其中黟县为 [tʃaɯ]）和 [k] 组拼开口呼（如 [khɤ]）三种读法。第一种读音应该属于较早的层次；第二种读音属白读层，它应该是由第一种读音层次即相应的 [k] 组拼齐齿呼这一层次演变而来。在读［tɕ］组拼齐齿呼的方言点中，［k］组拼齐齿呼这一早期层次在共时层面上已经不存在了，它是从绩溪、歙县中的读音推出来的；第三种读音即［k］组拼开口呼属文读层，是受官话影响产生的。以休宁方言为例，"沟［tɕiu］、藕［n̠iu］、猴［ɕiu］"都是白读层，"叩［khɤ］"是后起的文读层，两种层次的读音同时存在。今休宁方言中流摄字并不读［kiu］类音，但绩溪、歙县方言中此类字多读［k］组声母拼齐齿呼，因此可以推断休宁方言中的［tɕiu］是从早期的［kiu］类音变化而来的。

（2）曾摄开口一等、梗摄开口二等字有［tɕ］组拼齐齿呼（曾摄黟县为［tʃhɐɐ］）和［k］组拼开口呼两种读法。第一种读音属于白读层次，应该是由本方言早期存在过的［k］组拼齐齿呼这一层次演变而来。这一早期层次在今徽州方言中已经不存在了，但可以从赣语、吴语、闽语等方言中的相应读音推出来。曾摄开口一等如"肯"在赣语中有［khiɛn］（南昌）、［khiɛŋ］（安义）、［khiæ̃］（永丰）等读法，在闽语中有［khIŋ］（厦门）、［khiŋ］（福州）等读法。梗摄开口二等"耕"在赣语中有［kiɛŋ］（安义）、［kin］（余江）、［kiæ̃］（永丰）、［kiẽ］（万安）、［kiɛn］（新余）等读法，在闽语厦门话读［kIŋ］，在吴语温州话读［kiɛ］。第二种读音即［k］组拼开口呼是文读层次。

（3）蟹摄合口三四等、止摄合口三等字有［tɕ］组拼撮口呼和［k］组拼合口呼两种读法。第一种读音是白读层次，由本方言早期存在过的［k］组拼撮口呼这一层次演变而来，这一早期层次在今徽州方言中已经不存在了，但在吴语台州片黄岩话、闽语建瓯话中却大量存在。黄岩如：闺规［ky］、葵［gyɣ］，建瓯如：规葵［ky］、挥［xy］、危［ŋy］。第二种读音即［k］组拼合口呼是文读层次。

（4）宕摄合口三等、通摄三等字有［tɕ］组拼齐齿呼（通摄黟县为［tʃaŋ］）和［k］组拼洪音两种读法。第一种读音属白读层次，由本方言早期存在过的［k］组拼齐齿呼这一层次演变而来，这一早期层次在今徽州方言中也不存在了，但存在于赣语、闽语和客家话中。如"筐"赣语石城话读［khiɔŋ］，闽语厦门话读［khIŋ］，闽语建瓯话和梅县客家话读［khiɔŋ］；"共"赣语石城话读［khiuŋ］，闽语厦门话读［kiɔŋ］，梅县客家话读［khiuŋ］。第二种读音即［k］组拼洪音是文读层。

（5）宕摄开口一等字"刚"在很多方言中都有腭化白读音：北京、济南、武汉、成都、扬州、苏州读［tɕiaŋ］、太原读［tɕɔ̃］、合肥读［tɕiã］、长沙读［tɕian］、南昌读［tɕiɔŋ］。

从表2－11可以看出，梗摄开口二等、宕摄合口三等腭化较少，可能腭化现象发生得比较早；通摄三等、曾摄开口一等次之；止摄合口三等、蟹摄合口三四等、流摄一等腭化字较多且排列规整，应该是较晚发生腭化的。

（二）徽语其他方言腭化情况

淳安、遂安蟹摄合口四等字、止摄合口三等字有腭化：淳安"柜"［tɕhya］，遂安"龟、鬼、贵"［tɕy］，"跪、柜"［tɕhy］。寿昌"楷"读［tɕhiɛ］，"弘"读［çyã］。德兴流摄一等字有腭化，腭化字有"勾、狗"［tɕiɔ］，"扣、口"［tɕhiɔ］，"厚"［çiɔ］，"藕"［ɲiɔ］。

这三个方言点腭化现象比徽州方言少。

（三）江西赣语腭化情况

1. 流摄一等字

多数地点读［k］组拼齐齿呼，有6个方言点声母腭化。

江西赣语流摄一等见系声母腭化字：

例字	南丰	广昌	安福	奉新	上高	武宁
勾		tɕiou	tɕiau	tɕiau	tɕiɛu	
狗	tɕiɛu	tɕiou	tɕiau	tɕiau	tɕiɛu	
够	tɕiɛu	tɕiou	tɕiau	tɕiau	tɕiɛu	
口	tɕhiɛu	tɕhiou	tɕhiau	tɕhiau	tɕhiɛu	
扣		tɕhiou	tɕhiau	tɕhiau	tɕhiɛu	
藕	ɲiɛu		ɲiau			
呕				ɲiau		ɲiau

2. 咸摄开口一等字"鸽"［tɕyæ］（安福）

3. 臻摄开口一等字"根"［tɕiɜ̃ŋ］（安福）、［tɕien］（奉新）、［tɕiɛn］（丰城）

4. 宕摄合口三等"筐"字有4个点读腭化音，其他地点多读［k］

组拼合口呼。

"筐"［tʃhoŋ］（余干）、［tɕhioŋ］（南丰）、［tɕhiɔŋ］（吉安）、［tʃhoŋ］（宜春）

5. 曾摄开口一等"肯"字 4 个点腭化，其他多读［k］组拼开口呼或齐齿呼。

"肯"［tɕhiɛŋ］（南丰）、［tɕhiɛ̃ŋ］（安福）、［tɕhien］（奉新、上高）

6. 梗摄开口二等字有 2 个点腭化，其他多读［k］组拼开口呼或齐齿呼。

安福　"庚、羹"［tɕhiɛ̃ŋ］、"耕"［tɕiɛ̃ŋ］、"革"［tɕie］

奉新　"哽"［tɕien］

7. 通摄三等字多读［k］组拼开口呼或合口呼，有 4 个字，12 个点腭化。

江西赣语通摄三等见系声母腭化字：

方言	恭	恐	共	方言	恭	恐	共
万年			tɕhiuŋ	永新	tɕiəŋ	tɕhiəŋ	tɕhiəŋ
余干	tʃuŋ	tʃhuŋ	tʃhuŋ	莲花		tɕhyŋ	tɕhyŋ
进贤			tɕhiuŋ	遂川			tɕhiɔ̃
临川	tɕiuŋ	tɕhiuŋ	tɕhiuŋ	万安			tɕhiɔ̃ŋ
乐安			tɕhiuŋ	峡江			tɕhyŋ
南丰	tɕiuŋ	tɕhiuŋ	tɕhiuŋ	宜春			tʃhəŋ

方言	宫	方言	宫
临川	tɕiuŋ	南丰	tɕiuŋ

综观各摄，流摄一等字和通摄三等字腭化现象较多。流摄一等字、曾摄开口一等"肯"字、梗摄开口二等字很多地点读［k］组拼齐齿呼，这些读音应该与腭化音［tɕ］组同属白读层，并在它之前。这些字会腭化为［tɕ］组，还是会被［k］组文读洪音所替代呢，这有待于语音的进一步发展和调查。

宕摄合口三等字、通摄三等字除了腭化读音［tɕ］和［tʃ］，没有读［k］组拼齐齿呼的，我们由此认为，宕、通摄可能较早发生腭化现象，流摄较晚。

（四）吴语腭化情况

1. 蟹摄合口三四等字

据钱乃荣《当代吴语研究》，吴语多数地点读［k］组拼合口呼，只有瓯江片温州话读［tɕ］组拼撮口呼，如：闺［tɕy］；台州片黄岩话读［k］组拼撮口呼，如：闺［ky］。

2. 止摄合口三等字

除太湖片毗陵、杭州小片，"龟、鬼、贵、亏、跪、柜"6 字多数地点腭化，读［tɕ］组拼撮口呼，其中"龟、鬼、贵"读［tɕy］或［tɕyʮ］，"亏"读［tɕhy］，"跪、柜"读［dʑy］或［dʑyʮ］。其他字只有温州腭化，如：规［tɕy］、葵［dʑy］，黄岩读［k］组拼撮口呼，如：规［ky］、葵［gyʮ］。

值得注意的是，除温州外，上述 6 字腭化地点都有［tɕ］组拼撮口呼和［k］组拼合口呼两读，可见这些字的腭化音白读层正逐渐被文读层渗透，而其他字在这些方言点中只剩下文读音。

3. 流摄一等字

台州片黄岩读［tɕ］组拼齐齿呼，太湖片溧阳、黎里、盛泽和婺州片金华等地读［k］组拼齐齿呼，这些字有"勾、狗、够、抠、口、扣、藕、欧、呕、吼、猴、后、候"等。如"狗"黄岩读［tɕiɤ］、溧阳读［ki］、黎里读［kieɯ］、盛泽读［kiɔu］、金华读［kiɯɯ］，"扣"黄岩读［tɕhiɤ］、溧阳读［khi］、黎里读［khieɯ］、盛泽读［khiɔu］、金华读［khiɯɯ］。

4. 宕摄合口三等字

温州有腭化读音，如：筐［tɕhyuɔ］、况［ɕyuɔ］、狂逛［dʑyuɔ］。

5. 通摄三等字

台州片黄岩、瓯江片温州、婺州片永康个别字腭化，如"共"黄岩读［dʑioŋ］、温州读［dʑyuɔ］、永康读［dʑioŋ］，　"弓"永康读［tɕioŋ］，其他点多读［k］组拼［oŋ］或［uŋ］。

6. 其他腭化字

此外，还有一些腭化字，如：碍呆~板［ȵie］（诸暨），揩［tɕiA］（永康），汉［ɕy］（温州），欢唤［ɕy］（温州），完［ȵy］（温州），痕

［n̠iʌŋ］（温州），昏［çy］（温州），忽［çy］（温州），荤［çy］（温州），囷［tɕhia］（衢州）。这些字腭化地点多是温州，由于同摄腭化现象极少，此处不作讨论。

与徽语、赣语相比较，吴语腭化地点更少，腭化现象消亡得也更快。其中，流摄一等字读［k］组拼细音的情况较多，我们知道，徽语中［k］组拼细音的只有流摄，由此可见，流摄发生腭化确实较晚。

综合各摄的腭化情况，我们推断，吴语中腭化时间从早到晚依次是：宕摄合口三等、通摄三等、蟹摄合口三四等、止摄合口三等、流摄一等，这与徽语、江西赣语的腭化顺序也是大体一致的。

（五）客家话、晋语、官话中的腭化情况

客家话、晋语、官话中的腭化现象不成体系，只有个别字在个别方言点有腭化，腭化字一般只有少数几个。

客家话只有极少数方言点有腭化现象，各方言点的腭化字极少，如大余的"龟［tɕyø］、柜［tɕhyø］、供～应［tɕiəŋ］"、长汀的"筐［tʃhioŋ］、共［tʃhoŋ］、供～应［tʃioŋ］"、赣县的"筐［tɕhiõ］"、梅县的"额［n̠iak］"、武平的"宫弓供～应拱［tɕiəŋ］"等。腭化字来自止摄、宕摄和通摄三等。上述音韵地位的字及流摄开口一等（如：沟、狗、够、口、扣、藕）、臻摄开口一等（如：根、痕）字有几个方言点读［k］组拼细音，多数方言点读［k］组拼洪音。

晋语的腭化字共"闺柜客耕横～竖"五个，后三个字的腭化方言点有十几个，腭化方言点分布零散，没有规律。晋语中读［k］组拼细音的极少。

官话中存在着零星的腭化字，这些腭化字有"隔、壳、客、刚、筐、更、耕、虹"等。如"刚"北京、济南、武汉、成都口语读［tɕiaŋ］，合肥口语读［tɕiẽ］；"更打～"北京、济南、西安白读［tɕiŋ］；"耕"北京、济南白读［tɕiŋ］，西安为［tɕie］；"虹"北京、济南、西安等地白读［tɕiaŋ］，合肥为［tɕiã］。

闽语中没有腭化现象，但有一些方言点读［k］组拼细音的，如建瓯"诡、轨、鬼、桂"等读［ky］，"框、筐"读［khioŋ］，福州"弓躬宫恭"等读［kyŋ］。

（六）见系声母腭化现象的产生缘起

腭化音（［tɕ］或［tʃ］组音）由相应的［k］组拼细音这一语音层次演变而来是依据连读音变的同化原理，由于韵母中含舌面前［-i-］或［-y-］介音，导致原来的舌根声母（一说"舌面后声母"）［k］组发音部位与韵母趋同，即变为舌面前声母［tɕ］或舌叶声母［tʃ］。因此，探究［k］组拼细音现象的产生和缘起是探究腭化音产生的关键所在。

陆法言《切韵序》中有"先仙尤侯俱论是切"的论述，这说明早在隋朝操方言文人的反切和押韵中，《切韵》流摄一等的侯韵与同摄三等的尤韵就已经混而不分了。可以认为，中古一等韵字某些产生 i 介音，应是一种来源颇古的语音现象，而侯韵具有［-i-］介音从而混同于三等尤韵可能是早已存在的现实，这一语音层次应远远早于后人根据宋代《广韵》对侯韵的拟定［əu］。

蟹摄合口三四等、止摄合口三等的［k］组拼细音现象应源于"支微入鱼"现象。"支微入鱼"是指中古止摄合口字读如鱼韵的现象，吴语中的此类现象最早引起了人们的注意。早在清康熙《嘉定县志》中就有"归、龟呼为居，暮、鬼呼为举"的记载，说明此音韵现象至少已有三百年的历史。"支微入鱼"现象在闽语、江淮官话、徽语、老相语、晋陕甘方言、西南官话和赣语中也普遍存在。闽语中此类现象见张光宇（1993），江淮官话、徽语、老湘语中此类现象见顾黔（2001），晋陕甘方言、西南官话和赣语中此类现象见王军虎（2004）。顾黔（2001）还发现性质介于江淮官话和吴语之间的通泰方言中，蟹摄合口三四等部分字也"混迹'支微'，一同入'鱼'"。笔者认为，"一同入鱼"的还有徽语、吴语和晋语的蟹摄合口三四等部分字，这体现在此三个方言蟹摄合口三四等的腭化现象中。这些字也和止摄合口一样读如鱼韵，很可能因为这些方言中的"支微入鱼"现象发生在蟹止摄合流以后。

刘勋宁（2005）指出："支微入鱼"现象是历史上中原官话曾经存在过的一个历史层次，"从西北的晋陕甘到东南的吴语，就地理分布来说，是十分广大的……我们无法认为这只是一种偏居一隅的方言现象。更合适的看法是，这是以中原官话为标准语的汉语中曾经存在过的一个语音层次，曾经影响了很多方言的读音，只是在后来的汉语标准语由中原官话向北方官话转移中逐渐消退了。"可惜的是，他没有对这种观点做出充分论证，更没有文献上的相关证据。如果这种观点真的符合历史事实，那么蟹摄、止摄的腭化现象实际上滥觞于旧的标准语——中原官话。

第三章　词汇

凡例：

1. 本词汇收录溪口方言常用词语 3500 余条，大体按照意义分为 29 类。

2. 各条的内容顺序为：词条、注音、释义。注音时先列声韵母，后列声调。有变调时，字的后面先标出原调，短横后标出变调。必要时添加说明或者例句，说明和例句都在（）内标出。

3. 相同意义的词，按使用频率的高低依次排列，除第一个，其他都缩一格排在后面。

4. "□" 表示找不到本字。"[　]" 表示合体字。"⸢　⸥" 表示合音字。

5. 其他符号见第一章 "标音符号"。

一　天文

(1) 日、月、星

日头　$\text{n̠ie}^{311-33}\text{thiu}^{55}$ 太阳（也指阳光）

日头地底　$\text{n̠ie}^{311-33}\text{thiu}^{55}\text{thi}^{311-33}\text{te}^{0}$ 太阳地儿（太阳照到的地方）

朝日　$\text{tʃo}^{55}\text{n̠ie}^{311}$ 向阳

背日　$\text{pɣɯ}^{55}\text{n̠ie}^{311}$ 背阴

　阴背　$\text{in}^{311-33}\text{pɣɯ}^{55}$

日食　$\text{n̠ie}^{311-33}\text{sɿ}^{311}$

　天狗食日　$\text{thiːɐ}^{311-33}\text{tɕiu}^{42}\text{sɿ}^{311-33}\text{n̠ie}^{311}$

日晕　$\text{n̠ie}^{311-33}\text{vin}^{311}$

月光　ȵyːɐ³¹¹⁻³³kaŋ³¹¹月亮（也指月光）

月亮地底　ȵyːɐ³¹¹⁻³³liaŋ³¹¹thi³¹¹⁻³³te⁰月亮地儿（月亮照到的地方）

月食　ȵyːɐ³¹¹⁻³³sʅ³¹¹

　　天狗食月　thiːɐ³¹¹⁻³³tɕiu⁴²sʅ³¹¹⁻³³ȵyːɐ³¹¹

月晕　ȵyːɐ³¹¹⁻³³vin³¹¹

星　sa³¹¹星星

北斗星　pe²¹²⁻¹³tiu⁴²sa³¹¹

启明星　tʃhe⁴²⁻²¹ma⁵⁵sa³¹¹金星

天河　thiːɐ³¹¹⁻³³xo⁵⁵银河

彗星　ʃye³¹¹⁻³³sa³¹¹

　　扫帚星　sɤɯ⁵⁵tɕiu⁴²sa³¹¹

流星　liu⁵⁵sa³¹¹

（2）风、云、雷、雨

风　fɛn³¹¹

大风　tho³¹¹⁻³³fɛn³¹¹

狂风　khaŋ⁵⁵fɛn³¹¹

台风　tuːɐ⁵⁵fɛn³¹¹

细风　se⁵⁵fɛn³¹¹小风

　　小风　siu⁴²fɛn³¹¹

转风　tʃyːɐ⁴²fɛn³¹¹旋风

顶风　ta⁴²fɛn³¹¹

顺风　ʃyin³¹¹⁻³³fɛn³¹¹

暴风　po⁵⁵fɛn³¹¹

凉风　liaŋ⁵⁵fɛn³¹¹夏天使人感到凉爽的风

热风　ȵiːɐ³¹¹⁻³³fɛn³¹¹

寒风　xuːɐ⁵⁵fɛn³¹¹

发风　fuːɐ²¹²⁻¹³fɛn³¹¹刮风

风停着　fɛn³¹¹ta⁵⁵tʃo⁰风停了

云　vin⁵⁵

黑云　xɤɯ²¹²⁻²¹vin⁵⁵

白云　pha³¹¹⁻³³vin⁵⁵

乌云　u³¹¹⁻³³vin⁵⁵

鸡窠云　tʃe³¹¹⁻³³kho³¹¹⁻³³vin⁵⁵ 积云

霞　xɔ⁵⁵

朝霞　tʃo³¹¹⁻³³xɔ⁵⁵ 早霞

夜霞　i:ɐ³¹¹xɔ⁵⁵ 晚霞

红霞　xɛn⁵⁵xɔ⁵⁵

雷　lu:ɐ⁵⁵

打雷　ta⁴²lu:ɐ⁵⁵

　　打□□　ta⁴²pha⁵⁵la²¹² 打霹雳

雷打着　lu:ɐ⁵⁵ta⁴²tʃo⁰ 雷打了（大树被～）

火闪　xo⁴²⁻³³çi:ɐ⁴² 闪电（名词）

打火闪　ta⁴²xo⁴²⁻⁵⁵çi:ɐ⁴² 闪电（动宾）

雨　y¹³

落雨　lo³¹¹y¹³ 下雨

雨滴下地　y¹³ti:ɐ⁴²xɔ¹³thi³¹¹ 掉雨点（了）

细雨　se⁵⁵y¹³ 小雨

小雨　siu⁴²y¹³

蒙松雨　mɛn⁵⁵sɛn³¹¹y¹³ 毛毛雨

大雨　tho³¹¹y¹³

暴雨　po⁵⁵y¹³

雷阵雨　lu:ɐ⁵⁵tshin³¹¹y¹³

梅雨　mɤɯ⁵⁵y¹³

进梅　tsin⁵⁵mɤɯ⁵⁵ 进入梅雨季节

出梅　tshu:ɐ²¹²⁻²¹mɤɯ⁵⁵ 走出梅雨季节

干梅　ku:ɐ⁵⁵mɤɯ⁵⁵ 空梅

伏里着梅　fu³¹¹li¹³tso²¹²⁻²¹mɤɯ⁵⁵ 重梅

雨停着　y¹³ta⁵⁵tʃo⁰ 雨停了

虹　kɑŋ⁵⁵

浞雨　to²¹²⁻²¹y¹³ 淋雨（动宾）

（3）冰、雪、霜、露

冰　pa^{311}

金钗银钗　tɕin$^{311-33}$tsɔ^{311}n̩in$^{55-42}$tsɔ^{311}冰锥（挂在屋檐下的）

结冰　tɕiːɐ^{212}pa^{311}

冰雹　pa$^{311-33}$po^{55}雹子

　龙子　lin^{55}tsɻ^{0}

雪　siːɐ^{212}

落雪　lo^{311}siːɐ^{212}下雪

大雪　tho$^{311-33}$siːɐ^{212}

小雪　siu^{42}siːɐ^{212}

雪毛　siːɐ$^{212-21}$mɤɯ^{55}特别小的雪

雪子　siːɐ$^{212-21}$tsɻ^{0}雪珠子（米粒状的雪）

雨夹雪　y^{13}kɔ$^{212-13}$siːɐ^{212}

雪化（着）　siːɐ^{212}xuːɐ^{55}（tʃo^{0}）化雪（了）

雾水　u$^{311-33}$ʃy^{42}露

下雾　xɔ^{13}u^{311}下露、下雾

霜　saŋ^{311}

下霜　xɔ^{13}saŋ^{311}

雾　u^{311}

（4）气候

天气　thiːɐ^{311}tɕhi^{55}（最近～不太好）

天晴　thiːɐ^{311}tsha^{55}晴天

阴天　in^{311}thiːɐ^{311}

（天气）热　n̩iːɐ^{311}

（天气）冷　la^{13}

伏天　fu$^{311-33}$thiːɐ^{311}

进伏　tsin^{55}fu^{311}入伏

初伏　tshu$^{311-33}$fu^{311}

中伏　tsɛn$^{311-33}$fu^{311}

末伏　mu:ɐ³¹¹⁻³³fu³¹¹

天干　thi:ɐ³¹¹⁻³³ku:ɐ³¹¹天旱

涝（着）　lɤɯ⁵⁵（tʃo⁰）涝（了）

二　地理

（1）地

平原　pha⁵⁵ȵy:ɐ⁵⁵

旱地　xu:ɐ¹³thi³¹¹

水田　ʃy⁴²thi:ɐ⁵⁵

菜地　tshu:ɐ⁵⁵thi³¹

荒地　xɑŋ³¹¹⁻³³thi³¹¹

沙子地　sɔ³¹¹⁻³³tsɿ⁴²thi³¹¹沙土地

坡地　pho³¹¹⁻³³thi³¹¹

沙滩地　sɔ³¹¹⁻³³thɔ³¹¹⁻³³thi³¹¹滩地

山地　sɔ³¹¹⁻³³thi³¹¹（山上的农业用地）

地震　thi³¹¹⁻³³tsin⁵⁵

　　鳌鱼翻边　ŋɤɯ⁵⁵ȵy⁵⁵fu:ɐ³¹¹pi:ɐ³¹¹

（2）山

山　sɔ³¹¹

半山腰　pu:ɐ⁵⁵sɔ³¹¹io³¹¹山腰

山脚底　sɔ³¹¹tʃo²¹²⁻¹³te⁴²山脚

山□儿　sɔ³¹¹⁻³³ð¹³山坳（山间的平地）

山坞　sɔ³¹¹⁻³³u⁴²山谷（两山之间低凹的地方）

山涧　sɔ³¹¹⁻³³kɔ⁴²（两山夹水）

山坡儿　sɔ³¹¹phõ:ȵ¹³山坡

山头　sɔ³¹¹⁻³³thiu⁵⁵山顶（山的顶部）

山顶　sɔ³¹¹⁻³³ta⁴²

山岩　sɔ³¹¹⁻³³ŋɔ⁵⁵山崖

(3) 江、河、湖、海、水

河　xo⁵⁵

　坑　tʃha³¹¹（小河，约几尺宽）

　沟　tɕiu³¹¹（更小的河）

河里　xo⁵⁵li¹³（掉～了）

水渠　ʃy⁴²tʃy⁵⁵

小水沟　siu⁴²ʃy⁴²⁻³³tɕiu³¹¹

湖　xu⁵⁵

潭　thɛn⁵⁵（深的天然的）

水塘　ʃy⁴²taŋ⁵⁵

　塘　taŋ⁵⁵

水凼　çy⁴²taŋ¹³水坑

海　xuɤɯ⁴²

坝　puːɐ⁵⁵堤（沿河或沿海防水的建筑物）

　水坝　ʃy⁴²puːɐ⁵⁵

堨　xuːɐ³¹¹坝（河中拦水的建筑物）

洲　tɕiu³¹¹（水中陆地）

溪滩　tʃhe³¹¹thɔ³¹¹河滩，河岸

河滩　xo⁵⁵thɔ³¹¹

水　ʃy⁴²

清水　tsha³¹¹⁻³³ʃy⁴²

浑水　xuɛn⁵⁵ʃy⁴²

雨水　y¹³ʃy⁴²

洪水　xɛn⁵⁵ʃy⁴²

涨大水　tʃɑŋ⁴²tho³¹¹⁻³³ʃy⁴²发大水

　涨洪水　tʃɑŋ⁴²xɛn⁵⁵ʃy⁴²

出蛟　tshuːɐ²¹²tʃo³¹¹山洪暴发

洪峰　xɛn⁵⁵⁻⁴²fɛn³¹¹（涨达最高水位的洪水）

冷水　la¹³ʃy⁴²凉水

泉水　tshiːɐ⁵⁵ʃy⁴²

滚水　kuɛn²¹²⁻¹³ ʃy⁴²热水

温温水　uɛn³¹¹⁻³³ uɛn³¹¹⁻³³ ʃy⁴²温水

开水　khuɣɯ³¹¹⁻³³ ʃy⁴²（煮沸的水）

　滚□水　kuɛn²¹²⁻¹³ tu:ɐ³¹¹ ʃy⁴²

（4）石沙、土块、矿物

石头　se³¹¹⁻³³ thiu⁵⁵

大石块　tho³¹¹⁻³³ se³¹¹⁻³³ thiu⁵⁵

小石块　siu⁴² se³¹¹⁻³³ thiu⁵⁵

石板　se³¹¹⁻³³ pu:ɐ⁴²（板状的石块）

圆石头　y:ɐ⁵⁵ se³¹¹⁻³³ thiu⁵⁵鹅卵石

沙　sɔ³¹¹沙子

　清水沙　tsha³¹¹⁻³³ ʃy⁴² sɔ³¹¹（河滩上）干净的沙子

泥沙　ȵie⁵⁵ sɔ³¹¹

沙土　sɔ³¹¹ thu⁴²（含沙很多的土）

沙滩　sɔ³¹¹ thɔ³¹¹

土坯　thu⁴²⁻¹³ phɣɯ³¹¹

砖坯　tʃy:ɐ³¹¹⁻³³ phɣɯ³¹¹

砖　tʃy:ɐ³¹¹

瓦　ŋɔ¹³

灰　xuɣɯ³¹¹灰尘

　□尘　ŋɛn⁴² tshin⁵⁵

烂泥　lɔ³¹¹⁻³³ ȵie⁵⁵

泥　ȵie⁵⁵泥土（不论干湿）

金　tɕin³¹¹（指自然状态下的矿物质，下同）

银　ȵin⁵⁵

铜　tɛn⁵⁵

铁　thi:ɐ²¹²

锡　se²¹²

煤　mɣɯ⁵⁵

煤油　mɣɯ⁵⁵ iu⁵⁵

洋油　iaŋ⁵⁵ iu⁵⁵

汽油　tɕhi⁵⁵ iu⁵⁵

石灰　se³¹¹⁻⁴² xuɤɯ³¹¹

洋灰　iaŋ⁵⁵ xuɤɯ³¹¹ 水泥

　水泥　ʃy⁴² ȵie⁵⁵

吸铁石　ɕi²¹² thiːʁ²¹² se³¹¹ 磁石

玉　　ȵy³¹¹

炭　thɔ⁵⁵ 木炭

　毛炭　mɤɯ⁵⁵ thɔ⁵⁵（为家里做饭时制的炭，个小）

　□炭　ȵin⁵⁵ thɔ⁵⁵（在山上制作的，个大）

（5）城乡处所

地方　thi³¹¹ faŋ³¹¹

城市　sa⁵⁵ sɿ¹³（对乡村而言）

城墙　sa⁵⁵ tshiɑŋ⁵⁵

壕沟　xɤɯ⁵⁵ tɕiu³¹¹

城里　sa⁵⁵ li¹³ 城内

城外　sa⁵⁵ ŋa³¹¹

城门　sa⁵⁵ mɛn⁵⁵

巷　xɛn³¹¹ 胡同

　巷弄　xɛn³¹¹ lɛn³¹¹

村　tshuːɐn³¹¹ 乡村（对城市而言）

　村里　tshuːɐn³¹¹ li¹³

山里　sɔ³¹¹ li¹³ 山沟（偏僻的山村）

家乡　kɔ³¹¹⁻³³ ʃaŋ³¹¹

街道　ka³¹¹ thɤɯ¹³

路　lu³¹¹

大路　tho³¹¹⁻³³ lu³¹¹

小路　siu⁴² lu³¹¹

三　时令时间

（1）季节

春天　　tʃhyin³¹¹ thiːɐ³¹¹

夏天　　xɔ³¹¹ thiɛ³¹¹

秋天　　tshiu³¹¹ thiːɐ³¹¹

冬天　　tɛn³¹¹ thiːɐ³¹¹

　寒天　　xuːɐ⁵⁵ thiːɐ³¹¹

立春　　li³¹¹⁻³³ tʃhyin³¹¹

雨水　　y¹³ ʃy⁴²

惊蛰　　tʃa³¹¹⁻³³ tshɿ³¹¹

春分　　tʃhyin³¹¹⁻³³ fɛn³¹¹

清明　　tsha³¹¹⁻³³ ma⁵⁵

谷雨　　ku²¹²⁻²¹ y¹³

立夏　　li³¹¹⁻³³ xɔ³¹¹

小满　　siu⁴² muːɐ¹³

芒种　　mɑŋ⁵⁵ tsɛn⁵⁵

夏至　　xɔ³¹¹⁻³³ tsɿ⁵⁵

小暑　　siu⁴² ʃy⁴²

大暑　　tho³¹¹⁻³³ ʃy⁴²

立秋　　li³¹¹⁻³³ tshiu³¹¹

处暑　　tʃhy⁵⁵ ʃy⁴²

白露　　pha³¹¹⁻³³ lu³¹¹

秋分　　tshiu³¹¹⁻³³ fɛn³¹¹

寒露　　xuːɐ⁵⁵ lu³¹¹

霜降　　sɑŋ³¹¹⁻³³ kɑŋ⁵⁵

立冬　　li³¹¹⁻³³ tɛn³¹¹

小雪　　siu⁴² siːɐ²¹²

大雪　　tho³¹¹⁻³³ siːɐ²¹²

冬至　　tɛn³¹¹⁻³³ tsɿ⁵⁵

小寒　siu⁴²xuːɐ⁵⁵

大寒　tho³¹¹⁻³³xuːɐ⁵⁵

官历　kuːɐ³¹¹⁻³³le³¹¹历书

阴历　in³¹¹le³¹¹农历

　　夏历　xɔ³¹¹le³¹¹

　　农历　lin⁵⁵le³¹¹

阳历　iaŋ⁵⁵le³¹¹公历

　　公历　kɛn³¹¹le³¹¹

（2）节日

三十夜　sɔ³¹¹⁻³³sɿ³¹¹⁻³³iːɐ³¹¹除夕（农历一年最后一天）

吃三十夜　tʃhe²¹²sɔ³¹¹⁻³³sɿ³¹¹⁻³³iːɐ³¹¹吃年夜饭

拜祖宗　pa⁵⁵tsu⁴²⁻¹³tsɛn³¹¹谢年（过年之前摆设福礼祭祀神佛祖先）

打□尘　ta⁴²ŋɛn⁴²tshin⁵⁵过年之前房子里掸尘

初一朝　tshu³¹¹i²¹²⁻¹³tʃo³¹¹（大）年初一

拜年　pa⁵⁵ȵiːɐ⁵⁵

开门红　khuɤɯ³¹¹⁻³³mɛn⁵⁵xɛn⁵⁵大年初一早晨的开门仪式

元宵节　yːɐ⁵⁵siu³¹¹tsiːɐ²¹²农历正月十五

　　正月半　tsa³¹¹⁻³³ȵyːɐ³¹¹puːɐ⁵⁵

端五节　tuːɐn³¹¹n¹³tsiːɐ²¹²端午节（农历五月初五）

　　端阳节　tuːɐn³¹¹iaŋ⁵⁵tsiːɐ²¹²

中秋节　tsɛn³¹¹tshiu³¹¹tsiɛ²¹²农历八月十五

　　团圆节　tuɛn⁵⁵yːɐ⁵⁵tsiːɐ²¹²

七月七夕　tshi²¹²ȵyːɐ³¹¹tshi²¹²tshe³¹¹七夕（农历七月初七的晚上）

七月半　tshi²¹²ȵyːɐ³¹¹⁻³³puːɐ⁵⁵中元节（农历七月十五）

重阳节　tshɛn⁵⁵iaŋ⁵⁵tsiːɐ²¹²农历九月初九

寒食节　xuːɐ⁵⁵sɿ³¹¹tsɐːɐ²¹²清明前一天

（3）年

今年　tɕin³¹¹⁻³³ȵiːɐ⁵⁵

旧年　tɕhiu³¹¹⁻³³ȵiːɐ⁵⁵去年

明年　mɛn⁵⁵ n̠i:ɐ⁵⁵

前年　tshi:ɐ⁵⁵ n̠i:ɐ⁵⁵

大前年　tho³¹¹ tshi:ɐ⁵⁵ n̠i:ɐ⁵⁵

往年　uaŋ⁴² n̠i:ɐ⁵⁵ 以往的年头

后年　xɤɯ¹³/çiu¹³ ɐ:i:ɐ

外后年　ŋa³¹¹ xɤɯ¹³/çiu¹³ n̠i:ɐ⁵⁵ 大后年

每年　mɤɯ⁴² n̠i:ɐ⁵⁵

年初　n̠i:ɐ⁵⁵ tshu³¹¹

　年头　n̠i:ɐ⁵⁵ thiu⁵⁵

年中　n̠i:ɐ⁵⁵⁻⁴² tsɛn³¹¹

年底　n̠i:ɐ⁵⁵ te⁴²

　年尾　n̠i:ɐ⁵⁵ vi¹³

上半年　ʃaŋ¹³ pu:ɐ⁵⁵ n̠i:ɐ⁵⁵

下半年　xɔ¹³ pu:ɐ⁵⁵ n̠i:ɐ⁵⁵

整年　tʃa⁴² n̠i:ɐ⁵⁵

　全年　tshi:ɐ⁵⁵ n̠i:ɐ⁵⁵

（4）月

正月　tʃa³¹¹ n̠y:ɐ³¹¹

腊月　lɔ³¹¹ n̠y:ɐ³¹¹

腊八　lɔ³¹¹⁻³³ pu:ɐ²¹² （女儿不能在娘家过夜）

腊八粥　lɔ³¹¹⁻³³ pu:ɐ²¹² tçiu²¹²

闰月　vin³¹¹⁻³³ n̠y:ɐ³¹¹

月初　n̠y:ɐ³¹¹ tshu³¹¹

月半　n̠y:ɐ³¹¹ pu:ɐ⁵⁵

月底　n̠y:ɐ³¹¹ te⁴²

一个月　i²¹²⁻²¹ ka⁵⁵ n̠y:ɐ³¹¹

上个月　ʃaŋ¹³ ka⁵⁵ n̠y:ɐ³¹¹ （前一个月）

下个月　xɔ¹³ ka⁵⁵ n̠y:ɐ³¹¹

每月　mɤɯ⁴² n̠y:ɐ³¹¹

上旬　ʃaŋ¹³ sin⁴²

中旬　　tsɛn³¹¹⁻³³sin⁴²

下旬　　xɔ¹³sin⁴²

月大　　ȵyːɐ³¹¹tho³¹¹大建（农历三十天的月份）

月小　　ȵyːɐ³¹¹siu⁴²小建（农历二十九天的月份）

(5) 日、时

今日　　tɕin³¹¹⁻³³ȵie³¹¹今天

昨日　　tsho³¹¹⁻³³ȵie³¹¹昨天

明日　　mɛn⁵⁵ȵie³¹¹明天

后日　　xɤɯ¹³/ɕiu¹³ȵie³¹¹后天

外后日　ŋa³¹¹xɤɯ¹³/ɕiu¹³ȵie³¹¹大后天

第二日　te¹³n³¹¹ȵie³¹¹次日（某日的下一天）

前日　　tshiːɐ⁵⁵ȵie³¹¹前天

大前日　tho³¹¹tshiːɐ⁵⁵ȵie³¹¹大前天

前几日　tshiːɐ⁵⁵tɕ⁴²⁻³³ȵie³¹¹前几天

星期日　sa³¹¹⁻³³tɕi⁵⁵ȵie³¹¹星期天

　礼拜日　le⁴²pa⁵⁵ȵie³¹¹

一星期　i²¹²⁻²¹sa³¹¹⁻³³tɕi⁵⁵

　一礼拜　i²¹²⁻²¹le⁴²⁻²¹pa⁵⁵

整日　　tʃa⁴²ȵie³¹¹整天

每日　　mɤɯ⁴²ȵie³¹¹每天

十多日　sʅ³¹¹⁻³³to³¹¹ȵie³¹¹十几天（比十天多）

上半日　ʃaŋ¹³puːɐ⁵⁵ȵie³¹¹上午（6∶00—11∶00）

下半日　xɔ¹³puːɐ⁵⁵ȵie³¹¹下午，午后

半日　　puːɐ⁵⁵ȵie³¹¹半天

大半日　tho³¹¹puːɐ⁵⁵ȵie³¹¹大半天

清早　　tshin³¹¹⁻³³tsɤɯ⁴²清晨（日出前后的一段时间）

上昼　　ʃaŋ¹³tɕiu⁵⁵午前（11∶00—12∶00）

下昼　　xɔ¹³tɕiu⁵⁵中午

日间　　ȵie³¹¹⁻³³kɔ³¹¹白天

乌昏　　u³¹¹⁻³³xuɛn³¹¹黄昏（日落以后星出以前）

夜间　i:ɐ³¹¹⁻³³kɔ³¹¹夜晚（从天黑到天亮的一段时间）

半夜　pu:ɐ⁵⁵i:ɐ³¹¹

上半夜　ʃaŋ¹³pu:ɐ⁵⁵i:ɐ³¹¹

下半夜　xɔ¹³pu:ɔ⁵⁵i:ɐ³¹¹

一夜　i²¹²i:ɐ³¹¹整夜

日日夜间　n̠ie³¹¹⁻³³n̠ie³¹¹⁻³³i:ɐ³¹¹kɔ³¹¹每天晚上

（6）其他时间概念

年份　n̠i:ɐ⁵⁵fɛn³¹¹指某一年

月份　n̠y:ɐ³¹¹⁻³³fɛn³¹¹指某一月

日子　n̠ie³¹¹⁻³³tsɿ⁴²指日期

时候　sɿ⁵⁵çiu³¹¹

□物时候　tɤɯ¹³mɤɯ³¹¹sɿ⁵⁵çiu³¹¹什么时候（他～来?）

先前　si:ɐ³¹¹⁻³³tshi:ɐ⁵⁵

后来　çiu¹³lu:ɐ⁵⁵

　以后　i¹³çiu¹³

现在　çi:ɐ³¹¹⁻³³tshu:ɐ¹³

　跟□　kɛn³¹¹çi:ɐ⁵⁵

四　农业

（1）农事

春耕　tʃhyin³¹¹⁻³³tʃa³¹¹

夏收　xɔ³¹¹⁻³³çiu³¹¹

秋收　tshiu³¹¹⁻³³çiu³¹¹

早秋　tsɤɯ⁴²tshiu³¹¹

晚秋　u:ɐ¹³tshiu³¹¹

整地　tʃa⁴²thi³¹¹

下种　xɔ¹³tsɛn⁴²

莳田　sɿ³¹¹thi:ɐ⁵⁵插秧

□草　tʃha⁴²⁻¹³tshɤɯ⁴²拔草

拔草　phu:ɐ³¹¹⁻³³tshɣɯ⁴²

薅草　çi:ɐ³¹¹⁻³³tshɣɯ⁴²

□草　xu:ɐ⁴²tshɣɯ⁴²锄草

□地　tsɣɯ⁵⁵thi³¹¹锄地、松土

下肥　xɔ¹³fi⁵⁵施肥（指化肥）

浇粪　tʃo³¹¹fɛn⁵⁵

粪窖　fɛn⁵⁵ko⁵⁵粪坑

　粪坑　fɛn⁵⁵tʃha³¹¹

粪桶　fɛn⁵⁵thɛn⁴²便桶

积肥　tse²¹²⁻²¹fi⁵⁵

化肥　xu:ɐ⁵⁵fi⁵⁵

浇水　tʃo³¹¹⁻³³ʃy⁴²

车水　tɕhi:ɐ³¹¹⁻³³ʃy⁴²

灌水　ku:ɐ⁵⁵ʃy⁴²（使水入地）

排水　pa⁵⁵ʃy⁴²（使水出地）

打水　ta⁴²⁻¹³ʃy⁴²（从井里或河里取水）

水井　ʃy⁴²⁻³³tsa⁴²

谷□　ku²¹²⁻¹³sa²¹²稻穗

　稻□　thɣɯ¹³sa²¹²

割稻　ku:ɐ²¹²⁻²¹thɣɯ¹³割稻子

割麦　ku:ɐ²¹²⁻¹³ma³¹¹割麦子

墙院　tshiɑŋ⁵⁵y:ɐ³¹¹场院

（2）农具

水桶　ta⁴²⁻¹³thɛn⁴²（汲水用的木桶）

井索儿　tsa⁴²so:n¹³井绳

水车　ʃy⁴²tɕhi:ɐ³¹¹

大车　tho³¹¹⁻³³tɕhi:ɐ³¹¹

车辘辘儿　tɕhi:ɐ³¹¹lo³¹¹lõ³¹¹⁻⁵⁵车轮子

牛轭　n̠iu⁵⁵ŋa²¹²

牛嘴兜　n̠iu⁵⁵tsi⁴²tiu³¹¹牛笼嘴

　　牛鼻桊　n̠iu⁵⁵⁻⁴²phi³¹¹⁻³³tsɛn³¹¹（穿在牛鼻子里的木棍儿或铁环）

　　犁　le⁵⁵

　　犁柄　le⁵⁵pa⁵⁵犁把

　　犁尖　le⁵⁵⁻⁴²tsiːɐ³¹¹犁铧

　　耙　phuːɐ³¹¹耙子（牛牵引的）

　　耙儿　phuːɐn⁵⁵扒子

　　稻斛　thɤɯ¹³xu³¹¹收割稻子等时脱粒用的木桶

　　晒簟　sa⁵⁵thiːɐ¹³晒粮食用的大竹席

　　　竹簟　tɕiu²¹²⁻²¹thiːɐ¹³

　　簟　thiːɐ¹³䇞子（用高粱或芦苇的篾片、竹篾等编的粗而长的席，可以围起来囤粮食）

　　仓　tshɑŋ³¹¹囤（存放粮食的器具）

　　风扇　fɛn³¹¹⁻³³ɕiːɐ⁵⁵扇车（使米粒跟谷壳分离的农具）

　　碾　n̠iːɐ¹³石磙（圆柱形，用来轧谷物，平场地）

　　磨　mo³¹¹石磨

　　磨盘　mo³¹¹⁻³³phuːɐ⁵⁵

　　磨柄　mo³¹¹⁻³³pa⁵⁵磨把儿

　　磨心　mo³¹¹⁻³³sin³¹¹磨脐儿（磨扇中心的铁轴）

　　筛　sa³¹¹筛子（筛稻、米用的）

　　箩　lo⁵⁵（筛粉末状细物用的器具）

　　皮箩　phi⁵⁵lo⁵⁵（上圆下方）

　　　皮篓　phi⁵⁵liu¹³

　　连枷　liːɐ⁵⁵kɔ³¹¹（本地少）

　　碓　tuːɐ⁵⁵（指整体）

　　水碓　ʃy⁴²tuːɐ⁵⁵

　　碓屋　tuːɐ⁵⁵vu²¹²碓房

　　碓杵　tuːɐ⁵⁵⁻⁴²tʃhy⁵⁵

　　草锄　tshɤɯ⁴²su³¹¹钉耙（六个钉子以上的）

　　　□□　phuːɐ⁵⁵lɔ⁵⁵（四个钉子的钉耙）

　　　蟹钳　xa⁴²tɕiːɐ⁵⁵（两个钉子的）

　　洋镐　iɑŋ⁵⁵kɤɯ³¹¹镐（刨硬地用，一头尖形，一头扁小）

锄头　su⁵⁵thiu⁵⁵（松土、锄草用，扁形，各地形状不一）

铡刀　tsa²¹²tɤɯ³¹¹

茅镰　mo⁵⁵liːɐ⁵⁵镰刀

柴刀　sa⁵⁵tɤɯ³¹¹砍刀（用来劈开或剁断木柴的刀）

草刀　tshɤɯ⁴²tɤɯ³¹¹割草的

铁铲　thiːɐ²¹²⁻¹³tshɔ⁴²铁锨（口是平的）

畚箕　pɛn³¹¹⁻³³tɕi³¹¹挑东西用的簸箕，有梁

畚撮　pɛn³¹¹⁻³³tshuːɐ²¹²撮或簸东西用的簸箕

垃圾　lɤɯ⁵⁵sɤɯ²¹²

□筐　vin⁵⁵tʃhaŋ³¹¹筐（圆的，晒东西用）

扁担　pɛn⁴²tɔ³¹¹

挑担　thiu³¹¹tɔ⁵⁵

杵棒　tʃhy⁵⁵paŋ¹³帮助挑担用的棍子

□帚　kɔ²¹²tɕiu⁴²扫帚（用竹枝扎成，比笤帚大，扫地用）

刷帚　suːɐ²¹²tɕiu¹²炊帚

□帚　thɤɯ⁵⁵tɕiu⁴²笤帚（用高粱穗、黍子穗等绑成，扫地用）

五　植物

（1）农作物

庄稼　tsaŋ³¹¹⁻³³kɔ³¹¹

粮食　liaŋ⁵⁵sɿ³¹¹

五谷　u⁴²ku²¹²

灰面　xuɤɯ³¹¹miːɐ³¹¹面粉

粉　fɛn⁴²面儿

麦　ma³¹¹

乌麦　u³¹¹⁻³³ma³¹¹荞麦

麦脑　ma³¹¹⁻³³lɤɯ¹³麦茬儿

麦秆　ma³¹¹⁻³³kua⁴²麦秸

粟　siu²¹²小米儿

芦稷　lu⁵⁵tse⁵⁵高粱

苞萝　po³¹¹⁻³³lo⁵⁵玉米

稻　thɤɯ¹³（指植株）

谷　ku²¹²稻谷，稻子（指籽实）

稻秆　thɤɯ¹³kua⁴²稻草

早稻　tsɤɯ⁴²thɤɯ¹³

晚稻　u:ɐ¹³thɤɯ¹³

稗　phu:ɐ³¹¹

谷□　ku²¹²i:ɐ⁵⁵秕子（空的或不饱满的子粒）

　瘪□　pi:ɐ²¹²i:ɐ⁵⁵

米儿　mẽ¹³米（稻的子实去壳后）

糯米儿　lo³¹¹mẽ¹³糯米

籼米儿　si:ɐ³¹¹mẽ¹³籼米（米粒长而细，黏性小）

糙米儿　tshɤɯ¹³mẽ¹³糙米（未舂碾过的米）

白米儿　pha³¹¹mẽ¹³白米（经过舂碾的米）

棉花　mi:ɐ⁵⁵xu:ɐ³¹¹

棉花桃　mi:ɐ⁵⁵xu:ɐ³¹¹thɯ⁵⁵棉花桃儿

苎麻　tʃy¹³mu:ɐ⁵⁵

芝麻　tsɿ³¹¹⁻³³mu:ɐ⁵⁵

花生　xu:ɐ³¹¹⁻³³sa³¹¹

花生米儿　xu:ɐ³¹¹⁻³³sa³¹¹mẽ¹³

花生衣　xu:ɐ³¹¹⁻³³sa³¹¹i³¹¹花生皮（花生米外面的红皮）

金□莲　tɕin³¹¹⁻³³tʃho⁵⁵li:ɐ⁵⁵向日葵、葵花籽儿

白薯　pha³¹¹ʃo⁵⁵

红薯　xɛn⁵⁵ʃo⁵⁵甘薯

马铃芋　mu:ɐ¹³la⁵⁵y³¹¹马铃薯

芋头　y³¹¹⁻³³thiu⁵⁵（芋块茎的总称）

山药　sɔ³¹¹⁻³³io³¹¹（学名叫薯蓣）

藕儿　ȵiũ¹³藕

莲子　li:ɐ⁵⁵tsɿ⁰（莲蓬的子）

（2）豆类、菜蔬

黄豆儿　aŋ⁵⁵thi:n¹³黄豆

绿豆儿　liu³¹¹thiːn¹³绿豆

黑豆儿　xɣɯ²¹²⁻²¹thiːn¹³黑豆

红豆儿　xɛn⁵⁵thiːn¹³红小豆

　　赤豆儿　tʃhe²¹²⁻²¹thiːn¹³

豌豆儿　uːɐn³¹¹thiːn¹³豌豆

羊角　iaŋ⁵⁵ko²¹²豆角

扁荚　piːɐ⁴²tɕiːɐ²¹²扁豆

泥鳅扁荚　n̠ie⁵⁵tshiu³¹¹piːɐ⁴²tɕiːɐ²¹²芸豆

碧豆儿　pe²¹²thiːn¹³蚕豆

落苏　lu⁵⁵su³¹¹茄子

冬瓜　tɛn³¹¹⁻³³kuːɐ³¹¹

□瓜　sa³¹¹⁻³³kuːɐ³¹¹黄瓜

菜瓜　tshuːɐ⁵⁵kuːɐ³¹¹

苦瓜　ku⁴²kuːɐ³¹¹

南儿瓜　lɑŋ⁵⁵kuːɐ³¹¹南瓜

丝瓜　sʅ³¹¹⁻³³kuːɐ³¹¹

葫芦　xu⁵⁵lu⁵⁵

瓠　xu³¹¹瓠子

葱　tshɛn³¹¹葱，葱叶

葱白　tshɛn³¹¹⁻³³pha³¹¹

洋葱　iaŋ⁵⁵tshɛn³¹¹

大蒜　tha³¹¹suːɐ⁵⁵蒜（指这种植物）、蒜头（蒜的鳞茎，由蒜瓣构成）

大蒜叶儿　tha³¹¹suːɐ⁵⁵iːɐn¹³大蒜叶

大蒜苗　tha³11suːɐ⁵⁵miu⁵⁵蒜苗（蒜的花茎）

大蒜泥　tha³¹¹suːɐ⁵⁵n̠ie⁵⁵蒜泥

蕈　tshin¹³蘑菇

香蕈　ʃaŋ³¹¹⁻³³tshin¹³香菇

　　香菇　ʃaŋ³¹¹⁻³³khu³¹¹

冬菇　tɛn³¹¹⁻³³khu³¹¹

韭菜　tɕiu⁴²tshuːɐ⁵⁵

韭菜黄　tɕiu⁴²tshuːɐ⁵⁵aŋ⁵⁵韭黄

苋菜　çi:ɐ³¹¹⁻³³tshu:ɐ⁵⁵

　香菜　ʃɑŋ³¹¹⁻³³tshu:ɐ⁵⁵

荸荠　phi⁵⁵tshe⁵⁵

番茄　fu:ɐ⁵⁵kɔ³¹¹西红柿

生姜　sa³¹¹tʃɑŋ³¹¹姜

甜辣□　ti:ɐ⁵⁵lɔ³¹¹⁻³³vu⁵⁵柿子椒

辣□　lɔ³¹¹⁻³³vu⁵⁵辣椒

辣□粉　lɔ³¹¹⁻³³vu⁵⁵fɛn⁴²辣椒面儿

胡椒　xu⁵⁵tsiu³¹¹

芥菜　ka⁵⁵tshu:ɐ⁵⁵

芥末儿　ka⁵⁵⁻⁴²mu:ɐn¹³芥末

菠菜　po³¹¹⁻³³tshu:ɐ⁵⁵

甘蓝菜　ka³¹¹⁻³³lɔ³¹¹tshu:ɐ⁵⁵圆白菜

白菜　pha³¹¹tshu:ɐ⁵⁵（圆柱形的）

　大白菜　tha³¹¹pha³¹¹tshu:ɐ⁵⁵（空心的）

洋白菜　iɑŋ⁵⁵pha³¹¹tshu:ɐ⁵⁵（叶子卷成球状的）

小白菜　siu⁴²pha³¹¹tshu:ɐ⁵⁵

莴□梗儿　o³¹¹⁻³³ʃa³¹¹kuɛn¹³莴笋（指茎部）

莴□叶儿　o³¹¹⁻³³ʃa³¹¹i:ɐn¹³莴笋叶

生菜　sa³¹¹tshu:ɐ⁵⁵

菜　tshu:ɐ⁵⁵

芹菜　tçin⁵⁵tshu:ɐ⁵⁵

　药芹　io³¹¹tçin⁵⁵

　香芹　ʃaŋ³¹¹tçin⁵⁵

　水芹　ʃy⁴²tçin⁵⁵（野生的）

芫荽草　i:ɐ⁵⁵si⁵⁵tshɤɯ⁴²芫荽，香菜

萝卜儿　lɔ³¹¹pũ¹³萝卜

空心着　khɛn⁵⁵sin³¹¹tʃo⁰（萝卜）糠了

萝卜儿点儿　lɔ³¹¹⁻³³pũ¹³ti:n¹³萝卜缨儿

萝卜儿干　lɔ³¹¹⁻³³pũ¹³ku:ɐ³¹¹萝卜干儿

胡萝卜儿　xu⁵⁵lɔ³¹¹pũ¹³胡萝卜

窠笋　kho³¹¹⁻³³sin⁴²茭白

　窠白　kho³¹¹⁻³³pha³¹¹

油菜　iu⁵⁵tshuːɐ⁵⁵（做蔬菜用）

油菜籽　iu⁵⁵tshuːɐ⁵⁵tsɿ⁴²（榨油用）

空心菜　khɛn³¹¹⁻³³sin³¹¹⁻³³tshuːɐ⁵⁵蕹菜

荠菜　tshe⁵⁵tshuːɐ⁵⁵

（3）树木

树　ʃy³¹¹

树苗　ʃy³¹¹⁻³³miu⁵⁵

树林　ʃy³¹¹⁻³³lin⁵⁵

树管　ʃy³¹¹⁻³³kua⁴²树干

　树身　ʃy³¹¹⁻³³sin³¹¹

树杪儿　ʃy³¹¹⁻³³miũ¹³树梢

树根　ʃy³¹¹⁻³³kuɛn³¹¹

树桠　ʃy³¹¹⁻³³ŋɔ³¹¹树枝

树叶儿　ʃy³¹¹⁻³³iːɐn¹³树叶

种树　tsɛn⁵⁵⁻⁴²ʃy³¹¹

斫树　tso²¹²ʃy³¹¹砍树（动宾）

松树　tshin⁵⁵ʃy³¹¹

草茅须　tshɤɯ⁴²mɤɯ⁵⁵si³¹¹松针

松树□　sɛn³¹¹⁻³³ʃy³¹¹⁻³³phu⁵⁵松球

　松树□儿　sɛn³¹¹⁻³³ʃy³¹¹⁻³³loːn¹³

松香　sɛn³¹¹ʃaŋ³¹¹

杉树　sɔ³¹¹ʃy³¹¹

□□　ʃaŋ³¹¹tshɔ⁵⁵杉针

杉儿树□儿　ʃaŋ³¹¹ʃy³¹¹loːn¹³杉球

青篙　tsha³¹¹⁻³³kɤɯ³¹¹杉篙

蚕儿叶树　tshaŋ⁵⁵iːɐ³¹¹ʃy³¹¹桑树

蚕儿□　tshaŋ⁵⁵mɛn³¹¹桑葚

蚕儿叶　tshaŋ⁵⁵i:ɐ³¹¹桑叶

杨树　iaŋ⁵⁵ʃy³¹¹

柳树　liu⁴²ʃy³¹¹

荆条　tɕin³¹¹⁻³³thiu⁴²

桐子树　thɛn⁵⁵tsʅ⁴²ʃy³¹¹桐油树

桐子　thɛn⁵⁵tsʅ⁴²

桐油　thɛn⁵⁵iu⁵⁵

楝树　li:ɐ²¹²⁻¹³ʃy³¹¹苦楝树

红豆儿杉　xɛn⁵⁵ti:n¹³sɔ³¹¹红豆树

　　血柏　ʃy:ɐ²¹²⁻¹³pa²¹²

竹　tɕiu²¹²竹子

　　大竹　tho³¹¹tɕiu²¹²大竹子

　　金竹　tɕin³¹¹tɕiu²¹²小竹子

　　毛竹　mɤɯ⁵⁵tɕiu²¹²小竹子

　　水竹儿　ʃy⁴²tɕiũ¹³更小的竹子

笋　sin⁴²

　　大笋　tho³¹¹⁻³³sin⁴²

春笋　tʃhyin³¹¹⁻³³sin⁴²毛竹笋

冬笋　tɛn³¹¹⁻³³sin⁴²

笋壳　sin⁴²kho²¹²

竹□　tɕiu²¹²⁻¹³xaŋ³¹¹竹竿儿

竹叶儿　tɕiu²¹²⁻²¹i:ɐn¹³

篾　mi:ɐ³¹¹篾片（竹子劈成的薄片）

黄篾　ɑŋ⁵⁵mi:ɐ³¹¹篾黄

青篾　tsha³¹¹⁻³³mi:ɐ³¹¹篾青

（4）瓜果

水果　ʃy⁴²⁻¹³ko⁴²

干果　ku:ɐ³¹¹⁻³³ko⁴²

□　mɛn³¹¹野生的草莓

桃　thɤɯ⁵⁵

杏　xa¹³

　酸梅　suːɐ³¹¹ mɣɯ⁵⁵

苦李　khu⁴² li¹³ 李子

苹果　phin⁵⁵ ko⁴²

沙果　sɔ³¹¹⁻³³ ko⁴²

枣儿　tsɣːn¹³

柿　sʅ¹³ 柿子

石榴　se³¹¹ liu⁵⁵

梨　li⁵⁵

枇杷　phi⁵⁵ puːɐ⁵⁵

柿饼　sʅ¹³ pa⁴²

柚子　iu³¹¹ tsʅ⁴²

桔儿　tʃyːn¹³ 桔子

桔儿筋　tʃyːn¹³ tɕin³¹¹ 桔络（橘瓣上的丝儿）

金桔儿　tɕin³¹¹ tʃyːn¹³

芦柑　lu⁵⁵ ka³¹¹ 柑

橙儿　tshɣːn¹³ 橙子

荔枝　le³¹¹⁻³³ tsʅ³¹¹

木瓜　m³¹¹⁻³³ kuːɐ³¹¹

桂圆　tʃye⁵⁵ yːɐ⁵⁵ 龙眼的总称，也单指较大的一种龙眼

　龙眼　lin⁵⁵⁻⁴² ŋɔ¹³ 较小的一种龙眼

桂圆肉　tʃye⁵⁵ yːɐ⁵⁵ ȵiu³¹¹ 龙眼肉（去壳去核的龙眼干）phi⁵⁵ puːɐ⁵⁵

芒果　mɑŋ⁵⁵ ko⁴²

菠萝　po³¹¹⁻³³ lo⁵⁵

青果　tsha³¹¹⁻³³ ko⁴² 橄榄

鸭脚　ŋɔ²¹²⁻¹³ tʃo²¹² 银杏

　白果　pha³¹¹⁻³³ ko⁴²

板栗　puːɐ⁴² le³¹¹

　栗　le³¹¹

核桃　xɣɯ³¹¹ thɣɯ⁵⁵ （指北方的核桃）

山核桃　sɔ³¹¹ xɣɯ³¹¹ thɣɯ⁵⁵

瓜子　ku:ɐ³¹¹⁻³³tsʅ⁰瓜子儿

香榧　ʃɑŋ³¹¹fi⁴²榧子

西瓜　se³¹¹⁻³³ku:ɐ³¹¹

甜瓜　ti:ɐ⁵⁵ku:ɐ³¹¹

甜蔗　ti:ɐ⁵⁵tɕi:ɐ⁵⁵甘蔗

（5）花草、菌类

桂花　tʃye⁵⁵xu:ɐ³¹¹

菊花　tɕiu²¹²⁻¹³xu:ɐ³¹¹

梅花　mɤɯ⁵⁵xu:ɐ³¹¹

指甲花　tsʅ⁴²kɔ²¹²⁻¹³xu:ɐ³¹¹凤仙花

荷花　xo⁵⁵xu:ɐ³¹¹

莲花　li:ɐ⁵⁵xu:ɐ³¹¹

荷叶儿　xo⁵⁵⁻⁴²i:ɐn¹³

莲蓬　li:ɐ⁵⁵phɛn⁵⁵

水仙　ʃy⁴²si:ɐ³¹¹水仙花

茉莉花　mo³¹¹⁻³³li⁵⁵xu:ɐ³¹¹

含羞草　xɔ⁵⁵siu³¹¹⁻³³tshɤɯ⁴²

　含□草　xɔ⁵⁵lo⁵⁵tshɤɯ⁴²

杜鹃花　tu¹³tʃy:ɐ³¹¹xu:ɐ³¹¹

　腊梨花　lɔ²¹²li⁵⁵xu:ɐ³¹¹（野生的，粉红色）

　□□花　u⁴²ȵiaŋ⁵⁵xu:ɐ³¹¹（野生的，红色）

　一山红　i²¹²sɔ³¹¹xɛn⁵⁵

牵牛花　tɕhi:ɐ³¹¹ȵiu⁵⁵xu:ɐ³¹¹

芙蓉花（指木芙蓉）　fu³¹¹⁻³³in⁵⁵xu:ɐ³¹¹

万年青　u:ɐ³¹¹⁻³³ȵi:ɐ⁵⁵tsha³¹¹

仙人掌　si:ɐ³¹¹in⁵⁵tʃaŋ⁴²

花蕊儿　xu:ɐ³¹¹y:n¹³花蕾（没有开放的花）

花瓣儿　xu:ɐ³¹¹pi:ɐn¹³

芦苇　lu⁵⁵vi⁵⁵

青苔儿　tsha³¹¹⁻³³tu:ɐn⁵⁵青苔

六　动物

（1）牲畜

牲口　sa$^{311-33}$tɕhiu^{42}

骟子马　sɤɯ^{311}tsʅ^{0}muːɐ^{13}公马

□马　kho^{55}muːɐ^{13}母马

黄牛　aŋ^{55}n̥iu^{55}

黄牯　aŋ^{55}ku^{42}公黄牛（未阉的）

黄□　aŋ^{55}sɔ^{311}母黄牛

水牯　ʃy$^{42-13}$ku^{42}公水牛（未阉的）

水□　ʃy^{42}sɔ^{311}母水牛

犍牯　tuːɐn^{311}ku^{42}犍牛（阉过的公牛）

犍牛　tuːɐn^{311}n̥iu^{55}阉（公）牛（动宾）

牛□儿　n̥iu^{55}ŋɛn^{13}牛犊

毛驴　mɤɯ^{55}li^{55}驴

公驴　kɛn$^{311-33}$li^{55}

母驴　m^{13}li^{55}

骡　lo^{55}

骆驼　lo$^{311-33}$to^{55}

绵羊　miːɐ^{55}iaŋ^{55}

山羊　sɔ^{311}iaŋ^{55}

小羊　siu^{42}iaŋ^{55}羊羔

狗　tɕiu^{42}

公狗　kɛn$^{311-33}$tɕiu^{42}

母狗　m^{13}tɕiu^{42}

点儿点儿狗　tiːn$^{13-42}$tiːn^{13}tɕiu^{42}小狗儿（脱奶后的幼犬）

哈吧狗　xa^{311}pa$^{311-13}$tɕiu^{42}

猫儿　miuːn^{13}猫

公猫儿　kɛn^{311}miuːn^{13}公猫

母猫儿　m^{13}miuːn^{13}母猫

猪斗　tʃy³¹¹⁻³³tiu⁴²配种用的公猪

猪嫲　tʃy³¹¹⁻³³mo⁵⁵母猪

牯猪　ku⁴²tʃy³¹¹肉公猪

雌猪　tshɿ³¹¹tʃy³¹¹肉母猪

叫栏　tʃo⁵⁵lɔ⁵⁵（母猪）发情

小猪儿　siu⁴²tʃy:n¹³猪崽

羯　tɕi:ɐ²¹²阉（公猪，母猪）

　　割卵子　ku:ɐ²¹²lu:ɐ¹³tsɿ⁴²

　　羯卵子　tɕi:ɐ²¹²lu:ɐ¹³tsɿ⁴²

杀猪　sɔ²¹²tʃy³¹¹

兔儿　thũ¹³兔子

鸡　tʃe³¹¹

鸡公　tʃe³¹¹⁻³³kɛn³¹¹公鸡

鸡母　tʃe³¹¹⁻³³m¹³母鸡

鏾　si:ɐ⁵⁵阉（鸡）

仔鸡公　tsɿ⁴²tʃe³¹¹⁻³³kɛn³¹¹未打鸣的公鸡

鸡公　tʃe³¹¹⁻³³kɛn³¹¹会打鸣的公鸡，当年孵的

草鸡公　tshɤɯ⁴²tʃe³¹¹⁻³³kɛn³¹¹会打鸣的公鸡，跨年的

伏鸡婆　pu³¹¹⁻³³tʃe³¹¹⁻³³pho⁵⁵抱窝鸡（正在孵蛋的母鸡）

点儿点儿鸡　ti:n¹³⁻⁴²ti:n¹³tʃe³¹¹小鸡

生　sa³¹¹（鸡）下（蛋）

伏　pu³¹¹孵（～小鸡儿）

鸡冠　tʃe³¹¹⁻³³ku:ɐ³¹¹

鸡脚□　tʃe³¹¹⁻³³tʃo²¹²lo⁴²鸡爪子

鸭　ŋɔ²¹²鸭子

鸭公　ŋɔ²¹²⁻¹³kɛn³¹¹公鸭

鸭母　ŋɔ²¹²⁻²¹m¹³母鸭

点儿点儿鸭　ti:n¹³⁻⁴²ti:n¹³ŋɔ²¹²小鸭子

鹅　ŋo⁵⁵

点儿点儿鹅　ti:n¹³⁻⁴²ti:n¹³ŋo⁵⁵小鹅儿

（2）鸟、兽

野兽　i:ɐ¹³ɕiu⁵⁵

狮　sɿ³¹¹狮子

老虎　lɤɯ¹³xu⁴²

雌老虎　tshɿ³¹¹lɤɯ¹³xu⁴²母老虎（雌虎）

猴狲　ɕiu⁵⁵su:ɐn³¹¹猴子

熊　ɕin⁵⁵

豹　po⁵⁵

狐狸　xu⁵⁵li⁵⁵

狼　laŋ⁵⁵

豺狗　sa⁵⁵tɕiu⁴²豺

黄鼠狼　aŋ⁵⁵tʃhy⁴²laŋ⁵⁵

　　黄□　aŋ⁵⁵sin¹³（较小，全身黄色）

老鼠　lɤɯ¹³tʃhy⁴²

猫儿　miũ¹³

蛇　ɕi:ɐ⁵⁵

蛇□儿　ɕi:ɐ⁵⁵tshɿn¹³蜥蜴

鸟　ȵio⁴²

麻□儿　mu:ɐ⁵⁵laŋ¹³麻雀

　　□□儿　mi:ɐ⁵⁵laŋ¹³

貂□　tiu³¹¹la⁵⁵松鼠

　　松鼠　sɛn³¹¹⁻³³tʃhy⁴²

飞鹊　fi³¹¹⁻³³siu²¹²喜鹊

　　喜鹊　ɕi⁴²siu²¹²

老鸦　lɤɯ¹³ŋɔ³¹¹乌鸦

老鹰　lɤɯ¹³in³¹¹

猫儿头鹰　miũ¹³thiu⁵⁵in³¹¹

啄树鸟　tsɔ³¹¹ʃy³¹¹ȵio⁴²啄木鸟

斑鸠　pu:ɐ³¹¹⁻³³tɕiu³¹¹

燕儿　i:ɐn¹³燕子

雁　　ŋɔ³¹¹

　野鸭　i:ɐ¹³ŋɔ²¹²

鸽儿　kɤːn¹³鸽子

鹌鹑儿　u:ɐ³¹¹⁻³³tʃhyin¹³鹌鹑

鹦鹉　ia³¹¹⁻³³vu⁴²

八八儿　puːɐ³¹¹⁻³³puːɐn¹³八哥

嘴筒　tsi⁴²tɛn⁵⁵鸟嘴

布谷鸟　pu⁵⁵⁻²¹ku²¹²⁻¹³n̠io⁴²

夜鹰　i:ɐ³¹¹⁻³³in³¹¹

鹤　　xo³¹¹

野鸡　i:ɐ¹³tʃe³¹¹

野鸭　i:ɐ¹³ŋɔ²¹²

鸬鹚　lu⁵⁵tshɿ⁵⁵

鹭鸶　lu³¹¹⁻³³tshɿ⁵⁵

老鼠□翼　lɤɯ¹³tʃhy⁴²pa²¹²⁻¹³ie³¹¹蝙蝠

□翼　pa²¹²⁻¹³ie³¹¹翅膀

（3）虫类

黄□　xɑŋ⁵⁵khua⁴²蚯蚓

蚂蚁　muːɐ¹³n̠i¹³

蛛蛛　tʃy³¹¹⁻³³tʃy³¹¹蜘蛛

蚊虫　mɛn⁵⁵tshɛn⁵⁵蚊子

苍蝇　tshɑŋ³¹¹⁻³³ia⁵⁵

虼蚤　kɤɯ²¹²⁻¹³tsɤɯ⁴²跳蚤

虱　　sɿ²¹²虱子

□蟆　kɑŋ³¹¹⁻³³muːɐ⁵⁵青蛙

□蟆团儿　kɑŋ³¹¹⁻³³muːɐ⁵⁵n̠iɛn¹³蝌蚪

癞□蟆　lɔ³¹¹⁻³³kɑŋ³¹¹⁻³³muːɐ⁵⁵癞蛤蟆

蚕儿　tshaŋ⁵⁵

蚕儿蛾儿　tshaŋ⁵⁵ŋõ⁵⁵蚕蛹

蚕儿屎　tshaŋ⁵⁵sɿ⁴²蚕沙（家蚕的屎）

□蝎　su:ɐ³¹¹ɕi:ɐ²¹²蝎子

毛虫　mɤɯ⁵⁵tshɛn⁵⁵毛毛虫

打船□儿　ta⁴²ʃy:ɐ⁵⁵tshi:n¹³孑孓

蝗虫　aŋ⁵⁵tshɛn⁵⁵

火螂□　xo⁴²laŋ⁵⁵kaŋ⁵⁵螳螂

壁虎　pe²¹²⁻¹³xu⁴²

油虫　iu⁵⁵tshɛn⁵⁵蟑螂

□蚣　ȵiu⁵⁵kɛn³¹¹蜈蚣

蜒□□　i:ɐ³¹¹i³¹¹lo⁵⁵蜗牛

蟋蟀　si²¹²⁻¹³si²¹²蟋蟀

木虱　m³¹¹⁻³³sʅ²¹²臭虫

臭屁虫　tɕhiu⁵⁵phi⁵⁵tshɛn⁵⁵臭大姐儿

　九香虫　tɕiu⁴²ʃaŋ³¹¹⁻³³tshɛn⁵⁵（入药称呼）

糖蜂　thaŋ⁵⁵fɛn³¹¹蜜蜂

马蜂　mu:ɐ¹³fɛn³¹¹

　玻璃蜂　po³¹¹⁻³³li⁵⁵fɛn³¹¹

叮　ta³¹¹（马蜂）蜇人

蜂窠　fɛn³¹¹⁻³³kho³¹¹蜂窝

蜜糖　mi³¹¹thaŋ⁵⁵蜂蜜

　蜂蜜　fɛn³¹¹⁻³³mi³¹¹

火□虫　xo⁴²iaŋ³¹¹tshɛn⁵⁵萤火虫

蛇□儿　ɕi:ɐ⁵⁵tshʅn¹³蜥蜴

土鳖　thu⁴²pi:ɐ²¹²（可入药，又叫地鳖）

搞屎虫　ko¹³sʅ⁴²tshɛn⁵⁵蜣螂

蛆　tshi³¹¹肉虫（米里的米色虫）

蚜虫　ŋɔ⁵⁵tshɛn⁵⁵

灶司马　tsɤɯ⁵⁵⁻⁴²sʅ³¹¹mu:ɐ¹³灶蟋蟀（状似蟋蟀，常出没于厨房，当地传说灶蟋蟀是灶神老爷的马）

□□莺　pu²¹²⁻²¹tsʅ³¹¹⁻³³ia³¹¹蝉

打火虫　ta⁴²⁻¹³xo⁴²tshɛn⁵⁵灯蛾

花□叶儿　xu:ɐ³¹¹⁻³³pa⁵⁵⁻²¹i:ɐn¹³花大姐（学名"瓢虫"）

蝴蝶　xu⁵⁵ti:ɐ³¹¹

□儿□　kaŋ¹³kɤɯ³¹¹蜻蜓

（4）鱼虾类

鱼　ȵy⁵⁵

鲤鱼　li¹³ȵy⁵⁵

草鱼　tshɤɯ⁴²ȵy⁵⁵

鲫鱼　tse²¹²⁻²¹ȵy⁵⁵

鳊鱼　pi:ɐ⁴²ȵy⁵⁵

　昌鱼　tʃaŋ³¹¹ȵy⁵⁵

黄鱼　aŋ⁵⁵ȵy⁵⁵

鳜鱼　tʃye⁵⁵ȵy⁵⁵

鳗□　mu:ɐ³¹¹le⁵⁵鳗鱼

带鱼　ta⁵⁵ȵy⁵⁵

鲈鱼　lu⁵⁵ȵy⁵⁵

鲥鱼　sʅ⁵⁵ȵy⁵⁵

鲇鱼　ȵi:ɐ⁵⁵ȵy⁵⁵

青□　tsha³¹¹liu⁵⁵白鲦鱼

乌鱼　u³¹¹ȵy⁵⁵黑鱼

埋伏鱼　ma⁵⁵fu³¹¹ȵy⁵⁵墨鱼

鱿鱼　iu³¹¹⁻³³ȵy⁵⁵

胖头鲢　phaŋ⁵⁵thiu⁵⁵li:ɐ⁵⁵胖头鱼

金鱼　tɕin³¹¹⁻³³ȵy⁵⁵

泥鳅　ȵie⁵⁵tshiu³¹¹

鳝鱼　ɕi:ɐ⁵⁵ȵy⁵⁵

鲞鱼　ʃaŋ⁴²ȵy⁵⁵鲞（剖开晒干的鱼）

鳞　lin⁵⁵鱼鳞

鱼□　ȵy⁵⁵tshɔ⁵⁵鱼刺

鱼泡泡儿　ȵy⁵⁵pho³¹¹phõ¹³鱼鳔儿

猪尿脬　tʃy³¹¹⁻³³si³¹¹⁻³³pho³¹¹

　小肚　siu⁴²tu¹³

鱼□翼　ȵy⁵⁵pa²¹²⁻¹³ie³¹¹鳍

鱼腮　ȵy⁵⁵suːɐ³¹¹

鱼子　ȵy⁵⁵tsɿ⁴²鱼卵

鱼秧　ȵy⁵⁵iaŋ³¹¹鱼苗儿

钓鱼　tiu⁵⁵ȵy⁵⁵

鱼竿儿　ȵy⁵⁵⁻⁴²kuːɐn¹³钓鱼竿儿

鱼钩儿　ȵy⁵⁵⁻⁴²tɕiũ¹³钓鱼钩儿

鱼篓　ȵy⁵⁵⁻⁴²liu¹³鱼篓儿

鱼网　ȵy⁵⁵⁻⁴²maŋ¹³

虾　xɔ³¹¹

虾仁　xɔ³¹¹in⁵⁵虾仁儿

虾米　xɔ³¹¹me¹³（小的）

　开洋　khuɤɯ³¹¹iaŋ⁵⁵（大的）

虾子　xɔ³¹¹⁻³³tsɿ⁴²（虾的卵，干制后做调味品）

□蟹　lo⁵⁵xa⁴²螃蟹

蟹黄　xa⁴²ɑŋ⁵⁵

蚌壳儿　pɛn³¹¹⁻³³khoːn¹³蛤蜊

乌龟　u³¹¹⁻³³tʃy³¹¹

鳖　piːɐ²¹²

蛢　tɕhi⁵⁵水蛭

螺蛳　lo⁵⁵sɿ³¹¹

七　房舍

（1）房子

住宅　tʃhy³¹¹⁻³³tsha³¹¹

做屋　tso⁵⁵vu²¹²造房子

屋　vu²¹²房子（整座的，不包括院子）

房　faŋ⁵⁵（单间）屋子

　房间　faŋ⁵⁵kɔ³¹¹

房　faŋ⁵⁵卧室

院　yːɐ³¹¹院子

围墙　y⁵⁵tshiaŋ⁵⁵院墙

屏风墙　pa⁵⁵fɛn³¹¹tshiaŋ⁵⁵影壁

板壁　puːɐ⁴²pe²¹²木板做的墙壁

外间　ŋa³¹¹kɔ³¹¹

里间　li¹³kɔ³¹¹

正屋　tʃa⁵⁵vu²¹²正房

厢房　siaŋ³¹¹⁻³³faŋ⁵⁵

堂前　taŋ⁵⁵tshiːɐ⁵⁵客厅

平房　pha⁵⁵faŋ⁵⁵

楼房　liu⁵⁵faŋ⁵⁵

洋房　iɑŋ⁵⁵faŋ⁵⁵（旧指新式楼房）

阁□梯儿　ko²¹²lin⁵⁵thuːɐn³¹¹楼梯

阁上　ko²¹²ʃaŋ¹³楼上

阁下　ko²¹²xɔ¹³楼下

梯儿　thuːɐn¹³梯子（可移动的）

门楼　mɛn⁵⁵liu⁵⁵门楼儿（大门儿上边牌楼式的顶）

阳台　iɑŋ⁵⁵tuːɐ⁵⁵

晒台　sa⁵⁵tuːɐ⁵⁵

亭　ta⁵⁵凉亭

　路亭　lu³¹¹ta⁵⁵

草棚　tshɤɯ⁴²phɛn⁵⁵棚子

柴屋儿　sa⁵⁵vuːn¹³草房（用茅草搭起的房子）

柴房　sa⁵⁵faŋ⁵⁵

（2）房屋结构

房脊　vu²¹²⁻¹³tse²¹²

屋顶　vu²¹²⁻¹³ta⁴²房顶（站在～上）

屋檐　vu²¹²⁻²¹iːɐ⁵⁵房檐儿

屋角　vu²¹²⁻¹³ko²¹²马头（防火墙的头）

　屏风　pa⁵⁵fɛn³¹¹

梁　liaŋ⁵⁵

桁头　xa⁵⁵thiu⁵⁵檩

橡树儿　tʃhy:ɐ⁵⁵ʃy:n¹³橡子

屋柱　vu²¹²tʃhy¹³柱子

屋柱礅　vu²¹²⁻²¹tʃhy¹³saŋ⁴²柱下石

　石礅　se³¹¹saŋ⁴²

阶级　ka³¹¹⁻³³tɕi²¹²台阶儿

天花板　thi:ɐ³¹¹⁻³³xu:ɐ³¹¹⁻³³pu:ɐ⁴²

正门　tsa⁵⁵mɛn⁵⁵

后门　ɕiu¹³mɛn⁵⁵

　后门　xɤɯ¹³mɛn⁵⁵

边门　pi:ɐ³¹¹mɛn⁵⁵

门口儿　mɛn⁵⁵tshi:n¹³门槛儿

门后屇　mɛn⁵⁵xɤɯ¹³i:ɐ²¹²门后（门扇的后面）

门栓　mɛn⁵⁵su:ɐ³¹¹

锁　so⁴²

锁匙　so⁴²sʅ⁵⁵钥匙

窗台　tshaŋ³¹¹⁻³³tu:ɐ⁵⁵

门扇　mɛn⁵⁵ɕi:ɐ⁵⁵

槛儿窗　khaŋ¹³tshaŋ³¹¹窗子

走廊　tsɤɯ⁴²laŋ⁵⁵

通道　thɛn³¹¹thɤɯ¹³过道

楼道　liu⁵⁵thɤɯ¹³

楼板　liu⁵⁵pu:ɐ⁴²

（3）其他设施

□下　tsho⁴²xɔ¹³厨房

镬灶　o³¹¹tsɤɯ⁵⁵灶

　□镬　se³¹¹o³¹¹

灶司老爷　tsɤɯ⁵⁵sʅ³¹¹lɤɯ¹³i:ɐ⁵⁵灶神

　灶司菩萨　tsɤɯ⁵⁵sʅ³¹¹pu⁵⁵sɔ²¹²

屎缸　ʂʅ⁴²kɑŋ³¹¹

　茅司　mo⁵⁵ʂʅ³¹¹厕所

磨房　mo³¹¹⁻³³fɑŋ⁵⁵

马棚　muːɐ¹³phɛn⁵⁵

牛栏　niu⁵⁵lɔ⁵⁵牛圈

猪栏　tʃy³¹¹⁻³³lɔ⁵⁵猪圈

猪食槽　tʃy³¹¹⁻³³ʂʅ³¹¹⁻³³tshɤɯ⁵⁵

羊栏　iɑŋ⁵⁵lɔ⁵⁵羊圈

狗窠　tɕiu⁴²kho³¹¹狗窝

鸡□　tʃe³¹¹⁻³³suːɐ⁵⁵鸡窝

鸡笼　tʃe³¹¹⁻³³lɛn⁵⁵鸡罩（竹子编的，罩鸡的器具）

巢　kho³¹¹（鸟）窝

柴堆　sa⁵⁵tuːɐ³¹¹柴草垛

　草堆　tshɤɯ⁴²tuːɐ³¹¹

八　器具、用品

（1）一般家具

家具　kɔ³¹¹⁻³³tʃy³¹¹

橱　tʃhy⁵⁵较高，衣橱、书橱、碗橱等

柜　tʃy³¹¹较低，衣柜

桌　tso²¹²桌子

圆桌　yːɐ⁵⁵⁻⁴²tso²¹²

方桌　fɑŋ³¹¹tso²¹²

靠花桌　khɤɯ⁵⁵xuːɐ³¹¹tso²¹²条案（一种狭长的桌）

饭桌　fuːɐ³¹¹tso²¹²吃饭桌

办公桌　puːɐ³¹¹⁻³³kɛn³¹¹tso²¹²

桌布　tso²¹²⁻²¹pu⁵⁵台布（铺在桌面上的布）

桌围　tso²¹²⁻²¹y⁵⁵（挂在桌子前面的布）围桌

橱□　tʃhy⁵⁵te⁵⁵抽屉

　抽□　tɕhiu³¹¹⁻³³te⁵⁵

椅 i⁴²椅子

挺椅 tha⁴²⁻¹³i⁴²

摇椅 io⁵⁵i⁴²躺椅

　挺椅 tha⁴²⁻¹³i⁴²

挺椅背 tha⁴²⁻¹³i⁴²pɣɯ⁵⁵椅子背儿

凳 tɛn¹³凳子

长凳 tʃaŋ⁵⁵tɛn¹³

方凳 faŋ³¹¹tɛn¹³

　□牌凳 ko²¹²pa⁵⁵tɛn¹³

踏脚凳 thɔ²¹²⁻²¹tʃo²¹²⁻²¹tɛn¹³放在床前的长条形矮凳

小板凳 siu⁴²puːɐ⁴²⁻²¹tɛn¹³小板凳儿

圆凳 yːɐ⁵⁵tɛn¹³

高凳 kɣɯ³¹¹tɛn¹³高凳子

折凳 tɕiːɐ²¹²⁻²¹tɛn¹³马扎

草蒲团 tshɣɯ⁴²phu⁵⁵tuːɐ⁵⁵蒲团

（2）卧室用具

床 saŋ⁵⁵

铺板 phu⁵⁵puːɐ⁴²（一块块的木板，用来拼搭床铺）

竹床 tɕiu²¹²⁻²¹saŋ⁵⁵

蚊帐 mɛn⁵⁵tʃaŋ⁵⁵

　蚊□帐 mɛn⁵⁵tɕin³¹¹⁻³³tʃaŋ⁵⁵蚊帐

蚊帐钩 mɛn⁵⁵tʃaŋ⁵⁵tɕiu³¹¹

蚊檐 mɛn⁵⁵iːɐ⁵⁵帐檐儿

毯 thaŋ¹³毯子、被单

　毛毯 mɣɯ⁵⁵thaŋ¹³

被 phi¹³被子

被窝 phi¹³o³¹¹被窝儿（为睡觉叠成的长筒形的被子）

被底 phi¹³te⁴²被里

被面 phi¹³miːɐ³¹¹

棉花絮 miːɐ⁵⁵xuːɐ³¹¹si⁵⁵棉花胎（棉被的胎）

床单　saŋ⁵⁵tɔ³¹¹

□被　thɔ³¹¹⁻³³phi¹³褥子

草席　tshɤɯ⁴²se³¹¹（草编的席子）

竹席　tɕiu²¹²se³¹¹（竹篾编的）

枕头　tsin⁴²⁻²¹thiu⁵⁵

枕头套　tsin⁴²⁻²¹thiu⁵⁵thɤɯ⁵⁵枕套儿

枕头胆　tsin⁴²⁻²¹thiu⁵⁵tɔ⁴²枕头心儿

梳妆台　su⁵⁵tsaŋ³¹¹tuːɐ⁵⁵

镜　tʃo⁵⁵镜子

手提箱　siu⁴²te⁵⁵siaŋ³¹¹

竹笐　tɕiu²¹²xaŋ³¹¹晒衣服用的竹竿

衣裳架　i³¹¹⁻³³ʃaŋ⁵⁵kɔ⁵⁵晾衣架

尿盆　si³¹¹⁻³³phɛn⁵⁵马桶

　百子桶　pa²¹²⁻¹³tsɿ⁴²thɛn⁴²（作嫁妆时称）

尿壶　si³¹¹⁻³³xu⁵⁵夜壶

尿盆架　si³¹¹⁻³³phɛn⁵⁵kɔ⁵⁵尿盆（小孩用的）

手炉　ɕiu⁴²lu⁵⁵

火盆　xo⁴²phɛn⁵⁵

火桶　xo⁴²thɛn⁵⁵（人坐上面取暖）

　火箱　xo⁴²siaŋ³¹¹

火□　xo⁴²tshɛn¹³火篮

热水瓶儿　ȵiːɐ³¹¹ʃy⁴²pɛn⁵⁵暖水瓶

烫□子　thaŋ⁵⁵po³¹¹tsɿ⁰汤婆子

　热水壶　ȵiːɐ³¹¹ʃy⁴²xu⁵⁵

（3）炊事用具

风箱　fɛn³¹¹⁻³³siaŋ³¹¹

通条　thɛn³¹¹⁻³³thiu⁵⁵（通炉子的）火钳

火箸儿　xo⁴²tʃhyːn¹³火筷子

火锹　xo⁴²ɕiːɐ³¹¹火铲（铲炉灰用的）

柴　sa⁵⁵

柴草　sa⁵⁵tshɤɯ⁴²

稻秆　thɤɯ¹³kua⁴²

麦秸　ma³¹¹⁻³³tɕi⁵⁵

芦稷秆　lu⁵⁵tse⁵⁵kua⁴²高粱秆儿

豆儿稷　thiːn¹³tɕi⁵⁵豆秸

锯屑　tʃy⁵⁵siːɐ²¹²锯末

□儿皮　phɤːn³¹¹phi⁵⁵木札，刨花

火柴　xo⁴²sa⁵⁵

　洋火　iaŋ⁵⁵xo⁴²

镬煤子　o³¹¹⁻³³me¹³tsʅ⁰锅烟子

烟囱　iːɐ³¹¹tshɛn³¹¹

镬　o³¹¹锅

白铁镬　pha⁵⁵thiːɐ¹³o³¹¹铝锅

砂壳儿　sɔ³¹¹khoːn¹³沙锅

大镬　tho³¹¹⁻³³o³¹¹大锅

小镬　siu⁴²o³¹¹小锅

□铫　thiːɐ⁴²thiu³¹¹炒菜用的锅

镬盖　o³¹¹kuɤɯ⁵⁵锅盖

镬铲儿　o³¹¹⁻³³tʃhaŋ¹³锅铲

水壶　ʃy⁴²xu⁵⁵（烧开水用）

碗　uːɐ⁴²

大汤碗　tho³¹¹⁻¹³taŋ³¹¹⁻¹³uːɐ⁴²海碗

茶盅　tsɔ⁵⁵tsɛn³¹¹瓷的、带把儿的茶杯

茶杯儿　tsɔ⁵⁵pɤːn¹³不带把儿的茶杯

茶碗儿　tsɔ⁵⁵uːɐn¹³泡茶用的小碗

茶托　tsɔ⁵⁵tho²¹²（瓷的碟形的）

小碟儿　siu⁴²thiːɐn¹³碟子

　小盘儿　siu⁴²phuːɐn⁵⁵

饭瓢儿　fuːɐ³¹¹⁻³³phiũ⁵⁵饭勺（盛饭用的）

瓢儿　phiũ⁵⁵金属制的小勺，也指汤匙

瓦瓢儿　ŋɔ¹³phiũ⁵⁵陶制的小勺

盖　kuɤɯ⁵⁵盖子

筷儿　khuɛn¹³筷子

筷儿筒　khuɛn¹³tɛn⁵⁵筷笼（放筷子用的）

酒杯儿　tsiu⁴²pɤːn¹³

盘儿　phuːɐn⁵⁵盘子

酒壶　tsiu⁴²xu⁵⁵（茶壶形的）

酒坛儿　tsiu⁴²thuːɐn⁵⁵酒坛子

坛儿　thuːɐn⁵⁵坛子

罐　kuːɐ⁵⁵罐子

水瓢儿　ʃy⁴²phiũ⁵⁵舀水勺（铁制的）

　水筒　ʃy⁴²tɛn⁵⁵舀水勺（竹制的）

笊篱　tsɤɯ⁵⁵li⁵⁵

陶箕　thɤɯ⁵⁵tɕi³¹¹筲箕

瓶儿　pɛn⁵⁵瓶子

瓶儿盖　pɛn⁵⁵kuɤɯ⁵⁵瓶盖儿

礤　tshɔ²¹²礤床

菜刀　tshuːɐ⁵⁵tɤɯ³¹¹

　□刀　phi⁵⁵tɤɯ³¹¹

刀板　tɤɯ³¹¹⁻³³puːɐ⁴²砧板

面板　miːɐ³¹¹⁻³³puːɐ⁴²案板（做面食用的，可以移动的）

　面台　miːɐ³¹¹⁻³³tuːɐ⁵⁵案板（台子状的）

水桶　ʃy⁴²thɛn⁴²（挑水用的）

研槽　n̠iːɐ³¹¹⁻³³tshɤɯ⁵⁵研船（铁制研药材用具，船形）

饭桶　fuːɐ³¹¹⁻³³thɛn⁴²（装饭的桶）

蒸笼　tsin³¹¹⁻³³lɛn⁵⁵

竹□　tɕiu²¹²liːɐ⁴²箅子（蒸食物用的）

卷筒　tʃyːɐ⁴²tɛn⁵⁵擀面槌

　粿儿□　koːn¹³luːɐ³¹¹

面棍　miːɐ³¹¹⁻³³kuɛn⁵⁵擀面杖儿

饭甑　fuːɐ³¹¹⁻³³tsa⁵⁵甑子

水缸　ʃy⁴²kaŋ³¹

猪泔水　tʃy³¹¹⁻³³kɛn³¹¹⁻³³ʃy⁴²泔水

泔水缸　kɛn³¹¹⁻³³ʃy⁴²kɑŋ³¹¹

揩桌布　kha³¹¹⁻³³tso²¹²⁻²¹pu⁵⁵抹布

　　抹镬布　mu:ɐ²¹²o³¹¹⁻³³pu⁵⁵灶台用的抹布

　　洗碗布　se⁴²⁻¹³u:ɐ⁴²pu⁵⁵

拖布　tho³¹¹⁻³³pu⁵⁵拖把

□盒　tsɔ⁵⁵xɤɯ³¹¹装瓜子等用的圆筐，竹制

　　□盘　tsɔ⁵⁵phu:ɐ⁵⁵装瓜子等用的圆筐，木制

碗架橱　u:ɐ⁴²kɔ⁵⁵tʃhy⁵⁵碗橱

首饰盒儿　çiu⁴²sʅ³¹¹⁻³³xɤx:n¹³

茶几儿　tsɔ⁵⁵tsi:n¹³茶几

棕绷　tsɛn³¹¹⁻³³pɛn³¹¹

自鸣钟　tshʅ⁵⁵ma⁵⁵tsɛn³¹¹座钟

□桌儿　tɕin³¹¹⁻³³tsõ¹³长条几

（4）工匠用具

刨　po³¹¹刨子

斧头　fu⁴²thiu⁵⁵斧子

锯　tʃy⁵⁵

　　平锯　pha⁵⁵tʃy⁵⁵将树锯成板的锯子

凿　tsho³¹¹凿子

尺　tʃhe²¹²尺子

　　五尺竿　n¹³tʃhe²¹²⁻²¹ku:ɐ³¹¹

锛　pɛn³¹¹锛子

曲尺　tɕhiu²¹²⁻¹³tʃhe²¹²

摺尺　tɕi:ɐ²¹²⁻³tʃhe²¹²

卷尺　tɕy:ɐ⁴²tʃhe²¹²

墨斗　me³¹¹⁻³³tiu⁴²

墨斗线　me³¹¹⁻³³tiu⁴²si:ɐ⁵⁵

钉　ta³¹¹

　　铁儿钉　thi:ɐn¹³ta³¹¹

洋钉　iaŋ⁵⁵ta³¹¹

钳　tɕiːɐ⁵⁵钳子

老虎钳　lɤɯ¹³xu⁴²tɕiːɐ⁵⁵用来起钉子或夹断铁丝

铁锤　thiːɐ²¹²tʃhy⁵⁵锤子

夹钳　kɔ²¹²tɕiːɐ⁵⁵镊子

索　so²¹²绳子

　鞋绳　xa⁵⁵sin⁵⁵

交连　ko³¹¹⁻³³liːɐ⁵⁵合叶

砖刀　tʃyːɐ³¹¹⁻³³tɤɯ³¹¹瓦刀

灰夹　xuɤɯ³¹¹⁻³³kɔ²¹²抹子

泥板　n̠ie⁵⁵puːɐ⁴²（瓦工用来盛抹墙物的木板）

　擦板　tshɔ²¹²⁻¹³puːɐ⁴²

泥刷儿　n̠ie⁵⁵suːɐn¹³麻刀（抹墙用的碎麻，放在泥灰中增加凝聚力）

泥桶　n̠ie⁵⁵thɛn⁴²灰兜子

铁砧　thiːɐ²¹²⁻¹³tsin³¹¹砧子（打铁时垫铁块用）

剃头刀儿　the⁵⁵thiu⁵⁵tɤːn¹³剃刀

推剪　thuːɐ³¹¹⁻³³tsiːɐ⁴²推子

鐾刀布　pe³¹¹⁻³³tɤɯ³¹¹⁻³³pu⁵⁵

缝衣机　fɛn⁵⁵iˑ³¹¹tɕi³¹¹缝纫机

熨斗　y¹³tiu⁴²

　熨□　y¹³sʅ⁵⁵烙铁（旧）

剃头剪　the⁵⁵thiu⁵⁵tsiːɐ⁴²理发剪

剪　tsiːɐ⁴²剪子

剃头椅　the⁵⁵thiu⁵⁵iˑ⁴²理发椅

梳　su³¹¹梳子

棉花弓　miːɐ⁵⁵xuːɐ³¹¹kɛn³¹¹（弹棉花）弓子

纺纱车　faŋ⁴²⁻⁵⁵sɔ³¹¹tɕhiːɐ³¹¹纺车

织布机　tsʅ²¹²⁻²¹pu⁵⁵tɕiˑ³¹¹（旧式的）

梭　so³¹¹（织布用的）

（5）其他生活用品

物事　mɤɯ³¹¹⁻³³sʅ³¹¹东西

洗面水　se⁴²mi:ɐ³¹¹⁻³³ʃy⁴²洗脸水

面盆　mi:ɐ³¹¹⁻³³phɛn⁵⁵脸盆

面盆架　mi:ɐ³¹¹⁻³³phɛn⁵⁵kɔ⁵⁵脸盆架

浴盆　iu³¹¹phɛn⁵⁵洗澡盆

　　洗浴盆　se⁴²iu³¹¹phɛn⁵⁵

香肥皂　ʃaŋ³¹¹⁻³³fi⁵⁵tshɤɯ¹³香皂

肥皂粉　fi⁵⁵tshɤɯ¹³fɛn⁴²洗衣粉

　　洗衣粉　se⁴²·i³¹¹⁻³³fɛn⁴²

手巾　ɕiu⁴²tɕin³¹¹毛巾

肥皂　fi⁵⁵tshɤɯ¹³

滚水　kuɛn¹³ɕy⁴²热水（不是100度的）

脚盆　tʃo²¹²phɛn⁵⁵洗脚盆（洗脚用的）

揩脚布　kha³¹¹⁻³³tʃo²¹²pu⁵⁵擦脚布

气油灯　tɕhi⁵⁵iu⁵⁵ta³¹¹气灯

蜡烛　lɔ³¹¹⁻³³tɕiu²¹²

洋油灯　iɑŋ⁵⁵iu⁵⁵ta³¹¹煤油灯（有玻璃罩的）

　　□□灯　me⁴²fu⁵⁵ta³¹¹

灯心　ta³¹¹sin³¹¹

灯罩儿　ta³¹¹tsõ:n¹³灯罩

灯盏　ta³¹¹tsɔ⁴²

　　油盏　iu⁵⁵tsɔ⁴²

油心　iu⁵⁵sin³¹¹灯草

灯油　ta³¹¹⁻³³iu⁵⁵（煤油）

煤油　mɤɯ⁵⁵iu⁵⁵

　　洋油　iɑŋ⁵⁵iu⁵⁵

灯笼　ta³¹¹⁻³³lɛn⁵⁵

电筒　ti:ɐ³¹¹⁻³³tɛn⁵⁵手电筒

手提包　ɕiu⁴²te⁵⁵po³¹¹

　　掼包　ku:ɐ³¹¹po³¹¹

皮夹儿　phi⁵⁵khaŋ¹³钱包

私章　sɿ³¹¹⁻³³tʃaŋ³¹¹图章（私人用的）

望远镜　mɑŋ³¹¹ yːɐ¹³ tʃa⁵⁵

面糊　miːɐ³¹¹⁻³³ u⁵⁵浆糊

指指儿□　tsʅ⁴² tsʅn¹³ tiu³¹¹顶针儿

　顶针箍儿　tɛn⁴² tsin³¹¹⁻³³ khũ¹³

针屁股　tsin³¹¹⁻³³ phi⁵⁵ ku⁴²针鼻儿（针上引线的孔）

　针孔　tsin³¹¹⁻³³ khɛn⁴²

（鞋）布□儿　（xa⁵⁵）pu⁵⁵lɤːn¹³针线筐

线轴　siːɐ⁵⁵⁻⁴² tɕiu³¹¹线轴儿

针□儿　tsin³¹¹⁻³³ miũ¹³针尖

针脚　tsin³¹¹⁻³³ tʃo²¹²

穿针（动宾）　tʃyːɐ³¹¹⁻³³ tsin³¹¹

针钻儿　tsin³¹¹ tsuːɐn¹³锥子

耳朵□儿　ɤɯ¹³ to⁴² xuːɐn¹³耳挖子

擦（衣）板　tshɔ²¹²⁻¹³（i³¹¹⁻³³）puːɐ⁴²洗衣板儿

榔槌　laŋ⁵⁵ tʃhy⁵⁵棒槌（洗衣服用的）

鸡毛帚　tʃe³¹¹⁻³³ mɤɯ⁵⁵ tɕiu¹³鸡毛掸子

扇　ɕiːɐ⁵⁵扇子

　芭蕉扇　puːɐ³¹¹⁻³³ tsiu³¹¹⁻³³ ɕiːɐ⁵⁵蒲扇

拐儿　kuɛn¹³拐杖（中式的）

纸　tsʅ⁴²

草纸　tshɤɯ⁴²⁻¹³ tsʅ⁴²手纸

九　称谓

(1) 一般称谓

人　in⁵⁵

毛团儿　mɤɯ⁵⁵ ɲiːɐn¹³婴儿（刚生下不久的）

团儿伩家　ɲiːɐn¹³ le⁰ kɔ³¹¹小孩儿

男儿团儿　lɛn⁵⁵ ɲiːɐn¹³男孩儿

囡　lin¹³女孩儿

老人家　lɤɯ¹³ in⁵⁵ kɔ⁰老人

老物　lɤɯ¹³mɤɯ³¹¹（带贬意）

老太（婆）　lɤɯ¹³tha⁵⁵（pho⁵⁵）老太婆

老婆婆　lɤɯ¹³pho⁵⁵pho⁵⁵

老头　lɤɯ¹³thiu⁵⁵老头子（带贬意）

后生□儿　xɤɯ¹³sa³¹¹phõ¹³小伙子（未婚的）

囡□儿　lin¹³phõ¹³姑娘（未婚的）

城里人　sa⁵⁵li¹³in⁵⁵

乡下佬　ʃaŋ³¹¹xɔ¹³lɯ¹³乡巴佬（带贬意）

一家人　i²¹²⁻²¹kɔ³¹¹⁻¹³in⁵⁵一家子（同宗同姓的）

外地佬　ŋa³¹¹⁻³³thi³¹¹⁻³³lɤɯ¹³外地人

本地人　pɛn⁴²thi³¹¹⁻³³in⁵⁵

外国佬　ŋa³¹¹⁻³³kuɤɯ²¹²⁻²¹lɤɯ¹³外国人

自家人　tshɿ⁵⁵kɔ³¹¹⁻¹³in⁵⁵自己人

外人　ŋa³¹¹⁻³³in⁵⁵（不是自己人）

客人　kha²¹²in⁵⁵

人客　in⁵⁵kha²¹²

同庚　thɛn⁵⁵⁻⁴²tʃa³¹¹

同年　thɛn⁵⁵⁻⁴²n̠i:ɐ⁵⁵

同年哥　thɛn⁵⁵n̠i:ɐ⁵⁵kɔ³¹¹同年人

内行　lu:ɐ³¹¹⁻³³xɑŋ⁵⁵

外行　ŋa³¹¹⁻³³xɑŋ⁵⁵

半瓶儿醋　pu:ɐ⁵⁵pɛn⁵⁵tshu⁵⁵半瓶醋（比喻性说法）

荐客　tshi:ɐ⁵⁵⁻⁴²kha²¹²荐头（介绍佣人、奶妈等的介绍人）

老姑娘　lɤɯ¹³ku³¹¹⁻³³n̠iɑŋ⁵⁵

光□汉　ku:ɐ³¹¹⁻³³lu:ɐ¹³xu:ɐ⁵⁵光棍儿

二婚头　n³¹¹⁻³³xuɛn³¹¹thiu⁵⁵

寡妇　kua⁴²fu¹³

寡居妇　kua⁴²tʃy³¹¹fu¹³

鳏　ku:ɐ³¹¹（男）

婊子　piu⁴²tsɿ⁰

妼头　phɛn⁵⁵thiu⁵⁵

私生子　sʅ³¹¹⁻³³sa³¹¹⁻³³tsʅ⁴²

犯人　fuːɐ¹³in⁵⁵囚犯

□眼儿鬼　phin³¹¹ŋaŋ¹³tʃy⁴²㤉啬鬼

败子　pha³¹¹⁻³³tsʅ⁴²败家子

暴发户　po⁵⁵⁻⁴²fuːɐ²¹²⁻¹³xu¹³暴发户儿

丐食　khuɤɯ⁵⁵sʅ³¹¹乞丐

走江湖个　tsɤɯ⁴²kaŋ³¹¹⁻³³xu⁵⁵ka⁰走江湖的

　江湖客　kɑŋ³¹¹⁻³³xu⁵⁵kha²¹²

骗子　phiːɐ⁵⁵tsʅ⁰

流氓　liu⁵⁵maŋ⁵⁵

拐子　kua⁴²tsʅ⁰拍花子的（专门拐带小孩的）

土匪　thu⁴²⁻¹³fiˑ⁴²

牵拐儿　tɕhiːɐ³¹¹⁻³³kuɛn¹³拐骗小孩的人

做贼个　tso⁵⁵tshɤɯ³¹¹ka⁰小偷

　扒手　phuːɐ⁵⁵ɕiu⁴²

　三只手　sɔ³¹¹⁻³³tʃe²¹²⁻¹³ɕiu⁴²

　摸袋儿　mo⁴²⁻²¹tuːɐn¹³

强盗　tʃhaŋ⁵⁵tɤɯ³¹¹

长子　tʃaŋ⁵⁵tsʅ⁰高个子

光子　kaŋ³¹¹tsʅ⁰明眼人

瘦子　sɤɯ⁵⁵tsʅ⁰

（2）职业称谓

做事　tso⁵⁵sʅ³¹¹工作

工人　kɛn³¹¹⁻³³in⁵⁵

雇工　ku⁵⁵⁻⁴²kɛn³¹¹

长工　tʃɑŋ⁵⁵kɛn³¹¹

短工　tuːɐ⁴²kɛn³¹¹

零工　la⁵⁵kɛn³¹¹

种田佬　tsɛn⁵⁵thiːɐ⁵⁵lɤɯ¹³农民

　做粗佬　tso⁵⁵tshu³¹¹lɤɯ¹³

做生意个　tso⁵⁵sa³¹¹⁻³³i⁵⁵ka⁰做买卖的

老板　lɣɯ¹³puːɐ⁴²

老板娘　lɣɯ¹³puːɐ⁴²ȵiaŋ⁵⁵

　老板嫂　lɣɯ¹³puːɐ⁴²sɣɯ⁴²

东家　tɛn³¹¹kɔ³¹¹

学徒　xo³¹¹⁻³³thu⁵⁵

伙计　xo⁴²tʃe⁵⁵（店员或长工）

买物事个　ma¹³mɣɯ³¹¹⁻³³sʅ³¹¹⁻³³ka⁰顾客

小贩　siu⁴²fuːɐ⁵⁵

摆摊儿个　pa⁴²thaŋ¹³ka⁰摊贩

　摊儿贩　thaŋ¹³fuːɐ⁵⁵

先生　siːɐ³¹¹⁻³³sa³¹¹医生、教师

　风水先生　fɛn³¹¹⁻³³ʃy⁴²siːɐ³¹¹⁻³³sa³¹¹

　□地先生　tshɛn²¹²thi³¹¹siːɐ³¹¹⁻³³sa³¹¹

　地理先生　thi³¹¹⁻³³li⁴²siːɐ³¹¹⁻³³sa³¹¹

（学校）教员　kɔ⁵⁵yːɐ⁵⁵

大夫　tha³¹¹fu³¹¹医生（旧）

同学　thɛn⁵⁵⁻⁴²xo³¹¹

朋友　phɛn⁵⁵iu⁴²

兵　pa³¹¹（相对百姓而言）

警察　tʃa⁴²tshɔ²¹²

手艺人　ɕiu⁴²ȵie³¹¹⁻³³in⁵⁵

伙头　xo⁴²thiu⁵⁵厨师（旧）

剃头师父　the⁵⁵thiu⁵⁵sʅ³¹¹⁻³³fu¹³理发的

货郎　xo⁵⁵laŋ⁵⁵

　卖京货个　ma³¹¹⁻³³tʃa³¹¹⁻³³xo⁵⁵ka⁰

走信个　tsɣɯ⁴²sin⁵⁵ka⁰邮递员（长途的）

担信个　tɔ³¹¹⁻³³sin⁵⁵ka⁰邮递员（短途的）

挑夫　thiu³¹¹⁻³³fu³¹¹

　担夫　tɔ⁵⁵fu³¹¹

锡匠　se²¹²⁻¹³tshiaŋ³¹¹

铜匠　tɛn⁵⁵tshiaŋ³¹¹

打□个　ta⁴²tɕhi⁵⁵ka⁰铜碗的

补铜鳖　pu⁴²tɛn⁵⁵pi:ɐ²¹²补锅的

　补镬个　pu⁴²o³¹¹ka⁰

铁匠　thi:ɐ²¹²⁻¹³tshiaŋ³¹¹

做手艺个　tso⁵⁵ɕiu⁴²n̠i³¹¹⁻³³ka⁰工匠

木匠　m³¹¹⁻³³tshiaŋ³¹¹

　大木（盖房子的）　tho³¹¹⁻³³m³¹¹

　小木（打家具的）　siu⁴²m³¹¹

竹匠　tɕiu²¹²⁻¹³tshiaŋ³¹¹

石匠　se³¹¹⁻³³tshiaŋ³¹¹

裁缝　tshu:ɐ⁵⁵fɛn⁵⁵

砖儿匠　tʃy:ɐn³¹¹⁻³³tshiaŋ³¹¹瓦匠（砌墙、抹墙的）

窑匠　io⁵⁵tshiaŋ³¹¹

　砖儿瓦匠　tʃy:ɐn³¹¹⁻³³ŋɔ¹³tshiaŋ³¹¹

碓匠　tu:ɐ⁵⁵tshiaŋ³¹¹

开车个　khuɤɯ³¹¹⁻³³tɕhi:ɐ³¹¹⁻³³ka⁰司机

　师父　sɿ³¹¹⁻³³fu¹³

做手艺个　tso⁵⁵ɕiu⁴²n̠ie³¹¹⁻³³ka⁰工匠，匠人（统称）

解匠　ka⁵⁵tshiaŋ³¹¹锯木头的工匠

杀猪个　sɔ²¹²⁻¹³tʃy³¹¹ka⁰屠夫

打洋铁个　ta⁴²iaŋ⁵⁵⁻⁴²thi:ɐ²¹²ka⁰焊洋铁壶的

脚夫　tʃo²¹²⁻¹³fu³¹¹（搬运夫的旧称）

挑夫　thiu³¹¹⁻³³fu³¹¹

轿夫　tʃo³¹¹fu³¹¹

　抬轿胚　tu:ɐ⁵⁵tʃo³¹¹phɤɯ³¹¹

船家长　ʃy:ɐ⁵⁵kɔ³¹¹tʃaŋ⁴²艄工

　船上佬　ʃy:ɐ⁵⁵ʃaŋ¹³⁻²¹lɤɯ¹³（不太礼貌的称谓）

管家　ku:ɐ⁴²⁻³³kɔ³¹¹

伙计　xo⁴²⁻²¹tʃe⁵⁵（合作的人）

饲养员　tshɿ³¹¹iaŋ²¹²⁻¹³y:ɐ⁵⁵（旧名称）

奶姨　la³i⁵⁵ 奶妈

奶爷　la¹³iːɤ⁵⁵（奶妈之夫）

仆人　phu⁴²in⁵⁵

　佣人　in³¹¹in⁵⁵

□□　phi⁴²tshiːɤ²¹² 女仆

丫头　ŋɔ³¹¹⁻³³thiu⁵⁵ 丫环

生婆　sa³¹¹⁻³³pho⁵⁵ 接生婆

媒婆　mɤɯ⁵⁵pho⁵⁵ 媒人

　媒人　mɤɯ⁵⁵in⁵⁵

巫婆　u³¹¹⁻³³pho⁵⁵

孤老　ku³¹¹⁻³³lɤɯ¹³ 无子女的老人

学生　xo³¹¹⁻³³sa³¹¹

新人　sin³¹¹⁻³³n̴in⁵⁵ 新娘子

和尚　xo⁵⁵ʃaŋ³¹¹

尼姑　n̴i⁵⁵ku³¹¹

道士　thɤɯ¹³sɿ¹³（出家的道教徒）

十　亲属

（1）长辈

长辈　tʃaŋ⁴²pɤɯ⁵⁵

太朝　tha⁵⁵tʃo⁵⁵ 曾祖父

太奶儿　tha⁵⁵lɛn¹³ 曾祖母

阿朝　a²¹²⁻²¹tʃo⁵⁵ 祖父

　老爷儿　lɤɯ¹³iːɐn⁵⁵

　老朝　lɤɯ¹³tʃo⁵⁵

　朝朝　tʃo⁵⁵tʃo⁵⁵（童语）

阿奶儿　a²¹²⁻²¹lɛn¹³ 祖母

　奶儿　lɛn¹³

　阿□　a²¹²⁻¹³pɤɯ¹³

　奶儿奶儿　lɛn¹³lɛn¹³（童语）

阿□　a²¹²⁻¹³vu³¹¹

外奶儿　ŋa³¹¹⁻³³lɛn¹³

外公　ŋa³¹¹⁻³³kɛn³¹¹外祖父

外婆　ŋa³¹¹⁻³³pho⁵⁵外祖母

阿□　a²¹²⁻²¹ia⁵⁵父亲（面称）

爸爸　pa³¹¹⁻³³pa³¹¹

爹爹　tiːɐ³¹¹⁻³³tiːɐ³¹¹

姆妈　m¹³ma³¹¹母亲（面称）

妈　ma³¹¹

老子　lɤɯ¹³tsɿ⁰父亲（背称）

母　m¹³母亲（背称）

娘　n̠iaŋ⁵⁵

老子母　lɤɯ¹³tsɿ⁰m¹³父母

父子　fu¹³tsɿ⁰

母子　m¹³tsɿ⁰

丈人　tʃhaŋ¹³n̠in⁵⁵岳父

丈母　tʃhaŋ¹³m¹³岳母

阿公　a²¹²⁻¹³kɛn³¹¹公公（夫之父）

公公　kɛn³¹¹⁻³³kɛn³¹¹

阿婆　a²¹²⁻²¹pho⁵⁵婆婆（夫之母）

晚爹　muːɐ¹³tiːɐ³¹¹继父

晚母　muːɐ¹³m¹³继母

养父　iaŋ¹³fu¹³

义父　n̠i³¹¹⁻³³fu¹³

养母　iaŋ¹³m¹³

义母　n̠i³¹¹⁻³³m¹³

义父老　n̠i³¹¹⁻³³fu¹³lɤɯ¹³养父母

阿伯　a²¹²⁻²¹pa¹³伯父

阿母　a²¹²⁻²¹m¹³伯母

阿□　a²¹²⁻²¹ia⁵⁵叔父（老）

叔□　çiu²¹²⁻²¹ia⁵⁵（多背后称呼）

阿婶儿　a$^{212-21}$sin^{13}叔母

阿娘　a$^{212-21}$ȵiaŋ^{55}姑妈

姨　i^{55}姨妈

　　阿姨　a$^{212-21}$i^{55}

大姨　tho$^{311-33}$i^{55}

小姨　siu^{42}i^{55}

姑□　ku$^{311-33}$ia^{55}姑夫

姨夫　i^{55}fu^{311}

舅□　tɕhiu^{13}ia^{55}舅父

舅母　tɕhiu^{13}m^{13}舅母

姻伯　in$^{311-33}$pa^{212}（弟兄的岳父、姐妹的公公）

姑婆　ku$^{311-33}$pho^{55}姑奶奶（父之姑母）

姨婆　i^{55}pho^{55}姨奶奶（父之姨母）

父母及伯父母、叔父母称呼：

阿□　a$^{212-21}$ia^{55}父亲

姆妈　m^{13}ma^{311}母亲

阿伯　a$^{212-21}$pa^{13}伯父

阿姆　a$^{212-21}$m^{13}伯母

大（阿）伯　tho^{311}（a$^{212-21}$）pa^{13}大伯父

二（阿）伯　n^{311}（a$^{212-21}$）pa^{13}二/小伯父

大（阿）姆　tho^{311}（a$^{212-21}$）m^{13}大伯母

二/小（阿）姆　n^{311}/siu^{42}（a$^{212-21}$）m^{13}二/小伯母

阿□　a$^{212-21}$ia^{55}叔父

阿婶儿　a$^{212-21}$sin^{13}叔母

（名＋）大阿□　tho^{311}a$^{212-21}$ia^{55}大叔父

二/小阿□　n^{311}/siu^{42}a$^{212-21}$ia^{55}二/小叔父

大婶儿　tho^{311}sin^{13}大叔母

二/小婶儿　n^{311}/siu^{42}sin^{13}二/小叔母

（2）平辈

平辈　pha^{55}pɤɯ^{55}

夫妻　　fu³¹¹⁻³³tshe³¹¹

老公　　lɤɯ¹³kɛn³¹¹丈夫

　　家里　　kɔ³¹¹⁻³³li¹³

老婆　　lɤɯ¹³pho⁵⁵妻子

　　家里　　kɔ³¹¹⁻³³li¹³

小老婆　　siu⁴²lɤɯ¹³pho⁵⁵

伯　　pa²¹²大伯子（夫之兄）

叔□　　ɕiu²¹²ia⁵⁵小叔子（夫之弟）

姑娘　　ku³¹¹⁻³³ȵiaŋ⁵⁵大姑子（夫之姐）、小姑子（夫之妹）

□□舅　　tshɔ³¹¹⁻³³me¹³tɕhiu¹³内兄弟（妻之兄弟）

大姨　　tho³¹¹⁻³³i⁵⁵大姨子

小姨　　siu⁴²i⁵⁵小姨子

兄弟　　ʃya³¹¹⁻³³the¹³弟兄

姐妹　　tsiːɐ⁴²mɤɯ³¹¹姊妹

叔伯母　　ɕiu¹³pa²¹²m¹³妯娌

连襟　　liːɐ⁵⁵tɕin³¹¹

哥　　ko³¹¹哥哥

　　阿哥　　a²¹²⁻¹³ko³¹¹

　　大□　　tho³¹¹laŋ³¹¹

嫂嫂　　sɤɯ⁴²⁻¹³sɤɯ⁴²嫂子

□　　tsa¹³姐姐

　　阿□　　a²¹²⁻²¹tsa¹³

姐夫　　tsiːɐ⁴²fu³¹¹

弟□　　the¹³laŋ³¹¹弟弟

弟妇　　the¹³fu¹³弟媳

□妹　　lin³¹¹mɤɯ³¹¹妹妹

　　妹妹　　mɤɯ³¹¹⁻³³mɤɯ³¹¹

妹夫　　mɤɯ³¹¹⁻³³fu³¹¹

隔房兄弟　　ka²¹²⁻²¹faŋ⁵⁵ʃya³¹¹the¹³堂兄弟

隔房老大　　ka²¹²⁻²¹faŋ⁵⁵lɤɯ¹³tho³¹¹堂兄

隔房老弟　　ka²¹²⁻²¹faŋ⁵⁵lɤɯ¹³the¹³堂弟

隔房姐妹　ka²¹²⁻²¹fɑŋ⁵⁵tsi:ɐ⁴²mɤɯ³¹¹堂姊妹

隔房老姐儿　ka²¹²⁻²¹fɑŋ⁵⁵lɤɯ¹³tsi:ɐn¹³堂姐

隔房□妹　ka²¹²⁻²¹fɑŋ⁵⁵li⁵⁵mɤɯ³¹¹堂妹

老表兄弟　lɤɯ¹³piu⁴²ʃya³¹¹the¹³表兄弟

　表兄弟　piu⁴²ʃya³¹¹the¹³

表兄　piu⁴²ʃya³¹¹

表嫂　piu⁴²⁻¹³sɤɯ⁴²

表弟　piu⁴²the¹³

老表姐妹　lɤɯ¹³piu⁴²tsi:ɐ⁴²mɤɯ³¹¹表姊妹

　表姐妹　piu⁴²tsi:ɐ⁴²mɤɯ³¹¹

表姐　piu⁴²⁻¹³tsi:ɐ⁴²

表妹　piu⁴²mɤɯ³¹¹

（3）晚辈

晚辈　u:ɐ¹³pɤɯ⁵⁵

子女　tsɿ⁴²⁻¹³ȵy⁴²（儿子和女儿的总称）

团儿　ȵi:ɐn¹³儿子

大儿子　tho³¹¹⁻³³ɤɯ⁵⁵tsɿ⁰

小儿子　siu⁴²ɤɯ⁵⁵tsɿ⁰

养子　iɑŋ²¹²⁻¹³tsɿ⁴²

　义子　ȵi³¹¹⁻³³tsɿ⁴²（过继的）

继子　tʃe⁵⁵tsɿ⁰

遗腹子　i⁵⁵fu²¹²⁻¹³tsɿ⁰

油兵卒儿　iu⁵⁵pa³¹¹tsi:n¹³拖油瓶

媳妇　se²¹²⁻²¹fu¹³儿媳妇（儿之妻）

讨老婆　thɤɯ⁴²lɤɯ¹³pho⁵⁵娶妻子

童养媳　tɛn⁵⁵iɑŋ²¹²⁻¹³se²¹²

　□年伴儿　tha⁵⁵ȵi:ɐ⁵⁵pu:ɐn¹³

囡　lin¹³女儿

囡婿　lin¹³se⁵⁵女婿

孙儿　su:ɐn¹³孙子

孙儿媳妇　su:ɐn¹³se²¹²⁻²¹lfu¹³

孙囡　su:ɐn³¹¹lin¹³孙女

孙囡婿　su:ɐn³¹¹lin¹³se⁵⁵孙女婿

□孙儿　tshe⁵⁵su:ɐn¹³重孙

□孙儿囡　tshe⁵⁵su:ɐn¹³lin¹³重孙女

外甥　ŋa³¹¹⁻³³sa³¹¹姐妹之子

外甥囡　ŋa³¹¹⁻³³sa³¹¹lin¹³外甥女（姐妹之女）、外孙女

外孙　ŋa³¹¹⁻³³su:ɐn³¹¹女之子

　外甥孙儿　ŋa³¹¹⁻³³sa³¹¹su:ɐn¹³

侄郎　tshʅ³¹¹⁻³³laŋ³¹¹内侄（妻的兄弟之子）

侄囡　tshʅ³¹¹⁻³³lin¹³内侄女（妻的兄弟之女）

(4) 其他

亲家　tshin³¹¹⁻³³kɔ³¹¹

亲家婆　tshin³¹¹⁻³³kɔ³¹¹pho⁵⁵亲家母

亲家公　tshin³¹¹⁻³³kɔ³¹¹kɛn³¹¹亲家翁

亲戚　tshin³¹¹⁻³³tshe²¹²

走亲戚　tsɤɯ⁴²tshin³¹¹⁻³³tshe²¹²

招亲　tʃo³¹¹⁻³³tshin³¹¹入赘

□□□　io³¹¹⁻³³pa³¹¹⁻³³tsin¹³带犊儿（妇女改嫁带的儿女）

男子家　lɔ⁵⁵tsʅ⁰kɔ⁰爷儿们（男子通称）

妇人家　fu¹³in⁵⁵kɔ⁰娘儿们（妇女通称）

母家　m¹³kɔ⁰娘家

婆家　pho⁵⁵kɔ⁰

男人家　lɔ⁵⁵in⁵⁵kɔ⁰男家（从外人角度说，婚姻关系中的男方）

妇人家　fu¹³in⁵⁵kɔ⁰女家（从外人角度说，婚姻关系中的女方）

外婆家　ŋa³¹¹⁻³³pho⁵⁵kɔ⁰姥姥家

丈母家　tʃhaŋ¹³⁻²¹m¹³kɔ⁰丈人家

　丈人家　tʃhaŋ¹³ȵin⁵⁵kɔ⁰

十一 身体

(1) 五官

身体 sin³¹¹⁻³³the⁴²

身□ sin³¹¹⁻³³kɑŋ¹³身材

头 thiu⁵⁵

光头 kɑŋ³¹¹⁻³³thiu⁵⁵秃头（头发掉光了的头）

　癫痫头 lɔ²¹²li³¹¹⁻³³thiu⁵⁵

秃顶 thu²¹²⁻¹³ta⁴²（掉了大量头发的头）

头顶 thiu⁵⁵ta⁴²

头脑顶 thiu⁵⁵lɤɯ¹³ta⁴²

后脑壳 çiu¹³lɤɯ¹³kho²¹²后脑勺子

　亘□ xɤɯ¹³tsɤɯ⁵⁵

头颈 thiu⁵⁵tʃa⁴²颈

后脑臁 çiu¹³lɤɯ¹³i:ɐ²¹²后脑窝子（颈后凹处）

头发 thiu⁵⁵fu:ɐ²¹²

少白头 ʃo⁵⁵pha³¹¹⁻³³thiu⁵⁵

□头发 tuɐ:n³¹¹thiu⁵⁵fu:ɐ³¹¹掉头发（动宾）

额头 ŋa²¹²⁻²¹thiu⁵⁵

　头脑壳 thiu⁵⁵lɤɯ¹³kho²¹²

太阳□ tha⁵⁵iaŋ⁵⁵i:ɐ³¹¹太阳穴

脑匙 lɤɯ¹³sʅ⁵⁵卤门

鬓角 pin³¹¹⁻³³ko²¹²

辫儿 pi:ɐn²¹²辫子

面貌 mi:ɐ³¹¹⁻³³mo³¹¹相貌

　七孔 tshi²¹²⁻¹³khɛn⁴²

□儿 tsu:ɐn¹³髻（中老年盘在脑后的鬏）

披头发儿 phi³¹¹⁻³³thiu⁵⁵fu:ɐn¹³刘海儿

面 mi:ɐ³¹¹脸

颧骨 tʃhy:ɐ⁵⁵⁻⁴²kuɤɯ²¹²

嘴腮　tsi⁴²suːɐ³¹¹腮帮子

　面嘴　miːɐ³¹¹⁻³³tsi⁴²

酒靥　tsiu⁴²iːɐ²¹²酒窝

人中　in⁵⁵⁻⁴²tsɛn³¹¹

眼眶　ŋɔ¹³khɑŋ³¹¹

眼儿睛　ŋaŋ¹³tsa³¹¹眼睛

眼睛珠　ŋɔ¹³tsa³¹¹tʃy³¹¹眼珠儿

白珠　pha³¹¹⁻³³tʃy³¹¹白眼珠儿

黑珠　xɤɯ²¹²⁻¹³tʃy³¹¹黑眼珠儿

瞳仁菩萨儿　tɛn⁵⁵in⁵⁵pu⁵⁵saŋ¹³瞳仁儿

眼睛角　ŋɔ¹³tsa³¹¹ko²¹²眼角儿（上下眼睑的接合处）

眼泪　ŋɔ¹³li³¹¹

眼睛屎　ŋɔ¹³tsa³¹¹sɿ⁴²眼眵

眼睛皮　ŋɔ¹³tsa³¹¹phi⁵⁵眼皮儿

单眼皮　tɔ³¹¹⁻³³ŋɔ¹³phi⁵⁵单眼皮儿

双眼皮　saŋ³¹¹⁻³³ŋɔ¹³phi⁵⁵双眼皮儿

眼儿睛毛　ŋaŋ¹³tsa³¹¹mɤɯ⁵⁵眼睫毛

眉毛　mi⁵⁵mɤɯ⁵⁵

皱眉毛　tsiu⁵⁵mi⁵⁵mɤɯ⁵⁵皱眉头（动宾）

鼻孔　phi³¹¹⁻³³khɛn⁴²鼻子（五官之一），鼻孔

鼻儿　phiːn³¹¹鼻涕（液体）

鼻孔屎　phi³¹¹⁻³³khɛn⁴²sɿ⁴²干鼻涕（鼻垢）

鼻毛　phi³¹¹⁻³³mɤɯ⁵⁵

鼻孔尖　phi³¹¹⁻³³khɛn⁴²tsiːɐ³¹¹鼻子尖儿（鼻子顶端）

鼻孔灵　phi³¹¹⁻³³khɛn⁴²la⁵⁵鼻子尖（嗅觉灵敏）

鼻孔梁　phi³¹¹⁻³³khɛn⁴²liaŋ⁵⁵鼻梁儿

鼻翼　phi³¹¹⁻³³iˑ³¹¹鼻翅儿

红鼻孔　xɛn⁵⁵phi³¹¹⁻³³khɛn⁴²酒糟鼻子

嘴　tsi⁴²嘴唇儿

舌　tɕiːɐ³¹¹

　舌头　tɕiːɐ³¹¹⁻³³thiu⁵⁵

舌苔　tɕiːɐ³¹¹⁻³³tuːɐ⁵⁵

口涎（水）　tɕhiu⁴²sa⁵⁵（ʃy⁴²）口水

□□　phi⁵⁵phɤɯ³¹¹唾沫

舌苔　tɕiːɐ³¹¹⁻³³tuːɐ⁵⁵

牙齿　ŋɔ⁵⁵tshʅ⁴²

门牙　mɛn⁵⁵ŋɔ⁵⁵

大牙　tho³¹¹⁻³³ŋɔ⁵⁵

　板牙　puːɐ⁴²ŋɔ⁵⁵

急□　tɕi²¹²⁻¹³lo⁴²大舌头（口齿不清）

虎牙　xu⁴²ŋɔ⁵⁵

牙垢　ŋɔ⁵⁵tɕhiu¹³

牙床　ŋɔ⁵⁵sɑŋ⁵⁵

虫牙　tshɛn⁵⁵ŋɔ⁵⁵

耳朵　ɤɯ¹³to⁴²

耳朵眼儿　ɤɯ¹³to⁴²ŋaŋ¹³

　耳朵缺儿　ɤɯ¹³to⁴²tʃhyːɐn¹³

耳朵屎　ɤɯ¹³to⁴²sʅ⁴²耳屎

耳朵聋　ɤɯ¹³to⁴²lɛn⁴²耳背（听不清）

下□　xɔ¹³phuːɐ⁵⁵下巴

喉咙　ɕiu⁵⁵lɛn⁵⁵

喉结　ɕiu⁵⁵tɕiːɐ²¹²

胡须　u⁵⁵si³¹¹胡子

络腮胡　la¹³suːɐ³¹¹u⁵⁵络腮胡子

八字胡　puːɐ²¹²⁻¹³tshʅ³¹¹u⁵⁵八字胡子

下巴　xɔ¹³puːɐ⁵⁵

（2）手、脚、胸、背

肩膀　tɕiːɐ³¹¹⁻³³po¹³

肩胛骨　tɕiːɐ³¹¹⁻³³kɔ²¹²⁻¹³kuɤɯ²¹²

垂肩膀　ʃy⁵⁵tɕiːɐ³¹¹⁻³³po¹³溜肩膀儿

头颈　thiu⁵⁵tʃa⁴²脖子

手　tɕiu⁴²包括手和胳膊

手□　ɕiu⁴²⁻¹³phaŋ⁴²上臂

手拐儿　ɕiu⁴²kuɛn¹³小臂

手［月争］　ɕiu⁴²tsa¹³胳膊肘

□□□　xo⁵⁵lo⁵⁵tɕi²¹²腋下

手腕儿　ɕiu⁴²uːɐn¹³手腕子

反手　fuːɐ⁴²ɕiu⁴²左手（老）

　左手　tso⁴²ɕiu⁴²

顺手　ʃyin³¹¹ɕiu⁴²右手（老）

　右手　iu³¹¹⁻³³ɕiu⁴²

指指儿　tsʅ⁴²tsʅn¹³手指

关节　kuːɐ³¹¹⁻³³tsiːɐ²¹²

指指儿缝　tsʅ⁴²⁻²¹tsʅn¹³fɐn³¹¹手指缝儿

手□　ɕiu⁴²xo²¹²手茧子

大指指儿　tho³¹¹⁻³³tsʅ⁴²⁻²¹tsʅn¹³大拇指

食指儿　sʅ³¹¹⁻³³tsʅn¹³食指

中指　tsɛn³¹¹⁻³³tsʅ⁴²

无名指　u⁵⁵ma⁵⁵tsʅ⁴²

　□指　ia⁴²tsʅ⁴²

小指指儿　siu⁴²tsʅ⁴²tsʅn¹³小拇指

指甲　tsʅ⁴²kɔ²¹²

指甲缝　tsʅ⁴²kɔ²¹²⁻¹³fɐn³¹¹指甲心儿（指甲盖和指尖肌肉连接处）

手指头　ɕiu⁴²⁻¹³tsʅ⁴²thiu⁵⁵手指头肚儿（手指末端有指纹的略微隆起的部分）

拳儿头　tʃhyːɐn⁵⁵thiu⁵⁵拳头

手掌　ɕiu⁴²⁻¹³tʃaŋ⁴²

巴掌　puːɐ³¹¹⁻³³tʃaŋ⁴²（打一～）

手心　ɕiu⁴²⁻¹³sin³¹¹

手背　ɕiu⁴²pɤɯ⁵⁵

脚　tʃo²¹²包含脚和腿（整条腿，包括小腿和大腿），也可单指脚

脚□　tʃo²¹²⁻²¹phaŋ⁴²大腿

□□　tɔ²¹²⁻²¹khɔ⁵⁵大腿根儿

小腿　siu⁴²thuːɐ⁴²

脚肚　tʃo²¹²⁻²¹tu¹³腿肚子

脚梁□　tʃo²¹²⁻²¹liaŋ⁵⁵tha³¹¹胫骨（小腿内侧的长骨）

脚头　tʃo²¹²⁻²¹thiu⁵⁵膝盖

　　脚膝头　tʃo²¹²⁻¹³si²¹²⁻²¹thiu⁵⁵

□□骨　tshɔ²¹²pe³¹¹kuɣɯ²¹²胯骨

裆　taŋ³¹¹（两条腿的中间）

屁股　phi⁵⁵ku⁴²

　　屎窟　sʅ⁴²khuɣɯ²¹²

屎窟窿　sʅ⁴²khuɣɯ²¹²lɛn⁵⁵肛门

屎窟沟　sʅ⁴²khuɣɯ²¹²⁻¹³tɕiu³¹¹屁股沟儿

尾巴桩　vi¹³puːɐ³¹¹tsɑŋ³¹¹尾骨

鸟儿　tiõ¹³鸡巴（男阴）

［月匹］　phi²¹²女阴

戳　tsho²¹²交合

［尸从］　sɛn⁵⁵精液

脚□腕儿　tʃo²¹²⁻¹³tse²¹²⁻²¹uːɐn¹³脚腕子

□□儿骨　lo³¹¹lõːn⁵⁵kuɣɯ²¹²踝子骨

　　螺蛳□　lo⁵⁵sʅ³¹¹iːɐ⁴²

脚　tʃo²¹²

□脚　tshʅ⁵⁵tʃo²¹²赤脚

脚背　tʃo²¹²⁻²¹pɣɯ⁵⁵

脚掌　tʃo²¹²⁻¹³tʃɑŋ⁴²

脚心　tʃo²¹²⁻¹³sin³¹¹

脚趾头　tʃo²¹²⁻¹³tshʅ⁴²⁻²¹thiu⁵⁵

脚趾甲　tʃo²¹²⁻¹³tshʅ⁴²kɔ¹³

脚后跟　tʃo²¹²⁻²¹xɣɯ¹³kuɛn³¹¹脚跟（儿）

脚印　tʃo²¹²⁻²¹in⁵⁵脚印儿

　　脚迹　tʃo²¹²⁻¹³tse²¹²

鸡眼钉　tʃe³¹¹ŋɔ¹³ta³¹¹鸡眼（一种脚病）

心窝儿　sin³¹¹oːn¹³心口儿

胸脯　sin³¹¹⁻³³phu⁵⁵

□骨　sa⁵⁵kuɤɯ²¹²肋骨

奶　ȵiːɐ³¹¹乳房

吃奶　tʃhe²¹²⁻¹³ȵiːɐ³¹¹

奶汁　ȵiːɐ³¹¹tsʅ²¹²

　奶水　ȵiːɐ³¹¹ʃy⁴²

肚　tu¹³肚子（腹部）

下肚　xɔ¹³tu¹³小肚子（小腹）

肚脐眼儿　tu¹³tshʅ⁵⁵ŋaŋ¹³肚脐眼

腰　io³¹¹

□脊　pu⁴²tse²¹²脊背

脊梁骨　tse²¹²liaŋ⁵⁵kuɤɯ²¹²

(3) 其他

头旋　thiu⁵⁵siːɐ³¹¹头发旋儿

双旋　saŋ³¹¹⁻³³siːɐ³¹¹双旋儿

指纹　tsʅ⁴²uɛn⁵⁵

胹　lo⁵⁵斗（圆形的指纹）

箕　tɕi³¹¹（簸箕形的指纹）

毫毛　xɤɯ⁵⁵mɤɯ⁵⁵寒毛

　汗毛　xuːɐ³¹¹⁻³³mɤɯ⁵⁵

毛孔　mɤɯ⁵⁵khɛn⁴²寒毛眼儿

痣　tsʅ⁵⁵

骨　kuɤɯ²¹²

筋　tɕin³¹¹

血　ʃyːɐ²¹²

血□　ʃyːɐ²¹²⁻¹³kua⁴²血管

脉　ma³¹¹

五脏　u⁴²tshaŋ³¹¹

心　sin³¹¹

肝　kuːɐ³¹¹

肺　fe⁵⁵

胆　tɔ⁴²

腰□　io³¹¹⁻³³thiːɐ²¹²脾

肚　tu¹³胃

腰子　io³¹¹tsʅ⁴²肾

肠　tʃhaŋ⁵⁵

大肠　tho³¹¹⁻³³tʃhaŋ⁵⁵

小肠　siu⁴²tʃhaŋ⁵⁵

盲肠　maŋ⁵⁵tʃhaŋ⁵⁵

　□肠　tsʅ⁴²tʃhaŋ⁵⁵

十二　疾病、医疗

（1）一般用语

生病　sa³¹¹⁻³³pha³¹¹病了

　人不好　in⁵⁵pu²¹²xɣɯ⁴²

小病　siu⁴²pha³¹¹

重病　tshɛn¹³pha³¹¹

病好点儿着　pha³¹¹⁻³³xɣɯ⁴²tiːn¹³tʃo⁰病轻了

病好着　pha³¹¹⁻³³xɣɯ⁴²tʃo⁰病好了

请医生　tsha⁴²iˑ³¹¹sa³¹¹

□病　tshɛn²¹²⁻¹³pha³¹¹医（病）

搭脉　tɔ²¹²⁻¹³ma³¹¹号脉

开药方　khuɣɯ³¹¹⁻³³io³¹¹⁻³³faŋ³¹¹开药方子

偏方　phiːɐ³¹¹⁻³³faŋ³¹¹偏方儿

撮药　tshuːɐ²¹²⁻¹³io³¹¹抓药（中药）

买药　ma¹³io³¹¹（西药）

吃果子　tʃhe²¹²⁻¹³ko⁴²⁻¹³tsʅ⁴²吃中药

　吃中药　tʃhe²¹²⁻¹³tsɛn³¹¹⁻³³io³¹¹

　吃水药　tʃhe²¹²ʃy⁴²io³¹¹

药材店　io³¹¹⁻³³tshuːɐ⁵⁵tiːɐ⁵⁵（中）药铺

药店　io³¹¹⁻³³tiːɐ⁵⁵药房（西药）

药引　io³¹¹⁻³³in¹³药引子

药罐　io³¹¹⁻³³kuːɐ⁵⁵药罐子

煎水药　tsiːɐ³¹¹⁻³³ʃy⁴²io³¹¹煎药（动宾）

药膏　io³¹¹⁻³³kɤɯ³¹¹（西药）

膏药　kɤɯ³¹¹⁻³³io³¹¹（中药）

药粉　io³¹¹⁻³³fɛn⁴²药面儿（药粉）

踏药膏　thɔ²¹²⁻¹³io³¹¹⁻³³kɤɯ³¹¹搽药膏

上药　ʃɑŋ¹³io³¹¹（动宾）

出汗　tshuːɐ²¹²⁻¹³xuːɐ³¹¹发汗

消食　siu³¹¹⁻³³sʅ³¹¹

扎针　tsɔ²¹²⁻¹³tsin³¹¹

拔火罐　phuːɐ³¹¹⁻³³xo⁴²kuːɐ⁵⁵拔火罐子

（2）内科

泻肚　siːɐ⁵⁵tu¹³拉肚子

发烧　fuːɐ²¹²⁻¹³ʃo³¹¹

发冷　fuːɐ²¹²⁻¹³la¹³

起鸡毛钉　tɕhi⁴²tʃe³¹¹⁻³³mɤɯ⁵⁵ta³¹¹起鸡皮疙瘩

伤风　ʃɑŋ³¹¹⁻³³fɛn³¹¹

　伤寒　ʃɑŋ³¹¹⁻³³xuːɐ⁵⁵

咳嗽　khɤɯ²¹²⁻²¹sɤɯ⁵⁵

　咳　khɤɯ²¹²

气管炎　tɕhi⁵⁵kuːɐ⁴²iːɐ⁵⁵

气扯　tɕhi⁵⁵tɕhiːɐ⁴²气喘

　□□　xɔ⁵⁵iu⁵⁵

中暑　tsɛn³¹¹⁻³³ʃy⁴²

　冲着热　tshɛn³¹¹⁻³³tʃo⁰ȵiːɐ³¹¹

上火　ʃɑŋ¹³xo⁴²

积食　tse²¹²⁻¹³sʅ³¹¹积滞

肚里疼　tu¹³li¹³thɛn⁵⁵肚子疼

心口疼　sin³¹¹⁻³³tɕhiu⁴²thɛn⁵⁵胸口疼

头昏　thiu⁵⁵xuɛn³¹¹头晕

晕车　vin³¹¹⁻³³tɕhiːɐ³¹¹

晕船　vin³¹¹⁻³³ʃyːɐ⁵⁵

头疼　thiu⁵⁵thɛn⁵⁵

恶心　o²¹²⁻¹³sin³¹¹干哕（要呕吐）

　反胃　fuːɐ⁴²ve³¹¹

吐着　thu⁵⁵tʃo⁰吐了（呕吐）

打脾寒　ta⁴²phi⁵⁵xuːɐ⁵⁵发疟子（疟疾发作）

做新人　tso⁵⁵sin³¹¹⁻³³n̠in⁵⁵出麻疹

　种麻　tsɛn⁵⁵muːɐ⁵⁵

（出）天花　（tshuːɐ²¹²）thiːɐ³¹¹⁻³³xuːɐ³¹¹出水痘

种痘　tsɛn⁵⁵thiu³¹¹

　种牛痘　tsɛn⁵⁵n̠iu⁵⁵thiu³¹¹

肝炎　kuːɐ³¹¹⁻³³iːɐ⁵⁵

肺炎　fe⁵⁵iːɐ⁵⁵

胃病　ue³¹¹⁻³³pha³¹¹

盲肠炎　maŋ⁵⁵tʃhaŋ⁵⁵iːɐ⁵⁵

　阑尾炎　lɔ³¹¹vi¹³iːɐ⁵⁵

痨病　lɤɯ⁵⁵pha³¹¹（中医指结核病）

(3) 外科

跌伤　tiːɐ²¹²⁻¹³ʃaŋ³¹¹

碰伤　phɛn³¹¹ʃaŋ³¹¹

出血　tshuːɐ²¹²⁻¹³ʃyːɐ²¹²

淤血　y³¹¹ʃyːɐ²¹²

　积血　tse²¹²⁻¹³ʃyːɐ²¹²

红肿　xɛn⁵⁵tsɛn⁴²

胀脓　tʃaŋ⁵⁵lɛn³¹¹溃脓

结壳儿　tɕiːɐ²¹²⁻¹³khoːn¹³结痂

痣　　ts̩⁵⁵

□□　　pu⁴²lɔ³¹¹疤

痔疮　　ts̩⁵⁵tshɑŋ³¹¹

癣　　si:ɐ⁴²

汗痱　　xu:ɐ³¹¹⁻³³fe⁵⁵痱子

嘴臭　　tsi⁴²tɕhiu⁵⁵口臭

蛤蟆□　　kaŋ⁵⁵mu:ɐ⁵⁵ta³¹¹瘊子

　　老鼠□□　　lɤɯ¹³tʃhy⁴²pa²¹²ta³¹¹

黑斑　　xɤɯ²¹²⁻¹³pu:ɐ³¹¹痦子

　　痣　　ts̩⁵⁵

狐狸臊　　xu⁵⁵li⁵⁵sɤɯ³¹¹狐臭

泡　　pho³¹¹蚊子咬成的疙瘩

生疮　　sa³¹¹tshɑŋ³¹¹长疮（动宾）

生疔　　sa³¹¹ta³¹¹长疔（动宾）

疥疮　　ka⁵⁵⁻⁴²tshɑŋ³¹¹

汗迹　　xu:ɐ³¹¹⁻³³tse²¹²汗斑

胎记　　thu:ɐ³¹¹⁻³³tɕi⁵⁵

节梨斑　　tsi:ɐ²¹²li⁵⁵pu:ɐ³¹¹雀斑

酒痣　　tsiu⁴²ts̩⁵⁵粉刺

狐狸骚　　xu⁵⁵li⁵⁵sɤɯ³¹¹狐臭

水蛇腰　　ʃy⁴²ɕi:ɐ⁵⁵io³¹¹

　　香□腰　　ʃɑŋ³¹¹phɛn¹³io³¹¹

鸭喉咙　　ŋɔ¹³ɕiu⁵⁵⁻⁴²lɛn⁵⁵公鸭嗓儿（嗓音沙哑）

打铳　　ta⁴²tshɛn⁵⁵一只眼儿（一只眼睛是瞎的）

　　单张　　tɔ³¹¹⁻³³tʃaŋ³¹¹

近视眼　　tɕhin¹³s̩¹³ɔŋ¹³

远视眼　　y:ɐ¹³s̩¹³ŋɔ¹³

老花眼　　lɤɯ¹³xu:ɐ³¹¹ŋɔ¹³

对猪眼　　tu:ɐ⁵⁵tʃy³¹¹⁻³³ŋɔ¹³斗鸡眼儿（内斜视）

（4）残疾等

憨病　　mɛn⁴²pha³¹¹癫痫

发惊　fuːɐ²¹²tʃa³¹¹惊风（小儿病）

抽风　tɕhiu³¹¹⁻³³fɛn³¹¹

中风　tsɛn³¹¹⁻³³fɛn³¹¹

疯　fɛn³¹¹瘫痪

　瘫　thɔ³¹¹

驼背个　to⁵⁵pɤɯ⁵⁵ka⁰罗锅儿

瞎子　xɔ²¹²⁻¹³tsʅ⁰

聋子　lɛn⁵⁵tsʅ⁰

哑子　ŋɔ⁴²tsʅ⁰哑巴

呆子　ta³¹¹tsʅ⁰傻子

缺子　tʃhyːɐ²¹²⁻¹³tsʅ⁰豁唇子

六指儿　liu³¹¹⁻³³tsiːn¹³

反手鸡　fuːɐ⁴²ɕiu⁴²tʃe³¹¹左撇子

瘸子　tʃho³¹¹tsʅ⁰跛子（程度轻）

拐子　kua¹³tsʅ⁰跛子（程度重）

麻子　muːɐ⁵⁵tsʅ⁰（脸上有麻子的人）

　麻子饼　muːɐ⁵⁵tsʅ⁰pɛn¹³（贬）

□子　tɕi²¹²⁻¹³tsʅ⁰结巴

缺子　tʃhyːɐ²¹²⁻¹³tsʅ⁰拽阴平子（腿残者叫瘸子，手残者叫～）

　□子　tʃyːɐ⁵⁵tsʅ⁰

光头　kɑŋ³¹¹⁻³³thiu⁵⁵秃子（头发脱光的人）

暴牙　po⁵⁵ŋɔ⁵⁵豁牙子

翘唇　tʃho⁵⁵ʃyin⁵⁵老公嘴儿（成人不生牙齿的）

十三　衣服、穿戴

（1）服装

穿着　tʃhyːɐ³¹¹⁻³³tso²¹²穿戴

　穿戴　tʃhyːɐ³¹¹⁻³³ta⁵⁵

打扮　ta⁴²pa⁵⁵

衣裳　i³¹¹⁻³³ʃɑŋ⁵⁵衣服（总称内外衣内外裤）

军装　tʃyin³¹¹⁻³³tsɑŋ³¹¹制服（四个口袋的）

中山装　tsɛn³¹¹⁻³³sɔ³¹¹tsɑŋ³¹¹中装

西装　se³¹¹⁻³³tsɑŋ³¹¹

长褂儿　tʃɑŋ⁵⁵⁻⁴²kuːɐn¹³长衫

马□　muːɐ¹³tuːɐ³¹¹马褂儿

旗袍　tɕi⁵⁵phɤɯ⁵⁵（女装）

絮袄　si⁵⁵ŋɤɯ⁴²棉袄

皮袄　phi⁵⁵ŋɤɯ⁴²

大衣　tha³¹¹⁻³³i̠³¹¹

短大衣　tuːɐ⁴²tha³¹¹⁻³³i̠³¹¹

衬衫儿　tshin³¹¹sɑŋ¹³衬衫

外衣　ŋa³¹¹⁻³³i̠³¹¹

　　外□　ŋa³¹¹⁻³³tsɛn⁵⁵

内衣　luːɐ³¹¹⁻³³i̠³¹¹

　　里□　li¹³tsɛn⁵⁵

肩领　tɕiːɐ³¹¹⁻³³la¹³领子

背心儿　pɤɯ⁵⁵sin¹³坎肩

汗衫背心儿　xuːɐ⁵⁵sɔ³¹¹⁻³³pɤɯ⁵⁵sin¹³汗背心

圆领衫儿　yːɐ⁵⁵la¹³sɑŋ¹³针织圆领衫

衣襟　i³¹¹⁻³³tɕin³¹¹衣襟儿

大襟　tho³¹¹⁻³³tɕin³¹¹（斜的）

对襟　tuːɐ⁵⁵tɕin³¹¹对襟儿

下摆　xɔ¹³pa⁴²

裳袖　ʃɑŋ⁵⁵tshiu³¹¹袖子

　　衫儿袖　sɑŋ¹³tshiu³¹¹

长袖衣裳　tʃɑŋ⁵⁵tshiu³¹¹i̠³¹¹ʃɑŋ⁵⁵长袖

短袖衣裳　tuːɐ⁴²tshiu³¹¹i̠³¹¹ʃɑŋ⁵⁵短袖

围裙　y⁵⁵tʃhyin⁵⁵衬裙

裙　tʃhyin⁵⁵裙子

裤　khu⁵⁵裤子

单纱裤　tɔ³¹¹⁻³³sɔ³¹¹⁻³³khu⁵⁵单裤

短裤 tuːɐ⁴²khu⁵⁵裤衩儿（贴身穿的）

马裤 muːɐ¹³khu⁵⁵短裤（穿在外面的）

开裆裤 khuɤɯ³¹¹⁻³³taŋ³¹¹⁻³³khu⁵⁵

密裆裤 mi³¹¹⁻³³taŋ³¹¹⁻³³khu⁵⁵死裆裤（相对开裆裤而言）

　连裆裤 liːɐ⁵⁵taŋ³¹¹⁻³³khu⁵⁵

裤带 khu⁵⁵ta³¹¹裤腰带

连脚裤 liːɐ⁵⁵⁻⁴²tʃo²¹²⁻²¹khu⁵⁵

裤裆 khu⁵⁵taŋ³¹¹

裤腰 khu⁵⁵io³¹¹

裤脚 khu⁵⁵tʃo²¹²裤腿儿

袋儿 tuːɐn¹³兜儿（衣服上的口袋）

纽儿襻儿 ȵiũ¹³phɛn¹³纽襻（中式的）

纽儿 ȵiũ¹³纽扣（西式的）

纽儿洞 ȵiũ¹³tɛn³¹¹扣眼儿（西式的，中式的）

(2) 鞋帽

鞋 xa⁵⁵

絮鞋 si⁵⁵xa⁵⁵棉鞋

皮鞋 phi⁵⁵xa⁵⁵

毡鞋 tɕiːɐ³¹¹⁻³³xa⁵⁵

布鞋 pu⁵⁵xa⁵⁵

踏鞋 thɔ²¹²⁻²¹xa⁵⁵拖鞋

套鞋 thɤɯ⁵⁵xa⁵⁵雨鞋（橡胶做的）

　套靴 thɤɯ⁵⁵ʃyːɐ³¹¹（高统的）

板儿鞋 puːɐn¹³xa⁵⁵木屐

袜儿 muːɐn¹³袜子

尖脚鞋 tsiːɐ³¹¹tʃo²¹²⁻²¹xa⁵⁵弓鞋（旧时裹脚妇女穿的鞋）

绢脚 tʃyːɐ³¹¹⁻³³tʃo²¹²裹脚（旧时妇女裹脚的布）

鞋底 xa⁵⁵te⁴²鞋底儿

鞋面 xa⁵⁵miːɐ³¹¹鞋帮儿

鞋楦　xa⁵⁵ ʃyːɐ⁵⁵ 鞋楦子

鞋拔　xa⁵⁵ phuːɐ³¹¹ 鞋拔子

鞋带　xa⁵⁵ ta³¹¹ 鞋带儿

线袜儿　siːɐ⁵⁵ muːɐn¹³ 线袜

丝光袜儿　sʅ³¹¹⁻³³ kɑŋ³¹¹ muːɐn¹³ 丝袜

长袜儿　tʃɑŋ⁵⁵ muːɐn¹³ 长袜

短袜儿　tuːɐ⁴² muːɐn¹³ 短袜

袜儿带　muːɐn¹³ ta³¹¹ 袜带

绑腿　pɑŋ⁴²⁻¹³ thuːɐ⁴² 裹腿（军人用的）

帽儿　mɤːn¹³ 帽子

皮帽儿　phi⁵⁵ mɤːn¹³ 皮帽

礼帽儿　le⁴² mɤːn¹³ 礼帽

西瓜皮帽儿　se³¹¹⁻³³ kuːɤ³¹¹⁻³³ phi⁵⁵ mɤːn¹³ 瓜皮帽

军帽儿　tʃyin³¹¹ mɤːn¹³ 军帽

箬笠　ȵio³¹¹⁻³³ li³¹¹ 斗笠

草帽儿　tshɤɯ⁴² mɤːn¹³

帽儿舌　mɤːn¹³ tɕiːɐ³¹¹ 帽檐儿

（3）装饰品

首饰　ɕiu⁴² sʅ²¹²

手镯　ɕiu⁴² tʃo³¹¹ 镯子

戒指儿　ka⁵⁵ tsʅn¹³ 戒指

项链儿　xaŋ¹³ liːɐn¹³ 项链

钳针　tɕiːɐ⁵⁵ tɕin³¹¹ 别针儿

　洋袄儿钳　iaŋ⁵⁵ fuːn¹³ tɕiːɐ⁵⁵

簪儿　tsaŋ¹³ 簪子

钏儿　tʃhyːɐn¹³ 耳环

箍　khu³¹¹ 项圈

百家锁　pa²¹²⁻¹³ kɔ³¹¹⁻³³ so⁴²（小儿佩戴的）

胭脂　iːɐ³¹¹⁻³³ tsʅ⁴²

粉　fɛn⁴²

（4）其他穿戴

围裙　y⁵⁵tʃhyin⁵⁵

口涎围　tɕhiu⁴²sa⁵⁵y⁵⁵围嘴儿

围袋儿　y⁵⁵tuːɐn¹³

洋袱儿　iaŋ⁵⁵fuːn¹³手绢儿

围巾　y⁵⁵tɕin³¹¹（长条的）

披布　phi³¹¹⁻³³pu⁵⁵汤布（男人劳动时擦汗等用的长布条）

手套　ɕiu⁴²thɤɯ⁵⁵

屎片　sʅ⁴²⁻²¹phiːɐ⁵⁵尿布

眼镜儿　ŋɔ¹³tʃoːn²¹²眼镜

伞　sɔ⁴²

　雨伞　y¹³sɔ⁴²

蓑衣　so³¹¹⁻³³i̧³¹¹

雨衣　y¹³i̧³¹¹（新式的）

手表　ɕiu⁴²⁻¹³piu⁴²

十四　饮食

（1）伙食

吃饭　tʃe²¹²⁻¹³fuːɐ³¹¹

天光　thiːɐ³¹¹⁻³³kaŋ³¹¹早饭

吃天光　tʃhe²¹²⁻²¹thiːɐ⁵⁵kɑŋ³¹¹吃早饭

吃下昼　tʃhe²¹²⁻²¹xɔ¹³tɕiu⁵⁵吃午饭

吃乌昏　tʃhe²¹²⁻²¹u³¹¹⁻³³xuɛn³¹¹吃晚饭

半夜餐　puːɐ⁵⁵iːɐ³¹¹⁻³³tshɔ³¹¹夜宵

打中火　ta⁴²tsɛn³¹¹⁻³³xo⁴²打尖（途中吃点东西）

点心　tiːɐ⁴²sin³¹¹（糕饼之类食品）

零碎　la⁵⁵suːɐ⁵⁵零食

茶点　tsɔ⁵⁵tiːɐ⁴²

焐　u⁵⁵

煮　tʃy⁴²

煎　tsiːɐ³¹¹煎，炸

（2）米食

米儿饭　mẽ¹³fuːɐ³¹¹

冷饭　la¹³fuːɐ³¹¹剩饭（吃剩下的饭）、现饭（不是本餐新做的饭）

焦着　tsiu³¹¹tʃo⁰（饭）煳了

馊着　sɤɯ³¹¹tʃo⁰（饭）馊了

馃儿　koːn¹³馃（一种圆饼形面食）

焦□　tsiu³¹¹⁻³³phi⁴²锅巴

裹粽　ko⁴²tsɛn⁵⁵粽子

粥　tɕiu²¹²粥，稀饭

羹　tʃa³¹¹米糊（用米磨成的粉做的糊状食物）

米儿汤　mẽ¹³thaŋ³¹¹（煮饭滗出来的）

煠饭　sɔ³¹¹fuːɐ³¹¹泡饭

冻米　tɛn⁵⁵me¹³炒米（名词）

（3）面食

灰面　xuɤɯ³¹¹miːɐ³¹¹面粉

面　miːɐ³¹¹面条儿、汤面

干面　kuːɐ³¹¹miːɐ³¹¹挂面（像线状的干面条）

水面　ʃy⁴²miːɐ³¹¹挂面（湿的）

　湿面　tshʅ²¹²⁻¹³miːɐ³¹¹

宽面　khuːɐ²¹²⁻¹³miːɐ³¹¹干切面（机制的宽的干面条）

汤面　thaŋ³¹¹⁻³³miːɐ³¹¹（带汤的面条）

肉□儿　ȵiu³¹¹suːɐn¹³臊子（肉末）

面片儿　miːɐ³¹¹phiɐn¹³（用面做成的片状食物，吃法与汤面同）

面糊　miːɐ³¹¹⁻³³u⁵⁵（用面做成的糊状食物）

馍馍　mo⁵⁵mo⁵⁵馒头（没馅的）

包儿　põ¹³包子（有馅的）

烧饼　ʃo³¹¹⁻³³pa⁴²

饺儿　tʃõ¹³饺子（饺子的总称）

馅　xɔ³¹¹（饺子）馅儿

□□□　sʅ³¹¹⁻³³kɔ³¹¹phu⁵⁵油条

酱饼　tsiɑŋ⁵⁵pa⁴²烙饼（名词）

狮子头　sʅ³¹¹⁻³³tsʅ⁰thiu⁵⁵花卷儿

　　花卷　xuːɐ³¹¹⁻³³tʃyːɐ⁴²

饺儿　tʃõːn¹³馄饨

汤圆儿　thaŋ³¹¹⁻³³yːɐn⁵⁵元宵（用干粉淋水反复多次摇成，有馅）、汤圆（用湿粉团搓成的，有的有馅，有的无馅）

月饼　ȵyːɐ³¹¹⁻³³pa⁴²

饼儿干　pɛn¹³kuːɐ³¹¹饼干

烧卖　ʃo³¹¹⁻³³ma³¹¹

蛋糕　tɔ³¹¹⁻³³kɣɯ³¹¹（老式小圆形的）

老面　lɣɯ¹³miːɐ³¹¹发酵用的面团）

（4）肉、蛋

（以下调查的动物身体部位的条目，都是从食物角度而言的）

肉丁儿　ȵiu³¹¹tɛn¹³肉丁

肉片儿　ȵiu³¹¹⁻³³phiːɐn¹³肉片

肉丝　ȵiu³¹¹⁻³³sʅ³¹¹

肉末儿　ȵiu³¹¹⁻³³muːɐn¹³肉末

肉皮　ȵiu³¹¹⁻³³phi⁵⁵

肉松　ȵiu³¹¹⁻³³sɛn³¹¹

蹄刨　te⁵⁵po³¹¹肘子（猪腿靠近身体的部位）

猪脚　tʃy³¹¹⁻³³tʃo²¹²猪蹄儿

蹄□儿　te⁵⁵yːn¹³猪脚尖

肚窠　tu¹³kho³¹¹下水（猪牛羊的内脏）

猪肚肠　tʃy³¹¹⁻³³tu¹³tʃhaŋ⁵⁵肠子（猪的）

里脊　li¹³tse²¹²

蹄筋　te⁵⁵tɕin³¹¹

猪舌儿　tʃy³¹¹⁻³³tɕiɛn¹³猪舌头

肺　fe⁵⁵（猪的）

肝　kuːɐ³¹¹（猪的）

腰子　io³¹¹tsɿ⁴²（猪的）

腔骨　tʃɑŋ³¹¹kuɣɯ²¹²（猪的）

排骨　pa⁵⁵kuɣɯ²¹²（猪的）

猪血　tʃy³¹¹⁻³³ʃyːɐ²¹²

牛舌儿　ȵiu⁵⁵tɕiɛn¹³牛舌头

　牛舌　ȵiu⁵⁵tɕiːɐ³¹¹

牛肚　ȵiu⁵⁵tu⁴²牛肚儿（带毛状物的那种）

　大肚　tho³¹¹⁻³³tu⁴²

蜂窠肚　fɛn³¹¹⁻³³kho³¹¹⁻³³tu⁴²牛肚儿（光滑的那种）

鸡杂　tʃe³¹¹⁻³³tshɔ³¹¹鸡杂儿

鸡肫　tʃe³¹¹⁻³³tʃyin³¹¹

鸡血　tʃe³¹¹⁻³³ʃyːɐ²¹²

鸡子　tʃe³¹¹⁻³³tsɿ⁴²鸡蛋

炒鸡子　tsho⁴²tʃe³¹¹⁻³³tsɿ⁴²炒鸡蛋

荷包蛋　xo⁵⁵po⁵⁵tɔ³¹¹（油炸的）

鸡子滚水　tʃe³¹¹⁻³³tsɿ⁴²kuɛn¹³ʃy⁴²煮鸡子儿（连壳煮的鸡蛋）

　□鸡子　sɔ³¹¹tʃe³¹¹⁻³³tsɿ⁴²

皮蛋　phi⁵⁵tɔ³¹¹松花蛋

咸鸡子　xɔ⁵⁵tʃe³¹¹⁻³³tsɿ⁴²咸鸡蛋

水泡蛋　ʃy⁴²pho⁵⁵tɔ³¹¹卧鸡子儿（水煮的鸡蛋，不带壳）

炖鸡子　tuːɐn⁵⁵tʃe³¹¹⁻³³tsɿ⁴²蛋羹（加水调匀蒸的）

鸭子　ŋɔ²¹²⁻¹³tsɿ⁴²鸭蛋

咸鸭子　xɔ⁵⁵ŋɔ²¹²⁻¹³tsɿ⁴²咸鸭蛋

香肠　ʃɑŋ³¹¹tʃhɑŋ⁵⁵

(5) 菜

菜　tshuːɐ⁵⁵（下饭的）菜

夹　kɔ²¹²

素菜　su⁵⁵tshuːɐ⁵⁵

荤菜　xuɛn³¹¹tshuːɐ⁵⁵

□菜　iaŋ⁵⁵tshuːɐ⁵⁵咸菜

腌菜　iːɐ³¹¹⁻³³tshuːɐ⁵⁵

小菜　siu⁴²tshuːɐ⁵⁵小菜儿（非正式菜总称）

豆腐　thiu³¹¹⁻³³fu³¹¹

腐竹　fu³¹¹⁻³³tɕiu²¹²

千张豆腐　tshiːɐ³¹¹⁻³³tʃaŋ³¹¹⁻³³thiu³¹¹⁻³³fu³¹¹千张（薄的豆腐干片）

豆腐角　thiu³¹¹⁻³³fu³¹¹ko²¹²豆腐泡儿

油煎豆腐　iu⁵⁵tsiːɐ³¹¹thiu³¹¹⁻³³fu³¹¹

豆腐花　thiu³¹¹⁻³³fu³¹¹xuːɐ³¹¹豆腐脑儿

豆腐乳　thiu³¹¹⁻³³fu³¹¹y¹³

乳腐　y¹³fu³¹¹

豆腐浆　thiu³¹¹⁻³³fu³¹¹⁻³³tsiaŋ³¹¹豆浆

豆腐油　thiu³¹¹⁻³³fu³¹¹⁻³³iu⁵⁵豆腐皮（可以用来做腐竹的）

豆腐干　thiu³¹¹⁻³³fu³¹¹⁻³³kuːɐ³¹¹豆腐干儿

粉丝　fɛn⁴²sʅ³¹¹绿豆做的，细条的

粉皮　fɛn⁴²phi⁵⁵粉条（白薯做的，粗条的），粉皮（绿豆做的，片状的）

面筋　miːɐ³¹¹⁻³³tɕin³¹¹

凉粉　liɑŋ⁵⁵fɛn⁴²（绿豆做的、凝冻状的）

藕儿粉　n̠iũ¹³fɛn⁴²藕粉

盐豆儿　iːɐ⁵⁵thiːn¹³豆豉

豆儿茧儿　thiːn¹³tɕiːɐn¹³毛豆

黑木耳　xɤɯ²¹²⁻¹³mɤɯ¹³木耳

白木耳　pha³¹¹⁻³³m³¹¹ɤɯ¹³银耳

石木耳　se³¹¹⁻³³m³¹¹ɤɯ¹³石耳

芡粉　tɕiːɐ⁵⁵fɛn⁴²

金针菇　tɕin³¹¹⁻³³tsin³¹¹⁻³³khu³¹¹金针

海参　xuɤɯ⁴²sɛn³¹¹

海带　xuɤɯ⁴²ta⁵⁵

海蜇　xuɤɯ⁴²tɕiːɐ⁵⁵

(6) **油盐作料**

滋味　tsʅ³¹¹⁻³³vi³¹¹（吃的滋味）

　味道　vi³¹¹⁻³³thɤɯ¹³

气味　tɕhi⁵⁵vi³¹¹（闻的气味）

　气息　tɕhi⁵⁵se²¹²

颜色　ŋɔ⁵⁵sa²¹²

猪油　tʃy³¹¹⁻³³iu⁵⁵

素油　su⁵⁵iu⁵⁵

花生油　xuːɐ³¹¹⁻³³saː³¹¹⁻³³iu⁵⁵

茶油　tsɔ⁵⁵iu⁵⁵

菜子油　tsuːɐ⁵⁵tsʅ⁴²iu⁵⁵

麻油　muːɐ⁵⁵iu⁵⁵芝麻油（可以拌凉菜的那种）

盐　iːɐ⁵⁵

　撮子　tshuːɐ²¹²⁻¹³tsʅ⁰

粗盐　tshuːɐ³¹¹⁻³³iːɐ⁵⁵

细盐　se⁵⁵iːɐ⁵⁵精盐

酱油　tsiaŋ⁵⁵iu⁵⁵

酱　tsiaŋ⁵⁵（统称）

辣□酱　lɔ³¹¹⁻³³vu⁵⁵tsiaŋ⁵⁵辣酱

芝麻酱　tsʅ³¹¹⁻³³muːɐ⁵⁵tsiaŋ⁵⁵

甜面酱　tiːɐ⁵⁵miːɐ³¹¹⁻³³tsiaŋ⁵⁵

豆瓣儿酱　thiu¹³piːɐn¹³tsiaŋ⁵⁵

醋　tshu⁵⁵

红糖　xɛn⁵⁵thaŋ⁵⁵

白糖　pha³¹¹⁻³³thaŋ⁵⁵

冰糖　pa³¹¹⁻³³thaŋ⁵⁵

糖子儿　thaŋ⁵⁵tsʅn¹³糖块（一块块用纸包装好的）

花生糖　xuːɐ³¹¹⁻³³saː³¹¹⁻³³thaŋ⁵⁵

麦芽糖　ma³¹¹⁻³³ŋɔ⁵⁵thaŋ⁵⁵

作料　tso²¹²⁻¹³liu³¹¹

桂皮　tʃye⁵⁵phi⁵⁵

大茴　tha³¹¹⁻³³xuɤɯ⁵⁵八角

花椒　xuːɐ³¹¹⁻³³tsiu³¹¹

胡椒　xu⁵⁵tsiu³¹¹胡椒粉

（7）烟、茶、酒

烟　iːɐ³¹¹

烟草　iːɐ³¹¹tshɤɯ⁴²烟叶

烟丝　iːɐ³¹¹sɿ³¹¹

烟　iːɐ³¹¹香烟

　香烟　ʃɑŋ³¹¹⁻³³iːɐ³¹¹

旱烟　xuːɐ¹³iːɐ³¹¹

黄烟　ɑŋ⁵⁵iːɐ³¹¹

水洋筒　ʃy⁴²iɑŋ⁵⁵tɛn⁵⁵水烟袋（铜制的）

旱洋筒　xuːɐ¹³iɑŋ⁵⁵tɛn⁵⁵旱烟袋（细竹杆儿做的烟具）

烟盒儿　iːɐ³¹¹xɤˑn¹³烟盒（装香烟的金属盒，有的还带打火机）

烟筒油　iːɐ³¹¹⁻³³tɛn⁵⁵iu⁵⁵烟油子

烟灰　iːɐ³¹¹xuɤɯ³¹¹

打火刀　ta⁴²⁻¹³xo⁴²tɤɯ⁵⁵火镰（旧时取火用具）

打火石　ta⁴²⁻¹³xo⁴²se³¹¹火石（用火镰打的那种石头）

纸媒儿　tsɿ⁴²⁻²¹mɤɯ⁵⁵

（沏好的）茶　tsɔ⁵⁵

茶叶　tsɔ⁵⁵iːɐ³¹¹

滚囗水　kuɛn²¹²⁻¹³tuːɐ³¹¹ʃy⁴²开水

泡茶　pho⁵⁵tsɔ⁵⁵沏茶（动宾）

筛茶　sa³¹¹tsɔ⁵⁵倒茶

白酒　pha³¹¹⁻³³tsiu⁴²

　烧酒　ʃo³¹¹⁻³³tsiu⁴²

甜酒　tiːɐ⁵⁵tsiu⁴²

　酒酿　tsiu⁴²ȵiɑŋ⁵⁵

水酒　ʃy⁴²tsiu⁴²黄酒（自制的）

老酒　lɣɯ¹³tsiu⁴²（浙江产的、瓶装的）

米儿酒　mẽ¹³tsiu⁴²江米酒

黄酒　ɑŋ⁵⁵tsiu⁴²

十五　红白大事

（1）婚姻、生育

亲事　tshin³¹¹⁻³³sʅ³¹¹

做媒　tso⁵⁵mɣɯ⁵⁵

媒人　mɣɯ⁵⁵in⁵⁵

相亲　siaŋ³¹¹⁻³³tshin³¹¹（男女双方见面、看是否合意）

订婚　ta³¹¹⁻³³xuɛn³¹¹定婚

　定事　tha³¹¹⁻³³sʅ³¹¹

相貌　siaŋ⁵⁵m³¹¹

　相貌　siaŋ⁵⁵mo³¹¹

年龄　n̪iːɐ⁵⁵la⁵⁵

定礼　tha³¹¹⁻³³le⁴²

喜期　çi⁴²tçi⁵⁵（结婚的日子）

喜酒　çi⁴²⁻¹³tsiu⁴²

嫁囡　kɔ⁵⁵lin¹³嫁闺女

嫁老公　kɔ⁵⁵lɣɯ¹³kɛn³¹¹（女子）嫁人

搬红家　puːɐ³¹¹⁻³³xɛn⁵⁵kɔ³¹¹过嫁妆

讨亲　thɣɯ⁴²tshin³¹¹（男子）娶亲

结婚　tçiːɐ²¹²⁻¹³xuɛn³¹

花轿　xuːɐ³¹¹⁻³³tʃo³¹¹

传袋　tʃhyːɐ⁵⁵tuːɐ³¹¹（新郎新娘从传递的麻袋上进入洞房）

拜堂　pa⁵⁵taŋ⁵⁵

新郎官儿　sin³¹¹⁻³³laŋ⁵⁵kuːɐ¹³新郎

新人　sin³¹¹⁻³³n̪in⁵⁵新娘

新人房　sin³¹¹⁻³³n̪in⁵⁵faŋ⁵⁵新房

喝金杯　xɣɯ²¹²tçin³¹¹⁻³³pɣɯ³¹¹喝交杯酒

接回门　tsi:ɐ²¹²xuɤɯ⁵⁵mɛn⁵⁵回门

起身　tɕhi⁴²sin³¹¹再醮（寡妇再嫁）

　改嫁　kuɤɯ⁴²kɔ⁵⁵

招夫　tʃo³¹¹fu³¹¹寡妇招亲

　招夫养子　tʃo³¹¹fu³¹¹iaŋ¹³tsʅ⁴²

讨小　thɤɯ⁴²⁻¹³siu⁴²续弦（从男方说）

填房　ti:ɐ⁵⁵faŋ⁵⁵（从女方说）

暖房　lu:ɐ¹³faŋ⁵⁵

有喜着　iu¹³ɕi⁴²tʃo⁰怀孕了

带囝儿　ta⁵⁵ɲi:ɐn¹³怀孕

大肚嫂　tho³¹¹⁻³³tu¹³sɤɯ⁴²孕妇

　四眼人　sʅ⁵⁵ŋɔ¹³in⁵⁵

生囝儿　sa³¹¹⁻³³ɲi:ɐn¹³生孩子

产妇　sɔ⁴²fu¹³

小产　siu⁴²sɔ⁴²流产

养产妇　iaŋ¹³sɔ⁴²fu¹³坐月子

接生　tsi:ɐ²¹²⁻¹³sa³¹¹

胞衣　po³¹¹i³¹¹胎盘

三朝　sɔ³¹¹⁻³³tʃo³¹¹孩子出生三天

洗三朝　se⁴²sɔ³¹¹⁻³³tʃo³¹¹庆祝孩子出生三天

催生　tshu:ɐ³¹¹⁻³³sa³¹¹小孩衣物等

担催生　tɔ³¹¹⁻³³tshu:ɐ³¹¹⁻³³sa³¹¹送催生礼

担鸭子　tɔ³¹¹⁻³³ŋɔ²¹²⁻¹³tsʅ⁴²报喜（生男孩送鸭蛋，生女孩送鸡蛋）

满月　mu:ɐ¹³ɲy:ɐ³¹¹

头胎　thiu⁵⁵thu:ɐ³¹¹

双胞胎　saŋ³¹¹⁻³³po³¹¹⁻³³thu:ɐ³¹¹

打喜　ta⁴²⁻¹³ɕi⁴²打胎

遗腹子　i⁵⁵fu²¹²⁻¹³tsʅ⁴²（父亲死后才出生的）

吃奶　tʃe²¹²⁻¹³ɲi:ɐ³¹¹

奶头　ɲi:ɐ³¹¹⁻³³thiu⁵⁵乳头

□尿　tsa³¹¹⁻³³si³¹¹（小孩子）尿床

（2）寿辰、丧葬

年纪　ȵiːɐ⁵⁵tɕi³¹¹年龄

生日　sa³¹¹ȵie³¹¹

做寿　tso⁵⁵ɕiu³¹¹做生日

　做生日　tso⁵⁵sa³¹¹⁻³³ȵie³¹¹

寿星　ɕiu³¹¹⁻³³sa³¹¹

拜寿　pa⁵⁵ɕiu³¹¹祝寿

丧事　sɑŋ³¹¹⁻³³sɿ³¹¹

奔丧　pɛn³¹¹⁻³³sɑŋ³¹¹

死着　sɿ⁴²tʃo⁰死了

　百年着　pa²¹²⁻²¹ȵiːɐ⁵⁵tʃo⁰死

　过辈着　ko⁵⁵pɤɯ⁵⁵tʃo⁰

　过世着　ko⁵⁵se⁵⁵tʃo⁰

　过期着　ko⁵⁵tɕi⁵⁵tʃo⁰

　作古着　tso⁵⁵ku⁴²tʃo⁰

灵床　la⁵⁵sɑŋ⁵⁵

报死信　pɤɯ⁵⁵sɿ⁴²sin⁵⁵报丧

吃老人饭　tʃhe²¹²lɤɯ¹³in⁵⁵fuːɐ³¹¹吃丧宴

寿材　ɕiu³¹¹⁻³³tshuːɐ⁵⁵棺材，寿材（生前预制的棺材）

入棺　ie³¹¹kuːɐ³¹¹入殓

灵堂　la⁵⁵taŋ⁵⁵

守灵　ɕiu⁴²la⁵⁵

坐七　tsho¹³tshi²¹²入殓后在家里摆七天

　坐三朝　tsho¹³sɔ³¹¹⁻³³tʃo³¹¹

佛堂　fɤɯ³¹¹⁻³³taŋ⁵⁵

守孝　ɕiu⁴²xo⁵⁵

带孝　ta⁵⁵xo⁵⁵

除孝　tʃhy⁵⁵xo⁵⁵

孝子　xo⁵⁵tsɿ⁰

孝孙　xo⁵⁵suːɐn³¹¹

出丧　tshuːɐ²¹²⁻¹³saŋ³¹¹出殡

送葬　sɛn⁵⁵tsaŋ⁵⁵

哭丧棍　khu²¹²⁻¹³saŋ³¹¹⁻¹³kuɛn⁵⁵哭丧棒

纸扎　tsʅ⁴²tsɔ²¹²（用纸扎的人、马、房子等）

金银　tɕin³¹¹⁻³³ȵin⁵⁵纸钱

　纸钱　tsʅ⁴²tshiːɐ⁵⁵

风水　fɛn³¹¹⁻³³ʃy⁴²坟墓

上风水　ʃaŋ¹³fɛn³¹¹⁻³³ʃy⁴²上坟

挂钱　kuːɐ⁵⁵tshiːɐ⁵⁵在坟上挂纸

　插钱　tshɔ²¹²tshiːɐ⁵⁵

坟地　fɛn⁵⁵thi³¹¹（坟墓所在的地方）

碑　pi³¹¹墓碑

寻死　tshin⁵⁵sʅ⁴²自杀

投水　tiu⁵⁵ʃy⁴²投水（自尽）

上吊　ʃɑŋ¹³tiu⁵⁵

尸骨　sʅ³¹¹⁻³³kuɣɯ²¹²

骨灰盒儿　kuɣɯ²¹²⁻¹³xuɣɯ³¹¹xɣːn¹³骨灰坛子

（3）迷信

天老爷　thiːɐ³¹¹lɣɯ¹³iːɐ⁵⁵老天爷

灶司爷　tsɣɯ⁵⁵sʅ³¹¹iːɐ⁵⁵灶王爷

佛　fɣɯ³¹¹

菩萨　phu⁴²⁻⁵⁵sɔ²¹²

观音菩萨　kuːɐ³¹¹⁻³³in³¹¹phu⁵⁵sɔ²¹²观世音

　观音娘娘　kuːɐ³¹¹⁻³³in³¹¹ȵiaŋ⁵⁵ȵiaŋ⁵⁵

土地庙　thu⁴²thi³¹¹miu³¹¹

关帝庙　khuːɐ³¹¹⁻³³te⁵⁵miu³¹¹

城隍庙　sa⁵⁵xɑŋ⁵⁵miu³¹¹

阎王老爷　yːɐ³¹¹aŋ⁵⁵lɣɯ¹³iːɐ⁵⁵阎王

祠堂　tshʅ⁵⁵taŋ⁵⁵

　厅屋　tha³¹¹⁻³³vu²¹²（小的）

佛橱　fɤɯ³¹¹⁻³³tʃhy⁵⁵佛龛

香案　ʃaŋ³¹¹⁻³³uːɐ⁵⁵

上供　ʃaŋ¹³tɕhin³¹¹

三牲　sɔ³¹¹sa³¹¹供品、祭品（肉、鱼、鸡等）

烛台　tɕiu²¹²⁻²¹tuːɐ²¹²

蜡烛　lɔ³¹¹⁻³³tɕiu²¹²（敬神的那种）

香　ʃaŋ³¹¹线香（敬神的那种）

香炉　ʃaŋ³¹¹⁻³³lu⁵⁵

烧香　ʃo³¹¹⁻³³ʃaŋ³¹¹（动宾）

签诗　tshiːɐ³¹¹⁻³³sɿ³¹¹（印有谈吉凶的诗文的纸条）

抽签　tɕhiu³¹¹⁻³³tshiːɐ³¹¹求签

做卦　tso⁵⁵kuːɐ⁵⁵打卦（占卜用，通常用一正一反两片竹片制成）

阴　in³¹¹（两面都朝下）

阳　iɑŋ⁵⁵（两面都朝上）

圣　sa⁵⁵（一正一反）

庙会　miu³¹¹⁻³³xuɤɯ³¹¹

做道场　tso⁵⁵thɤɯ¹³tʃaŋ⁵⁵

念经　ȵiːɐ³¹¹tʃa³¹¹

请字　tsha⁴²tshɿ³¹¹测字

□风水　tshɛn²¹²⁻¹³fɛn³¹¹⁻³³ʃy⁴²看风水

　□地　tshɛn²¹²⁻¹³thi³¹¹

算命　suːɐ⁵⁵ma³¹¹

算命先生　suːɐ⁵⁵ma³¹¹siːɐ³¹¹⁻³³sa³¹¹

仙姑　siːɐ³¹¹⁻³³ku³¹¹巫婆

问仙姑　mɛn³¹¹⁻³³siːɐ³¹¹⁻³³ku³¹¹问巫婆

叫魂　tʃo⁵⁵xuɛn⁵⁵为受惊吓的小孩招魂

□相个　tshɛn²¹²⁻²¹siɑŋ⁵⁵ka⁰看相的

跳神　thiu⁵⁵sin⁵⁵

许愿　ʃy⁴²ȵyːɐ³¹¹

还愿　uːɐ⁵⁵ȵyːɐ³¹¹

十六　日常生活

（1）衣

着衣裳　tso²¹²⁻²¹ i³¹¹⁻³³ ʃaŋ⁵⁵ 穿衣服

脱衣裳　thuːɐ²¹²⁻²¹ i³¹¹⁻³³ ʃaŋ⁵⁵ 脱衣服

系　tʃe⁵⁵（～鞋带）

脱鞋　thuːɐ²¹²⁻²¹ xa⁵⁵

量衣裳　liɑŋ⁵⁵ i³¹¹⁻³³ ʃaŋ⁵⁵ 量衣服

做衣裳　tso⁵⁵ i³¹¹⁻³³ ʃaŋ⁵⁵ 做衣服

贴边　thiːɐ²¹²⁻¹³ piːɐ³¹¹（缝在衣服里子边上的窄条）

滚边　kuɛn²¹²⁻¹³ piːɐ³¹¹（在衣服、布鞋等的边缘特别缝制的一种圆棱的边儿）

□边　to²¹²⁻¹³ piːɐ³¹¹ 缲边儿

鞔鞋面　miːɐ⁴² xa⁵⁵ miːɐ³¹¹ 鞔鞋帮儿

缉鞋底　tshe²¹²⁻¹³ xa⁵⁵ te⁴² 纳鞋底子

钉纽儿　ta³¹¹ ȵiũ¹³ 钉扣子

绣花　siu⁵⁵ xuːɐ³¹¹ 绣花儿

打补丁　ta⁴² pu⁴²⁻³³ ta⁴²

做被窝　tso⁵⁵ phi¹³ o³¹¹ 做被卧

洗衣裳　se⁴² i³¹¹⁻³³ ʃaŋ⁵⁵ 洗衣服

洗头回　se⁴² thiu⁵⁵ xuɤɯ⁵⁵ 洗一水（一次）

渡　thu³¹¹ 投（用清水漂洗）

晒衣裳　sa⁵⁵ i³¹¹⁻³³ ʃaŋ⁵⁵ 晾衣服

晾衣裳　laŋ³¹¹ i³¹¹⁻³³ ʃaŋ⁵⁵

浆衣裳　tsiɑŋ³¹¹⁻³³ i³¹¹⁻³³ ʃaŋ⁵⁵ 浆衣服

烫衣裳　thɑŋ⁵⁵ i³¹¹⁻³³ ʃaŋ⁵⁵ 熨衣服

（2）食

烧火　ʃo³¹¹⁻³³ xo⁴² 生火

煮饭　tʃy⁴² fuːɐ³¹¹ 做饭（总称）

洗米　se⁴²me¹³淘米

发面　fu:ɐ²¹²⁻¹³mi:ɐ³¹¹

和面　xo⁵⁵mi:ɐ³¹¹

揉面　n̩iu⁵⁵mi:ɐ³¹¹

擀面　kɑŋ⁴²⁻⁵⁵mi:ɐ³¹¹擀面条

□面　tʃha⁴²mi:ɐ³¹¹抻面条

蒸馍馍　tsin³¹¹⁻³³mo⁵⁵mo⁵⁵蒸馒头

择菜　tsha³¹¹tshu:ɐ⁵⁵

炒菜　tsho⁴²tshu:ɐ⁵⁵做菜（总称）

打汤　ta⁴²thɑŋ¹³做汤

饭好着　fu:ɐ³¹¹xɤɯ⁴²tʃo⁰饭好了（包括饭菜）

夹生　kɔ²¹²⁻¹³sa³¹¹（饭）生

开饭　khuɤɯ³¹¹⁻³³fu:ɐ³¹¹

舀饭　io¹³fu:ɐ³¹¹盛饭

吃饭　tʃhe²¹²⁻¹³fu:ɐ³¹¹

夹菜　kɔ²¹²⁻²¹tshu:ɐ⁵⁵搛菜

舀汤　io¹³thaŋ³¹¹

吃天光　tʃhe²¹²⁻²¹thi:ɐ³¹¹⁻³³kaŋ³¹¹吃早饭

吃下昼　tʃhe²¹²⁻²¹xɔ¹³tɕiu⁵⁵吃午饭

吃乌昏　tʃhe²¹²⁻²¹u³¹¹⁻³³xuɛn³¹¹吃晚饭

吃零碎　tʃhe²¹²⁻²¹la⁵⁵su:ɐ⁵⁵吃零食

用筷儿　in³¹¹khuɛn¹³使筷子

肉不烂　n̩iu³¹¹⁻³³pu²¹²⁻¹³lɔ³¹¹

咬不动　ŋo¹³pu²¹²⁻²¹tɛn¹³嚼不动

哽着　tʃa⁴²tʃo⁰（吃饭）噎住了

打嗝佬　ta⁴²kɤɯ²¹²⁻¹³lɤɯ⁴²打嗝儿

打嗝　ta⁴²kɤɯ²¹²打饱嗝（吃饭后）

吃胀着　tʃhe²¹²⁻²¹tʃaŋ⁵⁵tʃo⁰（吃得太多了）吃撑着了

嘴没味道　tsi⁴²mɤɯ²¹²⁻¹³vi³¹¹thɤɯ¹³嘴没味儿

倒　tɤɯ⁵⁵斟（酒）

筛　sa³¹¹用酒壶倒酒

吃茶　tʃhe²¹²⁻²¹tsɔ⁵⁵喝茶

喝酒　xɤɯ²¹²⁻¹³tsiu⁴²

　吃酒　tʃhe²¹²⁻¹³tsiu⁴²

吃烟　tʃhe²¹²⁻¹³iːɐ³¹¹抽烟

饿着　ŋo³¹¹tʃo⁰饿了

嘴干　tsi⁴²kuːɐ³¹¹渴

（3）住

起来　tɕi⁴²luːɐ⁵⁵起床

洗手　se⁴²ɕiu⁴²

梳头　su³¹¹⁻³³thiu⁵⁵

洗面　se⁴²miːɐ³¹¹洗脸

漱嘴　su²¹²⁻¹³tsi⁴²漱口

刷嘴　suːɐ²¹²⁻¹³tsi⁴²刷牙

梳辫儿　su³¹¹piːɐn¹³梳辫子

梳□儿　su³¹¹tsuːɐn¹³梳髻

洗浴　se⁴²iu³¹¹洗澡

剪指甲　tsiːɐ⁴²tʂ ɿ⁴²kɔ²¹²

挖耳朵　uːɐ²¹²ɤɯ¹³to⁴²掏耳朵

抹浴　muːɐ²¹²⁻¹³iu³¹¹擦澡

拉屎　la³¹¹⁻³³sɿ⁴²大便（动词）

　拉□　la³¹¹⁻³³n¹³（童语）

拉尿　la³¹¹⁻³³si³¹¹小便（动词）

乘凉　ɕiːɐ⁵⁵liaŋ⁵⁵

晒日头　sa⁵⁵ȵie³¹¹⁻³³thiu⁵⁵晒太阳

焙火　pɤɯ³¹¹⁻³³xo⁴²烤火（取暖）

点火　tiːɐ⁴²xo⁴²点灯

吹火　tʃhy³¹¹⁻³³xo⁴²熄灯

歇力　ɕiːɐ²¹²⁻¹³li³¹¹歇歇（休息一会儿）

打□睡　ta⁴²kho⁴²ʃy³¹¹打盹儿

　春睏　tsɛn³¹¹⁻³³khuɛn⁵⁵

打□□　ta⁴²xuːɐ⁵⁵ieᵌ¹¹打哈欠

打□睡着　ta⁴²kho⁴²ʃy³¹¹tʃo⁰困了

铺床铺　phu⁵⁵sɑŋ⁵⁵phu⁵⁵铺床

睏下　khuɛn⁵⁵xɔ¹³躺下

睏着着　khuɛn⁵⁵tʃho⁰tʃo⁰睡着了

打呼　ta⁴²xu³¹¹

睏不着　khuɛn⁵⁵pu²¹²⁻¹³tʃho³¹¹睡不着

午睡　u⁴²ʃy³¹¹睡午觉

　　打中觉儿　ta⁴²tsɛn³¹¹⁻³³koːn¹³

向天睏　ʃaŋ⁵⁵thiːɐ³¹¹⁻³³khuɛn⁵⁵仰面睡

打□睏　ta⁴²tsɿ²¹²⁻²¹khuɛn⁵⁵侧着睡

　　打侧睏　ta⁴²tsa²¹²⁻¹³khuɛn⁵⁵

仆着睏　phu²¹²tʃo⁰khuɛn⁵⁵趴着睡

抽筋　tɕhiu³¹¹⁻³³tɕin³¹¹抽筋了

得梦　te²¹²⁻¹³mɛn³¹¹做梦

讲梦话　kaŋ⁴²mɛn³¹¹⁻³³uːɐ³¹¹说梦话

钻儿筋　tsuːɐn¹³tɕin³¹¹落枕

熬夜　ŋɤɯ⁵⁵iːɐ³¹¹

　　熬睡　ŋɤɯ⁵⁵ʃy³¹¹

打夜工　ta⁴²iːɐ³¹¹⁻³³kɛn³¹¹加夜班，开夜车

　　打夜作　ta⁴²iːɐ³¹¹⁻³³tso²¹²

（4）行

下田　xɔ¹³thiːɐ⁵⁵下地（去地里干活）

上工　ʃaŋ¹³kɛn³¹¹

歇工　ɕiːɐ²¹²⁻¹³kɛn³¹¹收工

出去着　tshɤɯ²¹²⁻²¹khɤɯ⁵⁵tʃo⁰出去了

来家　luːɐ⁵⁵kɔ³¹¹回家（站在家里人的立场说）

去家　khɤɯ⁵⁵kɔ³¹¹回家（说话人从外面回家）

去家着　khɤɯ⁵⁵kɔ³¹¹tʃo⁰回家去了（说话人从外面回到家了）

荡嬉　thaŋ¹³ɕi³¹¹逛街

散步　sɔ⁴²phu³¹¹

十七　讼事

打官司　ta⁴²kuːɐ³¹¹⁻³³sʅ³¹¹

告状　kɤɯ⁵⁵⁻⁴²tshɑŋ³¹¹（动宾）

原告　ȵyːɐ⁵⁵kɤɯ⁵⁵

被告　phi³¹¹⁻³³kɤɯ⁵⁵

家务事　kɔ³¹¹⁻³³u³¹¹⁻³³sʅ³¹¹（清官难断～）

律师　li³¹¹⁻³³sʅ³¹¹

笔刀　pi²¹²⁻¹³tɤɯ³¹¹代书（代人写状子的）

　代书　tuːɐ³¹¹⁻³³ʃy³¹¹

逮捕　ta⁵⁵phu⁴²

押解　ŋɔ²¹²⁻¹³ka⁴²

囚车　tɕhiu⁵⁵tɕhiːɐ³¹¹

青天老爷　tsha³¹¹⁻³³thiːɐ³¹¹⁻³³lɤɯ¹³iːɐ⁵⁵

罚款　fuːɐ³¹¹⁻³³khuːɐ⁴²

斩头　tsɔ⁴²thiu⁵⁵斩首

斩牌　tsɔ⁴²pa⁵⁵斩条（插在死囚背后验明正身的木条）

拷打　khɤɯ⁴²⁻¹³ta⁴²

打屁股　ta⁴²⁻²¹phi⁵⁵ku⁴²（旧时刑罚）

带枷　ta⁵⁵kɔ³¹¹上枷

手铐　ɕiu⁴²khɤɯ⁵⁵

脚镣　tʃo²¹²⁻²¹liu⁵⁵

绑出来　pɑŋ⁴²tshuːɐ²¹²⁻²¹luːɐ⁵⁵绑起来

　绑起来　pɑŋ⁴²tɕhi⁴²⁻²¹luːɐ⁵⁵

囚禁起来　tɕhiu⁵⁵tɕin⁵⁵tɕhi⁴²⁻²¹luːɐ⁵⁵

坐牢　tsho¹³lɤɯ⁵⁵

立字据　li³¹¹tshʅ³¹¹tʃy¹³

画押　xuːɐ³¹¹⁻³³ŋɔ²¹²

落手印　lo³¹¹⁻³³ɕiu⁴²in⁵⁵按手印

捐税　tʃyːɐ³¹¹⁻³³suːɐ⁵⁵

地租　thi³¹¹⁻³³tsu³¹¹

地契　thi³¹¹⁻³³tʃhe⁵⁵

交税　ko³¹¹suːɐ⁵⁵纳税

印儿　iːn¹³印（官方图章）

传票　tʃhyːɐ⁵⁵phiu⁵⁵

十八　交际

应酬　ia⁵⁵tɕhiu⁵⁵

来往　luːɐ⁵⁵uaŋ⁴²

□人　tshɛn²¹²⁻²¹in⁵⁵看人（去看望人）

拜访　pa⁵⁵faŋ⁴²

回拜　xuɣɯ⁵⁵pa⁵⁵

客人　kha²¹²⁻²¹in⁵⁵

请客　tsha⁴²kha²¹²

招待　tʃo³¹¹tuːɐ¹³

男客　lɔ⁵⁵kha²¹²

女客　ȵy⁴²kha²¹²

送礼　sɛn⁵⁵le⁴²

礼物　le⁴²uɣɯ³¹¹

人情　in⁵⁵tsha⁵⁵

做客　tso⁵⁵kha²¹²

待客　tuːɐ¹³kha²¹²

陪客　pɣɯ⁵⁵kha²¹²（动宾）

送客　sɛn⁵⁵kha²¹²

不送着　pu²¹²⁻²¹sɛn⁵⁵tʃo⁰不送了（主人说的客气话）

谢谢　tshiːɐ³¹¹tshiːɐ³¹¹⁻¹³

不客气　pu²¹²⁻²¹kha²¹²⁻²¹tɕhi⁵⁵

　没关系　mɣɯ²¹²⁻¹³kuːɐ³¹¹ʃe¹³

不要紧　pu²¹²⁻¹³io⁵⁵tɕin⁴²

摆酒席　pa⁴²tsiu⁴²⁻³³se³¹¹

一桌酒　i²¹²⁻¹³tso²¹²⁻¹³tsiu⁴²一桌酒席

请帖　tsha⁴²thiːɐ²¹²

发请帖　fuːɐ²¹²tsha⁴²thiːɐ²¹²下请帖

入席　ie³¹¹se³¹¹

上菜　ʃɑŋ¹³tshuːɐ⁵⁵

筛酒　sa³¹¹⁻³³tsiu⁴²斟酒

压酒　ŋa²¹²⁻¹³tsiu⁴²劝酒

干杯　kuːɐ³¹¹⁻³³pɤɯ³¹¹

行酒令　xa⁵⁵tsiu⁴²la³¹¹

□名帖　io³¹¹⁻³³ma⁵⁵thiːɐ²¹²匿名帖子

不讲话个　pu²¹²kaŋ⁴²uːɐ³¹¹ka⁰（他们俩人）不和

冤家　yːɐ³¹¹⁻³³kɔ³¹¹

不平　pu²¹²⁻²¹pha⁵⁵（路见～）

冤枉　yːɐ³¹¹⁻³³uɑŋ⁴²

做作　tso⁵⁵tso²¹²

插嘴　tshɔ²¹²⁻¹³tsi⁴²

　　打岔　ta⁴²tshɔ⁵⁵

　　多嘴　to³¹¹tsi⁴²

摆架子　pa⁴²kɔ⁵⁵tsʅ⁰

　　□老官　tho³¹¹lɤɯ¹³kuːɐ³¹¹

装□　tsɑŋ³¹¹lɤɯ³¹¹装傻

出洋相　tshuːɐ²¹²⁻²¹iɑŋ⁵⁵siɑŋ⁵⁵

跌古　tiːɐ²¹²⁻¹³ku⁴²丢人

巴结　puːɐ³¹¹⁻³³tɕiːɐ²¹²

串门　tshuːɐ³¹¹⁻³³mɛn⁵⁵串门儿

拉亲近　la³¹¹tshin³¹¹tɕhin¹³拉近乎

□得起　tshɛn²¹²te²¹²⁻¹³tɕhi⁴²看得起

□不起　tshɛn²¹²pu²¹²⁻¹³tɕhi⁴²看不起

佮伙　kɤɯ²¹²⁻¹³xo⁴²合伙儿

答应　tɔ²¹²⁻²¹in⁵⁵

不答应　pu²¹²⁻¹³tɔ²¹²⁻²¹in⁵⁵

赶出去　kuːɐ⁴²tshɤɯ²¹²⁻²¹khɤɯ⁵⁵撵出去

十九　商业、交通

（1）经商行业

字号　tshɿ³¹¹⁻³³xɤɯ³¹¹

招牌　tʃo³¹¹⁻³³pa⁵⁵

开店　khuɤɯ³¹¹tiːɐ⁵⁵开铺子

店面　tiːɐ⁵⁵miːɐ³¹¹铺面（商店的门面）

摆摊儿　pa⁴²thɑŋ¹³摆摊子

做生意　tso⁵⁵sa³¹¹⁻³³i⁵⁵

旅店　li⁴²tiːɐ⁵⁵

饭馆　fuːɐ³¹¹⁻³³kuːɐ⁴²

下馆子　xɔ¹³kuːɐ⁴²tsɿ⁰

堂倌　tɑŋ⁵⁵kuːɐ³¹¹堂倌儿

布店　pu⁵⁵tiːɐ⁵⁵

百货店　pa²¹²⁻²¹xo⁵⁵tiːɐ⁵⁵

杂货店　tshɔ³¹¹⁻³³xo⁵⁵tiːɐ⁵⁵

油盐店　iu⁵⁵iːɐ⁵⁵tiːɐ⁵⁵

粮店　liɑŋ⁵⁵tiːɐ⁵⁵

剃头店　the⁵⁵thiu⁵⁵tiːɐ⁵⁵理发店

剃头　the⁵⁵thiu⁵⁵理发

修面　siu³¹¹miːɐ³¹¹刮脸

刮胡须　kuːɐ²¹²⁻²¹vu⁵⁵si³¹¹刮胡子

肉店　ȵiu³¹¹⁻³³tiːɐ⁵⁵肉铺

杀猪　sɔ²¹²⁻¹³tʃy³¹¹

油榨　iu⁵⁵tsɔ⁵⁵油坊

当铺　tɑŋ⁵⁵phu⁵⁵

租屋　tsu³¹¹vu²¹²租房子

典屋　tiːɐ⁴²vu²¹²典房子

煤店　mɤɯ⁵⁵ti:ɐ⁵⁵煤铺

煤球　mɤɯ⁵⁵tɕiu⁵⁵

蜂窠煤　fɛn³¹¹⁻³³kho³¹¹mɤɯ⁵⁵蜂窝煤

（2）经营、交易

开业　khuɤɯ³¹¹ɲi:ɐ³¹¹

停业　ta⁵⁵ɲi:ɐ³¹¹

盘点　phu:ɐ⁵⁵ti:ɐ⁴²

　盘货　phu:ɐ⁵⁵xo⁵⁵

柜台　tʃy⁵⁵tu:ɐ⁵⁵

开价　khuɤɯ³¹¹⁻¹³kɔ⁵⁵

讨价还价　thɤɯ⁴²kɔ⁵⁵u:ɐ⁵⁵kɔ⁵⁵还价

　讲价钱　kaŋ⁴²kɔ⁵⁵tshi:ɐ⁵⁵

便宜　pi:ɐ⁵⁵ɲi⁵⁵（价钱）

　巧　tʃho⁴²

贵　tʃy⁵⁵（价钱）

公道　kɛn³¹¹thɤɯ¹³（价钱）

倒　tɤɯ⁴²包圆儿（剩下的全部买了）

工钱　kɛn³¹¹tshi:ɐ⁵⁵

本钱　pɛn⁴²tshi:ɐ⁵⁵

保本　pɤɯ⁴²⁻¹³pɛn⁴²

赚钱　tshu:ɐ¹³tshi:ɐ⁵⁵

折本　ɕi:ɐ³¹¹⁻³³pɛn⁴²

生意好　sa³¹¹⁻³³i⁵⁵xɤɯ⁴²买卖好

没生意　mɤɯ²¹²⁻²¹sa³¹¹⁻³³i⁵⁵买卖清淡

路费　lu³¹¹⁻³³fe⁵⁵

利息　li³¹¹se²¹²

运气好　vin³¹¹⁻³³tɕhi⁵⁵xɤɯ⁴²

欠　tɕhi:ɐ⁵⁵（～他三元钱）

差　tshɔ³¹¹（～五角十元，即九元五角）

　□板　tho⁵⁵pu:ɐ³¹¹

缺　　tʃhyːɐ²¹²

押金　　ŋɔ²¹²⁻¹³tɕin³¹¹

（3）账目、度量衡

账房　　tʃaŋ⁵⁵faŋ⁵⁵

开消　　khuɤɯ³¹¹⁻³³siu³¹¹

收账　　ɕiu³¹¹⁻³³tʃaŋ⁵⁵（记收入的账）

出账　　tshuːɐ²¹²⁻²¹tʃaŋ⁵⁵（记付出的账）

欠账　　tɕhiːɐ⁵⁵tʃaŋ⁵⁵

讨账　　thɤɯ⁴²tʃaŋ⁵⁵要账

烂账　　lɔ³¹¹⁻³³tʃaŋ⁵⁵（要不来的账）

水牌　　ʃy⁴²pa⁵⁵（临时记账用的木牌或铁牌）

发票　　fuːɐ²¹²⁻²¹phiu⁵⁵

收据　　ɕiu³¹¹tʃy¹³

存款　　tshuːɐn⁵⁵khuːɐ⁵⁵（存下的钱）

整钱　　tʃa⁴²tshiːɐ⁴²（如十元、百元的钱）

散票　　sɔ⁴²phiu⁵⁵零钱

　　零头　　la⁵⁵thiu⁵⁵

钞票　　tshɤɯ⁴²phiu⁵⁵纸币

锑角　　the⁵⁵ko²¹²硬币

　　硬角子　　n̢ia³¹¹ko²¹²⁻¹³tsʅ⁰

铜角　　tɛn⁵⁵ko²¹²铜板儿

银元　　n̢in⁵⁵yːɐ⁵⁵

　　现洋　　ɕiːɐ³¹¹⁻³³iaŋ⁵⁵

一分钱　　i²¹²⁻¹³fɛn³¹¹tshiːɐ⁵⁵

一角儿钱　　i²¹²⁻¹³koːn²¹²tshiːɐ⁵⁵一角钱

一块儿钱　　i²¹²⁻²¹khuan⁵⁵tshiːɐ⁵⁵一块钱

十块儿钱　　sʅ³¹¹khuan⁵⁵tshiːɐ⁵⁵十块钱

十块头　　sʅ³¹¹khua⁵⁵thiu⁵⁵

一百块儿钱　　i²¹²⁻²¹pa²¹²khuan⁵⁵tshiːɐ⁵⁵一百块钱

一张钞票　　i²¹²⁻¹³tʃaŋ³¹¹tsho³¹¹phiu⁵⁵

一个铜角　i²¹²⁻²¹ka⁵⁵tɛn⁵⁵ko²¹²一个铜子儿

天平　thi:ɐ³¹¹pha⁵⁵

花星　xu:ɐ³¹¹sa³¹¹戥子（等子）

算盘　su:ɐ⁵⁵phu:ɐ⁵⁵

秤　tshin⁵⁵

磅秤　pɑŋ⁴²tshin⁵⁵

秤盘　tshin⁵⁵phu:ɐ⁵⁵

秤星　tshin⁵⁵sa³¹¹秤星儿

秤杆儿　tshin⁵⁵kuɛn¹³

秤钩　tshin⁵⁵tɕiu³¹¹秤钩子

秤砣　tshin⁵⁵to⁵⁵秤锤

秤杪儿　tshin⁵⁵miu¹³秤毫

秤翘　tshin⁵⁵tʃho⁵⁵（称物时）秤尾高

秤□　tshin⁵⁵phi⁵⁵（称物时）秤尾低

刮板　ku:ɐ¹³pu:ɐ⁴²（平斗斛的木片）

（4）交通

公路　kɛn³¹¹lu³¹¹

汽车　tɕhi⁵⁵tɕhi:ɐ³¹¹

客车　kha²¹²⁻¹³tɕhi:ɐ³¹¹（指汽车的）

货车　xo⁵⁵tɕhi:ɐ³¹¹（指汽车的）

小轿车　siu⁴²tʃo³¹¹⁻³³tɕhi:ɐ³¹¹

摩托车　mo⁵⁵tho²¹²⁻¹³tɕhi:ɐ³¹¹

三轮车　sɔ³¹¹⁻³³lin⁵⁵tɕhi:ɐ³¹¹（载人的）

平板三轮车（拉货的）　pha⁵⁵pu:ɐ⁴²sɔ³¹¹⁻³³lin⁵⁵tɕhi:ɐ³¹¹

脚踏车　tʃo²¹²⁻¹³thɔ³¹¹tɕhi:ɐ³¹¹自行车

鸡公车　tʃe³¹¹⁻³³kɛn³¹¹tɕhi:ɐ³¹¹（多用于南方）

水埠　ʃy⁴²phu³¹¹河边洗衣服等的地方

船　ʃy:ɐ⁵⁵（总称）

帆　fu:ɐ⁵⁵

篷　phɛn⁵⁵（织竹夹箬覆舟）

桅竿　uɣɯ³¹¹⁻³³kuːɐ³¹¹桅杆

舵　to¹³

橹　lu¹³

桨　tsiɑŋ⁴²

篙　kɣɯ³¹¹

跳板　thiu⁵⁵puːɐ⁴²（上下船用）

　水翘　ʃy⁴²tʃho⁵⁵

帆船　fuːɐ³¹¹⁻³³ʃyːɐ⁵⁵

舢舨船　sɔ³¹¹⁻³³puːɐ⁴²ʃyːɐ⁵⁵舢舨（三板）

渔船　ȵy⁵⁵ʃyːɐ⁵⁵

轮船　lin⁵⁵ʃyːɐ⁵⁵

渡船　tu³¹¹ʃyːɐ⁵⁵

过渡　ko⁵⁵tu³¹¹过摆渡（坐船过河）

渡船头　tu³¹¹⁻³³ʃyːɐ⁵⁵thiu⁵⁵渡口

二十　文化教育

(1) 学校

学堂　xo³¹¹⁻³³taŋ⁵⁵学校

进学堂　tsin⁵⁵xo³¹¹⁻³³taŋ⁵⁵上学（开始上小学），去学校上课

放学　faŋ⁵⁵xo³¹¹（上完课回家）

赖学　la³¹¹⁻³³xo³¹¹逃学

幼儿园　iu⁵⁵ɣɯ⁵⁵yːɐ⁵⁵（年龄较大的）

托儿所　tho²¹²⁻²¹ɣɯ⁵⁵su⁴²（年龄较小的）

私□　sʅ³¹¹⁻³³thiːɐ¹³私塾

学费　xo³¹¹⁻³³fe⁵⁵

放假　faŋ⁵⁵kɔ⁴²

暑假　ʃy⁴²kɔ⁴²

寒假　xuːɐ⁵⁵kɔ⁴²

茶假　tsɔ⁵⁵kɔ⁴²采茶时放的假

请假　tsha⁴²⁻¹³kɔ⁴²

（2）**教室、文具**

教室　ko⁵⁵sʅ²¹²

上课　ʃaŋ¹³kho⁵⁵

下课　xɔ¹³kho⁵⁵

讲台　kaŋ⁴²tuːɐ⁵⁵

黑板　xɤɯ²¹²⁻¹³puːɐ⁴²

粉笔　fɛn⁴²pi²¹²

板擦　puːɐ⁴²tshɔ²¹²板擦儿

点名册　tiːɐ⁴²ma⁵⁵tsha²¹²

戒尺　ka⁵⁵tʃhe²¹²

笔记本　pi²¹²⁻²¹tɕi⁵⁵pɛn⁴²

课本　kho⁵⁵pɛn⁴²

铅笔　khɔ³¹¹⁻³³pi²¹²

橡皮　tshiaŋ¹³phi⁵⁵

铅笔刨　khɔ³¹¹⁻³³pi²¹²po³¹¹铅笔刀（指旋着削的那种）

圆规　yːɐ⁵⁵tʃye³¹¹

三角板　sɔ³¹¹⁻³³ko²¹²⁻¹³puːɐ¹²

□　tsa²¹²镇纸

作文簿　tso²¹²⁻²¹uɛn⁵⁵pu¹³作文本

大字簿　tho³¹¹⁻³³tshʅ³¹¹pu¹³大字本

描红　miu⁵⁵xɛn⁵⁵红模子

钢笔　kaŋ³¹¹⁻³³pi²¹²

毛笔　mɤɯ⁵⁵piː²¹²

笔套　pi²¹²⁻²¹thɤɯ⁵⁵笔帽（保护毛笔头的）

笔筒　pi²¹²⁻²¹thɛn⁵⁵

墨砚　me³¹¹⁻³³ŋɔ¹³砚台

磨墨　mo⁵⁵me³¹¹研墨（动宾）

墨盒儿　me³¹¹xɤn¹³

墨汁　me³¹¹tsʅ²¹²（毛笔用的）

搽墨　thiːɐ⁵⁵me³¹¹搽笔（动宾）

墨水　me³¹¹⁻³³ʃy⁴²墨水儿（钢笔用的）

书包　ʃy³¹¹⁻³³po³¹¹

（3）读书识字

读书个　thu³¹¹⁻³³ʃy³¹¹ka⁰读书人

识字个　sŋ²¹²⁻¹³tshŋ³¹¹ka⁰识字的

认不着字个　ȵin³¹¹⁻³³pu²¹²⁻¹³tsho³¹¹tshŋ³¹¹ka⁰不识字的

画儿　xuːɐn¹³

中堂　tsɛn³¹¹⁻³³taŋ⁵⁵挂在客厅中的画

老爷画儿　lɣɯ¹³iːɐ⁵⁵xuːɐn¹³财神、关公的画

菩萨儿书　pu⁵⁵saŋ¹³ʃy³¹¹连环画

　团儿书　ȵiːɐn¹³ʃy³¹¹

读书　thu³¹¹ʃy³¹¹

温书　uɛn³¹¹ʃy³¹¹

背书　pɣɯ¹³ʃy³¹¹

报考　pɣɯ⁵⁵khɣɯ⁴²

考场　khɣɯ⁴²tʃaŋ⁵⁵

进场　tsin⁵⁵tʃaŋ⁵⁵入场（进考场）

考试　khɣɯ⁴²sŋ⁵⁵

考卷　khɣɯ⁴²tʃyːɐ⁵⁵

满分　muːɐ¹³fɛn³¹¹

鸭子零　ŋɔ²¹²⁻¹³tsŋ⁰la⁵⁵零分

　零蛋儿　la⁵⁵taŋ¹³

发榜　fuːɐ²¹²⁻¹³paŋ⁴²

头名　thiu⁵⁵ma⁵⁵

末名　muːɐ³¹¹ma⁵⁵

毕业　pi²¹²⁻¹³ȵiːɐ³¹¹

肄业　i⁵⁵ȵiːɐ³¹¹

文凭　uɛn⁵⁵pin⁵⁵

（4）写字

大楷　tho³¹¹⁻³³kha⁴²

小楷　siu⁴²kha⁴²

字帖　tʂʅ³¹¹⁻³³thiːɐ²¹²

临帖　lin⁵⁵thiːɐ²¹²

涂踏着　tu⁵⁵thɔ²¹²⁻²¹tʃoⁿ涂了

写字　siːɐ⁴²tʂʅ³¹¹

写白字　siːɐ⁴²pha³¹¹tʂʅ³¹¹

掉字　tiu⁵⁵tʂʅ³¹¹

草稿　tʂhɤɯ⁴²⁻¹³kɤɯ⁴²

起稿子　tɕhi⁴²⁻³³kɤɯ⁴²tsʅⁿ

誊清　ta⁵⁵tsha³¹¹

一点　i²¹²⁻¹³tiːɐ⁴²

一横　i²¹²⁻¹³ua³¹¹

一直下　i²¹²⁻¹³tʂʅ³¹¹xɔ¹³一竖

一撇　i²¹²⁻¹³phiːɐ²¹²

一捺　i²¹²⁻¹³lɔ³¹¹

一勾　i²¹²⁻¹³tɕiu³¹¹

一挑　i²¹²⁻¹³thiu³¹¹

一画　i²¹²⁻¹³xuːɐ³¹¹（王字是四画）

偏旁　phiːɐ³¹¹⁻³³paŋ⁵⁵偏旁儿

单人旁　tɔ³¹¹⁻³³in⁵⁵paŋ⁵⁵立人儿（亻）

双人旁　saŋ³¹¹⁻³³in⁵⁵paŋ⁵⁵双立人儿（彳）

弯弓张　uːɐ³¹¹⁻³³kɛn³¹¹tʃaŋ³¹¹

立早章　li³¹¹⁻³³tsɤɯ⁴²tʃaŋ³¹¹

禾旁程　xo⁵⁵paŋ³¹¹⁻³³tʃha⁵⁵

四框栏　sʅ⁵⁵khuaŋ³¹¹⁻³³lɔ⁵⁵四框栏儿（囗）

宝盖头　pɤɯ⁴²⁻²¹kuːɐ⁵⁵thiu⁵⁵宝盖儿（宀）

秃宝盖　thu²¹²⁻¹³pɤɯ⁴²⁻²¹kuːɐ⁵⁵秃宝盖儿（冖）

竖心旁（忄）　ʃy¹³sin³¹¹⁻³³paŋ⁵⁵

反犬旁（犭）　fuːɐ⁴²⁻¹³tʃyːɐ⁴²paŋ⁵⁵

单耳边　tɔ³¹¹⁻³³ɤɯ¹³piːɐ³¹¹单耳刀儿（卩）

双耳边　saŋ³¹¹ɤɯ¹³piːɐ³¹¹双耳刀儿（阝）

反文旁（攵）　fuːɐ⁴²uɛn⁵⁵paŋ⁵⁵

斜玉旁　tshiːɐ⁵⁵n̠y³¹¹paŋ⁵⁵斜玉儿

提土旁　te⁵⁵thu⁴²paŋ⁵⁵

竹字头　tɕiu²¹²⁻¹³tshɿ³¹¹⁻³³thiu⁵⁵竹字头儿

火字旁　xo⁴²tshɿ³¹¹⁻³³paŋ⁵⁵

四点（灬）　sɿ⁵⁵tiːɐ⁴²

三点水　so³¹¹tiːɐ⁴²⁻¹³ʃy⁴²三点水儿（氵）

两点水　liaŋ¹³tiːɐ⁴²⁻¹³ʃy⁴²两点水儿（冫）

病旁　pha³¹¹paŋ⁵⁵病旁儿（疒）

走之　tsɤɯ⁴²⁻¹³tsɿ³¹¹走之儿（辶）

绕丝旁　n̠io⁴²⁻¹³sɿ³¹¹paŋ⁵⁵绞丝旁（纟）

挑手旁　thiu³¹¹⁻³³ɕiu⁴²paŋ⁵⁵提手旁（扌）

草字头（艹）　tshɤɯ⁴²⁻¹³tshɿ³¹¹thiu⁵⁵

二十一　文体活动

（1）游戏、玩具

鹞儿　iõːn¹³风筝

躲伴儿　to⁴²iõːn⁵⁵捉迷藏

　捉伴寻　tso²¹²⁻²¹iaŋ⁵⁵tshin⁵⁵

摸伴儿　mo²¹²⁻²¹iõːn⁵⁵一人蒙眼逮人

老鹰打鸡　lɤɯ¹³in³¹¹ta⁴²⁻¹³tʃe³¹¹老鹰捉小鸡

踢毽儿　the²¹²⁻²¹tɕiːɐn¹³

接石头　tsiːɐ²¹²⁻²¹se³¹¹⁻³³thiu⁵⁵抓子儿（用几个小沙包或石子儿，扔起其一，做规定动作后再接住）

打弹子　ta⁴²tɔ⁵⁵tsɿ⁰弹球儿

打泡泡儿　ta⁴²pho³¹¹phõ¹³打水漂儿（在水面上掷瓦片）

跳屋　thiu⁵⁵vu²¹²跳房子

翻屎缸　fuːɐ³¹¹⁻³³sɿ⁴²kaŋ³¹¹翻绳（两人轮换翻动手指头上的细绳，变出各种花样）

　划拳　xua²¹²⁻²¹tʃhyːɐ⁵⁵（喝酒时）

打拳　ta⁴²tʃhyːɐ⁵⁵

谜儿　miːn¹³谜语

打谜儿　ta⁴²miːn¹³出谜语

猜谜儿　tshuːɐ³¹¹miːn¹³

麻将　muːɐ⁵⁵tsiaŋ⁵⁵

　角牌　ko²¹²⁻²¹pa⁵⁵

掷色子　tsʅ³¹¹sa²¹²⁻¹³tsʅ⁰

不倒翁　pu²¹²⁻¹³tɤɯ⁴²ŋɛn³¹¹

牌九　pa⁵⁵tɕiu⁴²

压宝　ŋɔ²¹²⁻¹³pɤɯ⁴²

爆竹　po⁵⁵tɕiu⁴²双响炮

小爆竹　siu⁴²po⁵⁵tɕiu²¹²鞭炮

打爆竹　ta⁴²po⁵⁵tɕiu²¹²放鞭炮

烟火　iːɐ³¹¹⁻³³xo⁴²烟火、花炮

放烟火　faŋ⁵⁵iːɐ³¹¹⁻³³xo⁴²放花炮

（2）体育

象棋　tshiɑŋ¹³tɕi⁵⁵

走棋　tsɤɯ⁴²tɕi⁵⁵下棋

将　tsiaŋ⁵⁵

帅　suːɐ⁵⁵

士　sʅ³¹¹

象　tshiɑŋ¹³

相　siaŋ³¹¹

车　tʃy³¹¹

马　muːɐ¹³

炮　pho⁵⁵

兵　pa³¹¹

卒儿　tsiːn¹³卒

拱卒儿　kɛn¹³tsiːn¹³拱卒

上士　ʃaŋ¹³sʅ³¹¹（士走上去）

下士　xɔ¹³sŋ³¹¹落士（士走下来）

飞象　fi³¹¹tshiɑŋ¹³

落象　lo³¹¹tshiɑŋ¹³

将军　tsiɑŋ³¹¹⁻³³tʃyin³¹¹

围棋　y⁵⁵tɕi⁵⁵

黑子　xɤɯ¹³tsŋ⁴²

白子　pha³¹¹tsŋ⁴²

和棋　xo⁵⁵tɕi⁵⁵

拔河　phuːɐ³¹¹xo⁵⁵

游泳　iu⁵⁵vin⁴²

上天游　ʃɑŋ¹³thiːɐ³¹¹iu⁵⁵仰泳

蛙式游　ua³¹¹sŋ²¹²⁻²¹iu⁵⁵蛙泳

自由泳　tshŋ⁵⁵iu⁵⁵vin⁴²

潜水　tshiːɐ⁵⁵ʃy⁴²

　　□水猫儿　tshu²¹²⁻¹³ʃy⁴²miuːn¹³

打球　ta⁴²tɕiu⁵⁵

乒乓球　pin³¹¹⁻³³pɛn³¹¹⁻³³tɕiu⁵⁵

篮球　lɑŋ⁵⁵tɕiu⁵⁵

羽毛球　y⁴²mɤɯ⁵⁵tɕiu⁵⁵

跳远　thiu⁵⁵yːɐ¹³

跳高　thiu⁵⁵kɤɯ³¹¹

（3）武术、舞蹈

打转儿头　ta⁴²tʃyːɐn³¹¹⁻³³thiu⁵⁵翻跟头（翻一个跟头）

打㿹□　ta⁴²tɕi¹³tsa³¹¹倒立

舞狮　u¹³sŋ³¹¹舞狮子

打车轮子　ta⁴²tɕhiːɐ³¹¹⁻³³lin⁵⁵tsŋ⁰（连续翻好几个跟头）

舞刀　u¹³tɤɯ³¹¹耍刀

打流星　ta⁴²liu⁵⁵sa³¹¹耍流星

扭秧歌　ȵiu⁵⁵iɑŋ³¹¹⁻³³ko³¹¹扭秧歌儿

打腰鼓　ta⁴²io³¹¹⁻³³ku⁴²

跳舞　thiu⁵⁵u¹³

舞龙灯　u¹³lin⁵⁵ta³¹¹

抬阁　tuːɐ⁵⁵ko²¹²（抬着游行的演戏的台子）

打莲枪　ta⁴²liːɐ⁵⁵tshiaŋ³¹¹演唱莲花落

游花船　iu⁵⁵xuːɐ³¹¹⁻³³ʃyːɐ⁵⁵跑旱船

走高跷　tsɤɯ⁴²kɤɯ³¹¹⁻³³tɕhiu³¹¹踩高跷

（4）戏剧

笑话儿　siu⁵⁵uːɐn¹³民间故事

傀儡儿戏　khɤɯ²¹²⁻²¹lɤːn¹³ɕi⁵⁵木偶戏

皮影戏　phi⁵⁵ia⁴²ɕi⁵⁵

大戏　tho³¹¹⁻³³ɕi⁵⁵（大型戏曲，角色多、乐器多、演唱内容复杂）

京戏　tʃa³¹¹⁻³³ɕi⁵⁵京剧

话剧　uːɐ³¹¹⁻³³tʃy¹³

戏园　ɕi⁵⁵yːɐ⁵⁵戏院

戏台　ɕi⁵⁵tuːɐ⁵⁵

戏子　ɕi⁵⁵tsʅ⁰演员

变戏法儿　piːɐ⁵⁵ɕi⁵⁵fuːẽn¹³变戏法（魔术）

讲书　kaŋ⁴²⁻³³ʃy³¹¹说书

跑龙套个　pho⁵⁵lin⁵⁵thɤɯ⁵⁵ka⁰跑龙套的

二十二　动作

（1）一般动作

听　tha⁵⁵

咬　ŋo¹³

咬　ŋo¹³嚼

舐　tɕiːɐ¹³舔

□　tsi²¹²吮吸

　吸　ɕi²¹²

□　phi⁵⁵吐，把果核儿吐掉

担　tɔ³¹¹拿

□　ti⁵⁵给（他给我一个苹果）

掐　khɔ²¹²

旋　si:ɐ³¹¹拧，拧螺丝

捻　mi:ɐ⁴²

揉　ȵiu⁵⁵（多）

　挌　lo⁵⁵

掰　ma²¹²

撕　tsɿ³¹¹

拗　ŋu²¹²折，折断

拔　phu:ɐ³¹¹

跳　thiu⁵⁵

□　lɔ⁵⁵迈（老）

　迈　ma²¹²

踩　tsha⁴²

爬　phu:ɐ⁵⁵

逃　thɤɯ⁵⁵

追　tʃye³¹¹

捉　tso²¹²

　抓　tsu:ɐ³¹¹

驮　to⁵⁵抱

搡　sɛn⁴²推

　推　thu:ɐ³¹¹

跌　ti:ɐ²¹²

撞　tsɑŋ³¹¹

躲　to⁴²

　缩　so²¹²

□　tsɛn¹³擦

埋　ma⁵⁵

盖　kuɤɯ⁵⁵

□　tsa²¹²压

压　ŋa²¹²

□　lo³¹¹摁

戳　tʃho²¹²捅（捅鸟窝）

斫　tso²¹²砍

［赞刂］　tsɔ³¹¹剁

　　剁　to¹³

削　siu²¹²削苹果

开裂　khuɣɯ³¹¹⁻³³liːɐ³¹¹裂

揩　kha³¹¹擦

倒　tɤɯ⁵⁵把碗里的稀饭倒掉

　　□　pa⁴²

跌　tiːɐ²¹²掉落，坠落

寻　tshin⁵⁵找

掼　kuːɐ³¹¹提，拎

挑　thiu³¹¹挑担

扛　kɑŋ³¹¹抬

称　tshin³¹¹称重量

约　io²¹²估大概的重量

赚　tshuːɐ¹³赚、挣

空　khɛn⁵⁵

　　欠　tɕhiːɐ⁵⁵

瞑　khuɛn⁵⁵睡

嬉　çi³¹¹玩儿，游玩

跌跤　tiːɐ²¹²⁻¹³ko³¹¹跌倒

　　跌倒　tiːɐ²¹²⁻¹³tɤɯ⁴²

□　aŋ⁵⁵瞪（眼）

徛　tɕi¹³站

□　kuɣɯ³¹¹倚

　　靠　khɣɯ⁵⁵

□　tsɛn⁴²蹲

跌倒着　tiːɐ²¹²⁻¹³tɤɯ⁴²tʃo⁰跌倒了

爬起来　phuːɐ⁵⁵tɕhi⁴²luːɐ⁵⁵

摇头　io⁵⁵thiu⁵⁵

舂头　tsɛn³¹¹⁻³³thiu⁵⁵点头

　点头　tiːɐ⁴²thiu⁵⁵

回头　xuɣɯ⁵⁵thiu⁵⁵

抬头　tuːɐ⁵⁵thiu⁵⁵

低头　te³¹¹thiu⁵⁵

脸转过去　liːɐ¹³tʃyːɐ⁴²ko⁵⁵khɣɯ⁵⁵

睁眼　tsa³¹¹ŋɔ¹³

瞪眼　ta³¹¹ŋɔ¹³

闭眼　pi⁵⁵ŋɔ¹³

挤眼　tse⁴²ŋɔ¹³挤眼儿

□眼　sɔ²¹²⁻²¹ŋɔ¹³眨眼

　眨　kɔ²¹²眨（眼）

碰着　phɛn³¹¹⁻³³tʃho⁰遇见

　遇见　ɳy³¹¹⁻³³tɕiːɐ⁵⁵

□　tshɛn²¹²看

眼睛乱转　ŋɔ¹³tsa³¹¹luːɐ³¹¹⁻³³tʃyːɐ⁴²

流眼泪　liu⁵⁵ŋɔ¹³li³¹¹

张嘴　tʃɑŋ³¹¹⁻³³tsi⁴²

闭嘴　pi⁵⁵tsi⁴²

努嘴　lu¹³tsi⁴²

翘嘴　tʃho⁵⁵tsi⁴²噘嘴

　嘟嘴　tu²¹²⁻¹³tsi⁴²

举手　tʃy⁴²⁻¹³ɕiu⁴²

抻手　tʃhyin³¹¹ɕiu⁴²伸手

摆手　pa⁴²⁻¹³ɕiu⁴²

撒手　sa²¹²⁻¹³ɕiu⁴²

动手　tɛn¹³ɕiu⁴²（只许动口，不许～）

拍手　pha²¹²⁻¹³ɕiu⁴²

背着手　pɣɯ⁵⁵tʃo⁰ɕiu⁴²背着手儿

叉着手 tshɔ³¹¹tʃoᵒɕiu⁴² 叉着手儿（两手交叉在胸前）

笼着手 lɛn⁵⁵tʃoᵒɕiu⁴² （双手交叉伸到袖筒里）

拨 puːɐ²¹² 拨拉

揞着 ŋɛn⁴²tʃhoᵒ 捂住

抹 muːɐ²¹² 摩挲（用手 ~ 猫背）

摸 mo²¹² （抚 ~ 人）

张尿 tʃaŋ³¹¹⁻³³si³¹¹ 把尿

张屎 tʃaŋ³¹¹⁻³³sʅ⁴² 把屎（抱持小儿双腿、哄他大便）

扶着 fu⁵⁵tʃhoᵒ

揆着 tshɔ³¹¹tʃhoᵒ

弹指指儿 taŋ⁵⁵tsʅ⁴²⁻²¹tsʅn¹³ 弹指头

捏拳头 ȵiːɐ²¹²⁻²¹tʃhyːɐ⁵⁵thiu⁵⁵ 攥起拳头

□脚 tsɔ¹³tʃo²¹² 跺脚

踮脚 tiːɐ⁴²tʃo²¹²

□脚 kɔ³¹¹tʃo²¹² 跷二郎腿

□脚 thiu⁵⁵tʃo²¹² 蜷腿

抖脚 tiu⁴²tʃo²¹² 抖腿

踢腿 the²¹²⁻¹³thuːɐ⁴²

弯腰 uːɐ³¹¹⁻³³io³¹¹

抽懒筋 tɕhiu³¹¹lɔ¹³tɕin³¹¹ 伸腰

撑腰 tsha³¹¹⁻³³io³¹¹ （支持）

翘屁股 tʃho⁵⁵phi⁵⁵ku⁴² 撅屁股

打背脊 ta⁴²pu⁵⁵tse²¹² 捶背

擤鼻儿 sin⁵⁵phiːn³¹¹ 擤鼻涕

缩鼻儿 su²¹²⁻¹³phiːn³¹¹ 吸溜鼻涕

打□ ta⁴²tshʅ⁵⁵ 打喷嚏

搋栗暴子 kho²¹²le³¹¹⁻³³po⁵⁵tsʅᵒ 打栗暴

搋□□ kho²¹²lo⁵⁵so³¹¹

嗅 xɛn⁵⁵ 闻（用鼻子 ~）

嫌弃 ɕiːɐ⁵⁵tɕhi⁵⁵

哭 khu²¹²

□ kua²¹²扔，丢弃（把没用东西 ~ 了）

　丢 tiu³¹¹

□ kua²¹²扔，投掷

讲 kɑŋ⁴²说

奔 pɛn³¹¹跑

走 tsɣɯ⁴²

放 fɑŋ⁵⁵（ ~ 在桌上）

搀 tshɔ³¹¹（酒里 ~ 水）

整理 tʃa⁴²li¹³收拾（东西）

拣 kɔ⁴²挑选，选择

　择 tsha³¹¹

掼 kuːɐ³¹¹提（东西）

□出来 pa⁵⁵tshuːɐ²¹²⁻²¹luːɐ⁵⁵捡起来

抹踏 muːɐ²¹²⁻¹³thɔ²¹²擦掉

　擦踏 tshɔ²¹²⁻¹³thɔ²¹²

跌 tiːɐ²¹²丢失

落 lo³¹¹（因忘而把东西遗放在某处）

寻着着 tshin⁵⁵tʃho³¹¹tʃo⁰找着了

囥 khɑŋ⁵⁵（把东西）藏（起来）

躲 to⁴²（人藏起来）

码出来 muːɐ¹³tshuːɐ²¹²⁻²¹luːɐ⁵⁵码起来

　码起来 muːɐ¹³tɕhi⁴²luːɐ⁵⁵

□□ i¹³xɣɯ³¹¹有

没得 mɣɯ²¹²⁻¹³te²¹²没有

是 sɿ¹³是

不是 pu²¹²⁻²¹sɿ¹³不是

是 sɿ¹³在，在家

不是 pu²¹²⁻²¹sɿ¹³不在，不在家

（2）心理活动

想 siɑŋ⁴²

要　io⁵⁵

识得　sη²¹²⁻¹³te⁰知道

不识得　pu²¹²⁻²¹sη²¹²⁻¹³te⁰不知道

识得着　sη²¹²⁻¹³te⁰tʃo⁰懂了，会了

认得着　ȵin³¹¹te²¹²⁻¹³tʃo⁰认得

认不着　ȵin³¹¹pu²¹²⁻²¹tʃo⁰不认得

认字　ȵin³¹¹tshη³¹¹识字

想想　siaŋ¹³siaŋ¹³

估量　ku⁴²liaŋ³¹¹

想主意　siaŋ⁴²tʃy⁴²⁻²¹i⁵⁵

猜想　tshuːɐ³¹¹siaŋ⁴²

算定　suːɐ⁵⁵tha³¹¹料定

主张　tʃy⁴²tʃaŋ³¹¹

相信　siaŋ³¹¹⁻³³sin⁵⁵

沉思　tshin⁵⁵sη³¹¹

犹疑　iu³¹¹⁻³³ȵi⁵⁵

疑心　ȵi⁵⁵sin³¹¹怀疑

小心点儿　siu⁴²sin³¹¹tiːn¹³留神、小心

吓着　xa²¹²tʃo⁰吓着了

吓　xa²¹²害怕

急　tɕi²¹²着急

挂念　kuːɐ⁵⁵ȵiːɐ³¹¹

放心　faŋ⁵⁵sin³¹¹

盼望　phaŋ⁵⁵uaŋ³¹¹

巴不得　puːɐ³¹¹pu²¹²⁻¹³te²¹²

记着　tɕi⁵⁵tʃho³¹¹（不要忘）

忘记着　maŋ⁵⁵tɕi⁵⁵tʃo⁰忘记了

想出来着　siaŋ⁴²tshɤɯ²¹²luːɐ⁵⁵tʃo⁰想起来了

眼红　ŋɔ¹³xɛn⁵⁵眼红、嫉妒

讨厌　thɤɯ⁴²iːɐ⁵⁵

得人憎　te²¹²⁻²¹in⁵⁵tsa³¹¹

得人厌　te²¹²⁻²¹in⁵⁵i:ɐ⁵⁵

恨　xɛn³¹¹

羡慕　si:ɐ²¹²⁻¹³mo³¹¹

偏心　phi:ɐ³¹¹⁻³³sin³¹¹

忌妒　tɕi³¹¹⁻³³tu³¹¹

　眼红　ŋɔ¹³xɛn⁵⁵

怄气　o⁵⁵tɕhi⁵⁵

抱怨　po³¹¹⁻³³y:ɐ³¹¹

憋气　pi:ɐ²¹²⁻²¹tɕhi⁵⁵

生气　sa³¹¹⁻³³tɕhi⁵⁵

（对物）爱惜　uɣɯ⁵⁵se²¹²

（对人）痛爱　thɛn⁵⁵uɣɯ⁵⁵疼爱

欢喜　xu:ɐ³¹¹⁻³³ɕi⁴²喜欢

感谢　kɛn⁴²tshi:ɐ³¹¹

惯　ku:ɐ⁵⁵娇惯

宠爱　tshɛn⁵⁵uɣɯ⁵⁵

迁就　tshi:ɐ³¹¹tshiu³¹¹

(3) 语言动作

谈天　thɔ⁵⁵thi:ɐ³¹¹聊天（正式）

　说鳖　ʃy:ɐ²¹²⁻¹³pi:ɐ²¹²（随意）

搭荏　tɔ²¹²⁻¹³tshɔ²¹²搭荏儿

不做声　pu²¹²⁻²¹tso⁵⁵sa³¹¹不说话、不言语

骗　phi:ɐ⁵⁵（我~你玩的，不是真的）

伲……讲　kɣɯ²¹²……kaŋ⁴²跟……讲，告诉……

｛伲尔｝讲　kɣ:n²¹²⁻¹³kaŋ⁴²跟你讲，告诉你

驳　po²¹²抬杠

回嘴　xuɣɯ⁵⁵tsi⁴²顶嘴

驮骂　to⁵⁵mu:ɐ³¹¹挨骂

驮打　to⁵⁵ta⁴²挨打

驮讲　to⁵⁵kaŋ⁴²挨说（挨批评）

罗嗦　lo⁵⁵so³¹¹叨唠

吵死　tsho⁴²⁻¹³sʅ⁴²吵架

　相争　siaŋ³¹¹tsa³¹¹

打架　ta⁴²⁻²¹kɔ⁵⁵

骂　muːɐ³¹¹（破口骂）

打　ta⁴²

吩咐　fɛn³¹¹fu⁵⁵嘱咐

叫　tʃo⁵⁵喊（～他来）

讲话　kaŋ⁴²uːɐ³¹¹说话

叫　tʃo⁵⁵叫喊

讲好嬉　kaŋ⁴²xɣɯ⁴²çi³¹¹说着玩的

事　sʅ³¹¹事情

　事体　sʅ³¹¹the⁴²

二十三　位置

上头　ʃaŋ¹³thiu⁰上面

下头　xɔ¹³thiu⁰下面

地底　thi³¹¹te⁴²地下（当心！别掉～了），地上（～脏极了）

上　ʃaŋ⁰桌上，床上

天上　thiːɐ³¹¹ʃaŋ⁰

山上　sɔ³¹¹ʃaŋ⁰

路上　lu³¹¹ʃaŋ⁰

街上　ka³¹¹ʃaŋ⁰

墙上　tshiaŋ⁵⁵ʃaŋ⁰

门上　mɛn⁵⁵ʃaŋ⁰

桌上　tso²¹²⁻²¹ʃaŋ⁰

椅上　i⁴²ʃaŋ⁰椅子上

旁边　paŋ⁵⁵piːɐ³¹¹边儿上

　边上　piːɐ³¹¹ʃaŋ⁰

　边舷　piːɐ³¹¹çiːɐ⁵⁵

上横头　ʃaŋ¹³xua⁵⁵thiu⁵⁵上座（面对大门的座位）

里头　li¹³thiu⁰里面

外头　ŋa³¹¹⁻³³thiu⁰外面

手里　çiu⁴²li⁰

心里　sin³¹¹li⁰

野外　i:ɐ¹³ŋa³¹¹

大门外　tho³¹¹⁻³³mɛn⁵⁵ŋa³¹¹

门外　mɛn⁵⁵ŋa³¹¹门儿外

墙外　tshiɑŋ⁵⁵ŋa³¹¹

槛儿窗外　khɑŋ¹³tshɑŋ³¹¹ŋa³¹¹窗户外头

前边　tshi:ɐ⁵⁵pi:ɐ³¹¹

　　前头　tshi:ɐ⁵⁵thiu⁰

后边　çiu¹³pi:ɐ³¹¹

　　后头　çiu¹³thiu⁰

山前　sɔ³¹¹tshi:ɐ⁵⁵

山后　sɔ³¹¹çiu¹³

屋背后　vu²¹²⁻²¹pɤɯ⁵⁵çiu¹³房后

背后　pɤɯ⁵⁵çiu¹³

□脊后　pu⁵⁵tse²¹²⁻²¹çiu¹³

以前　i¹³tshi:ɐ⁵⁵

以后　i¹³çiu¹³

以上　i¹³ʃɑŋ¹³

以下　i¹³xɔ¹³

后来　çiu¹³lu:ɐ⁵⁵（指过去某事之后）

从今以后　tshɛn⁵⁵tçin³¹¹i¹³çiu¹³（将来）

从此以后　tshɛn⁵⁵tshʅ⁴²i¹³çiu¹³（不拘过去将来）

路边　lu³¹¹⁻³³pi:ɐ³¹¹

中间　tsɛn³¹¹⁻³³kɔ³¹¹当间（儿）

床铺□底　saŋ⁵⁵phu⁵⁵tu²¹²⁻¹³te⁴²床底下

楼梯儿底　liu⁵⁵thu:ɐn¹³te⁴²楼底下

脚腕儿底　tʃo²¹²u:ɐn¹³te⁴²脚底下

（以下三条指器物底部）

碗底 u:ɐ⁴²te⁴² 碗底儿

　碗□儿 u:ɐ⁴²⁻²¹tu:n¹³

镢底 o³¹¹⁻³³te⁴² 锅底儿

　镢□儿 o³¹¹⁻³³tu:n¹³

缸底 kɑŋ³¹¹⁻³³te⁴² 缸底儿

　缸□儿 kɑŋ³¹¹tu:n¹³

近边 tɕhin¹³pi:ɐ³¹¹ 附近

　附近 fu⁵⁵tɕhin¹³

面前 mi:ɐ³¹¹⁻³³tshi:ɐ⁵⁵ 跟前儿

哪里 la⁴²⁻²¹le⁵⁵ 什么地方

　底物地方 te⁴²⁻¹³mɤɯ³¹¹thi³¹¹⁻³³faŋ³¹¹

左边 tso⁴²pi:ɐ³¹¹

　反边 fu:ɐ⁴²pi:ɐ³¹¹

　大边 tho³¹¹⁻³³pi:ɐ³¹¹

右边 iu³¹¹⁻³³pi:ɐ³¹¹

　顺边 ʃyin³¹¹⁻³³pi:ɐ³¹¹

　小边 siu⁴²pi:ɐ³¹¹

二十四　代词等

我（伲） ŋɔ⁵⁵（le⁰）我

尔（伲） n⁵⁵（le⁰）你

渠（伲） khɤɯ⁵⁵（le⁰）他

俺人 ŋɛn⁵⁵in⁵⁵ 我们，咱们

尔人 n⁵⁵n̠in⁵⁵ 你们

渠人 khɤɯ⁵⁵in⁵⁵ 他们

我老子 ŋɔ⁵⁵lɤɯ¹³tsɿ⁰ 我爸

　我阿□ ŋɔ⁵⁵a²¹²⁻²¹ia⁵⁵

尔老子 n⁵⁵lɤɯ¹³tsɿ⁰ 你爸

　尔阿□ n⁵⁵a²¹²⁻²¹ia⁵⁵

渠老子　khɤɯ⁵⁵lɤɯ¹³tsẓ⁰他爸

　渠阿□　khɤɯ⁵⁵a²¹²⁻²¹ia⁵⁵

我个　ŋo⁵⁵ka⁰我的

别人　phiːɐ³¹¹in⁰人家

　人家　in⁵⁵kɔ³¹¹

大家　tha³¹¹⁻³³kɔ³¹¹

自家　tshẓ⁵⁵kɔ³¹¹自己

哪一个　la⁴²iˑ²¹²⁻²¹ka⁵⁵谁

个个　ka⁵⁵⁻⁴²ka⁰这个

么个　mo⁴²ka⁰那个

哪一个　la⁴²iˑ²¹²⁻²¹ka⁵⁵哪个

个□　ka⁵⁵⁻⁴²n̠i¹³这些

么□　mo⁴²n̠i¹³那些

哪点儿　la⁴²tiːn¹³哪些

个（仂）　ka⁵⁵⁻⁴²（le⁰）这里

么（仂）　mo⁴²（le⁰）那里

哪里　la⁴²⁻²¹le⁵⁵

□　n²¹²这么（高），那么（高）

个样　ka⁵⁵⁻⁴²iɑŋ³¹¹这么（做）

么样　mo⁴²iɑŋ³¹¹那么（做）

□物　tɤɯ²¹²⁻²¹mɤɯ³¹¹什么

做□物　tso⁵⁵tɤɯ²¹²⁻²¹mɤɯ³¹¹干什么

哈样个　xa³¹¹⁻³³n̠iɑŋ³¹¹⁻³³ka⁰怎么（做）

哈样搞　xa³¹¹⁻³³n̠iɑŋ³¹¹⁻³³ko¹³怎么办

□物事　tɤɯ²¹²⁻²¹mɤɯ³¹¹sẓ³¹¹为什么（老）

　哈样个　xa³¹¹n̠iɑŋ³¹¹⁻³³kə⁰

多少　to³¹¹⁻³³so⁴²（钱）

　几多　tɕi⁴²to³¹¹

多点儿　to³¹¹tiːn¹³多（久、高、大、厚、重）

二十五　形容词

好　xɤɯ⁴²（这个比那个～些）

不错　pu²¹²⁻²¹tsho⁵⁵（颇好之意）

差不多儿　tsha³¹¹⁻³³pu²¹²⁻²¹tõːn¹³差不多

不哈样　pu²¹²⁻²¹xa³¹¹⁻³³iɑŋ³¹¹不怎么样

不抵事　pu²¹²⁻¹³te⁴²sʅ³¹¹不顶事

坏　ua³¹¹（人）不好

　　□板　tho⁵⁵puːɐ³¹¹

　　　［扩及］　çi²¹²

次　tshʅ⁵⁵（人很～，东西很～）

　　哈□　xa³¹¹⁻³³pa²¹²

凑合　tshiu⁵⁵xɤɯ³¹¹

好□　xɤɯ⁴²tshɛn²¹²美，好看（男女说法相同）

　　漂亮　phiu⁴²liɑŋ³¹¹

　　标致　piu³¹¹⁻³³tsʅ⁵⁵

丑　tɕhiu⁴²（难看）

　　难□　lɔ⁵⁵tshɛn²¹²

要紧　io⁵⁵tɕin⁴²

闹热　lɔ³¹¹n̠iːɐ³¹¹热闹

坚牢　tɕiːɐ³¹¹⁻³³lɤɯ⁵⁵坚固、牢固

　　牢　lɤɯ⁵⁵

硬　n̠ia³¹¹

软　n̠yːɐ¹³

干净　kuːɐ³¹¹⁻³³tsha³¹¹

遏邋　tha³¹¹⁻³³la³¹¹脏（不干净）

　　脏　tsaŋ³¹¹

咸　xɔ⁵⁵

淡　tɔ¹³（不咸）

香　ʃɑŋ³¹¹

臭　tɕhiu⁵⁵

酸　suːɐ³¹¹

甜　tiːɐ⁵⁵

苦　khu⁴²

辣　lɔ³¹¹

热　n̠iːɐ³¹¹

冷　la¹³ 天气冷

　　冻　tɛn⁵⁵ 天气冻

干　kuːɐ³¹¹

湿　tshɿ²¹²

红　xɛn⁵⁵

黄　ɑŋ⁵⁵

黑　xɤɯ²¹²

　　乌　u³¹¹

粗　tshu³¹¹

细　se⁵⁵

薄　po³¹¹ 稀（粥太~了）

硬　n̠ia³¹¹ 稠（粥太~了）

稀　ɕi³¹¹ 稠稀（不密）

密　mi³¹¹ 菜种得~

肥　fi⁵⁵（指动物鸡很~）

　　壮　tsɑŋ⁵⁵

胖　phɑŋ⁵⁵（指人）

瘦　sɤɯ⁵⁵（不肥，不胖）

瘦　sɤɯ⁵⁵（指肉）

　　精　tsa³¹¹

舒服　ʃy³¹¹⁻³³fu³¹¹

难受　lɔ⁵⁵ɕiu¹³

吃力　tʃhe²¹²⁻¹³li³¹¹ 累

痛　thɛn⁵⁵ 疼

腼腆　miːɐ³¹¹⁻³³tiːɐ⁴²

乖　kua³¹¹（小孩儿真～）

　伶俐　la⁵⁵li³¹¹

顽皮　uɣɯ⁵⁵phi⁵⁵

真狠　tsin³¹¹xuɛn⁴²真行（这小伙子～）

不□　pu²¹²⁻²¹tʃo²¹²不行（那个家伙～）

　不狠　pu²¹²⁻²¹xuɛn⁴²

缺德　tʃhyːɐ²¹²⁻¹³te²¹²

精灵　tsa³¹¹⁻³³la⁵⁵机灵

　精　tsa³¹¹

灵巧　la⁵⁵tʃho⁴²（她有一双～的手）

　灵活　la⁵⁵uːɐ³¹¹

糊□　xu⁵⁵thu²¹²糊涂

　□　fe⁵⁵

死心眼　sɿ⁴²sin³¹¹⁻³³ŋɔ¹³死心眼儿

　死脑筋　sɿ⁴²lɣɯ¹³tɕin³¹¹

脓包　lin⁵⁵po³¹¹（无用的人）

□种　lɣɯ³¹¹tsɛn⁴²孬种

□眼儿鬼　phin⁴²ŋaŋ¹³tʃy⁴²吝啬鬼

小气　siu⁴²tɕhi⁵⁵

　□眼儿　phin⁴²ŋaŋ¹³

　小毛　siu⁴²mɣɯ⁵⁵

大方　tho³¹¹⁻³³faŋ³¹¹

整　tʃa⁴²（鸡蛋吃～的）

全　tshiːɐ⁵⁵浑（～身是汗）

拱　kɛn¹³凸

曆　iːɐ²¹²凹

凉爽　liɑŋ⁵⁵sɑŋ⁴²凉快

静　tsha¹³背静

活络　uːɐ³¹¹lo³¹¹（活动的、不稳固）

地道　thi³¹¹thɣɯ¹³（～四川风味）

整齐　tʃa⁴²tshe⁵⁵

称心　tsha³¹¹sin³¹¹

迟　tshŋ⁵⁵晚（来～了）

多　to³¹¹

少　so⁴²

大　tho³¹¹

小　siu⁴²苹果小

　细　se⁵⁵苹果细

长　tʃɑŋ⁵⁵

短　tu:ɐ⁴²

阔　khu:ɐ²¹²宽（路）

狭　xɔ³¹¹路（窄）

厚　çiu¹³

薄　po³¹¹

深　sin³¹¹

浅　tshi:ɐ⁴²

高　kɤɯ³¹¹飞机飞得高

低　te³¹¹鸟飞得低

矮　ŋa⁴²

正　tʃa⁵⁵

歪　ua³¹¹

　歪　xua³¹¹

　□　tsa¹³

　斜　tshi:ɐ⁵⁵

弯　u:ɐ³¹¹

巉　tshɔ¹³陡

光　kɑŋ³¹¹明亮

黑　xɤɯ²¹²光线黑

长　tʃɑŋ⁵⁵他比我长（高）

　高　kɤɯ³¹¹他比我高

　大　tho³¹¹他比我大

快　khua⁵⁵锋利

快　khua⁵⁵速度快

慢　muːɐ³¹¹

早　tsɤɯ⁴²

晏　ŋɔ⁵⁵晚

对　tuːɐ⁵⁵

错　tsho⁵⁵

暗　ŋɛn⁵⁵

二十六　副词、介词等

好　xɤɯ⁴²很

非常　fi³¹¹⁻³³ʃɑŋ⁵⁵

还要　uːɐ⁵⁵io⁵⁵更

忽打忽　xu³¹¹ta⁴²xu³¹¹偶尔

太　tha⁵⁵

最　tsuːɐ⁵⁵

　顶　ta⁴²

都　tu³¹¹

只　tsʅ⁴²

　就是　tshiu³¹¹sʅ¹³

就　tshiu³¹¹

又　iu²¹²

还　uːɐ⁵⁵

再　tsuːɐ⁵⁵

也　ia⁴²

反正　fuɛ⁴²tʃa⁵⁵

　横竖　ua⁵⁵ʃy¹³

{不曾}　pɛn¹³没有

不　pu²¹²

特□特儿　te³¹¹⁻³³ta²¹²⁻¹³teːn³¹¹特意

上下　ʃaŋ¹³xɔ¹³（三千～）

左右　tso⁴²iu³¹¹

刚（刚）　tʃaŋ³¹¹（tʃaŋ³¹¹）（我～来，没赶上）

正好　tʃa⁵⁵xɤɯ⁴²刚好（～十块钱）

正　tʃa⁵⁵刚（不大不小，～合适）

正巧　tʃa⁵⁵tʃho⁴²刚巧（～我在那儿）

净　tsha³¹¹光（～吃米，不吃面）

有点儿　iu¹³tiːn¹³（天～冷）

怕　phuːɐ⁵⁵（也许：～要下雨）

可能　kho⁴²la⁵⁵也许（明天～要下雨）

　　作兴　tso²¹²⁻¹³sin³¹¹

　　说不定　syːɐ²¹²⁻²¹pu²¹²⁻¹³tha³¹¹

　　靠不住　khɤɯ⁵⁵pu²¹²⁻¹³tʃhy³¹¹

　　恐怕　tɕhin⁴²phuːɐ⁵⁵

　　搞得不好　ko⁴²⁻¹³te⁰pu²¹²⁻¹³xɤɯ⁴²

差点儿　tshɔ³¹¹⁻³³tiːn¹³（～摔了）

非……不　fi³¹¹……pu²¹²（非到九点不开会）

马上　muːɐ¹³ʃaŋ⁰（～就来）

　　一下　i²¹²⁻¹³xa³¹¹

帮早　pɑŋ³¹¹tsɤɯ⁴²趁早儿（～走吧）

早迟　tsɤɯ⁴²tshʅ⁵⁵早晚（随时：～来都行）

眼□　ŋɔ¹³tshɛn²¹²眼看（～就到期了）

好得　xɤɯ⁴²te²¹²幸亏（～你来了，要不然我们就走错了）

　　亏得　tʃhye³¹¹te²¹²

　　难得　lɔ⁵⁵te²¹²

当面　taŋ³¹¹⁻³³miːɐ³¹¹（有话～说）

□后　pu⁵⁵ɕiu¹³背地（不要～说）

一起　i²¹²⁻²¹tɕhi⁴²一块儿（咱们～去）

　　一堆儿　i²¹²⁻²¹tuːɐn¹³

一个人　i²¹²⁻²¹ka⁵⁵in⁵⁵自己（渠～去：他～去）

　　自家　tshʅ⁵⁵kɔ³¹¹

顺便　ʃyin³¹¹⁻³³phiːɐ³¹¹顺便儿（请他～给我买本书）

故意　ku⁵⁵ ːi⁵⁵（～捣乱）

有意　iu¹³ ːi⁵⁵

到底　tɤɯ⁵⁵ te⁴²到了儿（他～走了没有，你要问清楚）

根本　kuɛn³¹¹⁻³³ pɛn⁴²压根儿（他～不知道）

实在　sʅ³¹¹⁻³³ tshuːɐ³¹¹（这人～好）

快四十　khua⁵⁵ sʅ⁵⁵ sʅ³¹¹平四十（接近四十：这人已经～了）

一起　i²¹²⁻¹³ tɕhi⁴²一共（～才十个人）

｛不要｝　pio²¹²别（慢慢儿走，～跑）

吃白　tʃhe²¹² pha³¹¹白吃（不要钱）

白　pha³¹¹（空：～跑一趟）

偏　phiːɐ³¹¹（你不叫我去，我～去）

胡　xu⁵⁵（～搞、说）

先　siːɐ³¹¹（你～走，我随后就来）

先前　siːɐ³¹¹ tshiːɐ⁵⁵先（他～不知道，后来才听人说的）

另外　la⁵⁵ ŋa³¹¹（～还有一个人）

□　ti⁵⁵被（～狗咬了一口）

帮　pɑŋ³¹¹把，（～门关上）

　把　puːɐ⁴²

对　tuːɐ⁵⁵（渠～尔好，尔就～渠好：你～他好，他就～你好）

对着　tuːɐ⁵⁵ tʃo⁰（～我笑）

到　tɤɯ⁵⁵到（～哪里去？～哪一日为止？）

□　lɤɯ⁵⁵到（扔～水里）

在　tshuːɐ¹³（在…之前：～吃饭，洗手）

□　le⁵⁵在（他坐在椅子上）

在　tshuːɐ¹³（～哪儿住？）

　是　sʅ¹³

从　tshɛn⁵⁵（～哪儿走？）

自从　tshʅ⁵⁵ tshɛn⁵⁵（～他走后我一直不放心）

照　tʃo⁵⁵（～这样做就好）

　按　uːɐ³¹¹

照　tʃo⁵⁵（～我看不算错）

用　in³¹¹使（你~毛笔写）

　　担　tɔ³¹¹

跟着　kɛn³¹¹tʃo⁰顺着（~这条大路一直走）、沿着（~河边走）

望　maŋ³¹¹朝（~后头看看）

帮　paŋ³¹¹替（你~我写封信）

替　the⁵⁵给（~大家办事）

　　帮　paŋ³¹¹

帮我　paŋ³¹¹ŋɔ⁵⁵给我（虚用，加重语气：你~吃干净这碗饭！）

和　xo⁵⁵（这个~那个一样）

　　佮　kɤɯ²¹²

问　mɛn³¹¹向（~他打听一下，~他借一本书）

帮……叫　paŋ³¹¹……tʃo⁵⁵管…叫（有些地方管白薯叫山药）

帮……当　paŋ³¹¹……taŋ³¹¹拿…当（有些地方拿麦秸当柴烧）

从小儿　tshɛn⁵⁵siũ¹³从小（他~就能吃苦）

望外　maŋ³¹¹⁻³³ŋa³¹¹（老王钱多，不~拿）

赶　kuːɐ⁴²（你得天黑以前~到）

佮　kɤɯ²¹²和，连词/介词

从　tshɛn⁵⁵

（一）边（i²¹²）piːɐ³¹¹

把儿　puːɐn¹³个把儿人，个把两个人，百八个，千把人

个　ka⁰的，我个东西

二十七　量词

一把　i²¹²⁻¹³puːɐ⁴²（椅子）

一□　i²¹²⁻²¹mo⁵⁵一枚（奖章）

　　一枚　i²¹²⁻²¹mɤɯ⁵⁵

　　一本　i²¹²⁻¹³pɛn⁴²（书）

一笔　i²¹²⁻¹³pi²¹²（款）

一匹　i²¹²⁻¹³phe²¹²（马）

　　一只　i²¹²⁻¹³tʃe²¹²

一头　i²¹²⁻²¹thiu⁵⁵（牛）

　一只　i²¹²⁻¹³tʃe²¹²

一只　i²¹²⁻¹³tʃe²¹²（蛇，鱼）

　一条　i²¹²⁻¹³thiu⁴²

一封　i²¹²⁻¹³fɛn³¹¹（信）

一副　i²¹²⁻²¹phu⁵⁵一服（药）

一帖　i²¹²⁻¹³thiːɐ²¹²（药）

一味　i²¹²⁻²¹vi³¹¹（药）

一条　i²¹²⁻¹³thiu⁴²一道（河）

一顶　i²¹²⁻¹³ta⁴²（帽子）

一□　i²¹²⁻¹³ɕiːɐ³¹¹一锭（墨）

一档子　i²¹²⁻¹³taŋ⁴²tsɻ⁰（事）

一朵　i²¹²⁻¹³to⁴²（花儿）

一餐　i²¹²⁻¹³tshɔ³¹¹一顿（饭）

一□　i²¹²⁻²¹xa⁵⁵一条（手巾）

　一块　i²¹²⁻²¹khua⁵⁵

一部　i²¹²⁻²¹pu¹³一辆（车）

　一把　i²¹²⁻¹³puːɐ⁴²

一支　i²¹²⁻¹³tsɻ³¹¹一子儿（香）

一枝　i²¹²⁻¹³tsɻ³¹¹（花儿）

一只　i²¹²⁻¹³tʃe²¹²（手）

一盏　i²¹²⁻¹³tsɔ⁴²（灯）

　一支　i²¹²⁻¹³tsɻ³¹¹

一张　i²¹²⁻¹³tʃɑŋ³¹¹（桌子）

一桌　i²¹²⁻¹³tso²¹²（酒席）

一场　i²¹²⁻²¹tʃɑŋ⁵⁵（雨）

一出　i²¹²⁻¹³tshuːɐ²¹²（戏）

一床　i²¹²⁻²¹sɑŋ⁵⁵（被子）

　一张　i²¹²⁻¹³tʃɑŋ³¹¹

一身　i²¹²⁻¹³sin³¹¹（棉衣）

一把　i²¹²⁻¹³puːɐ⁴²一杆（枪）

一支　i²¹²⁻¹³tsŋ³¹¹一管（笔）

一根　i²¹²⁻¹³kɛn³¹¹（头发）

一根　i²¹²⁻¹³kɛn³¹¹（树）

　一棵　i²¹²⁻¹³kho³¹¹

一粒　i²¹²⁻¹³li²¹²一颗（米儿）

一块　i²¹²⁻²¹khua⁵⁵（砖）

一只　i²¹²⁻²¹tʃe²¹²（猪）

一个　i²¹²⁻²¹ka⁵⁵一口儿（人）

一家　i²¹²⁻¹³kɔ³¹¹（店：铺子）

一架　i²¹²⁻¹³kɔ⁵⁵（飞机）

　一只　i²¹²⁻¹³tʃe²¹²

一间　i²¹²⁻¹³kɔ³¹¹（屋：屋子）

一□　i²¹²⁻²¹tsɛn⁵⁵一所（房屋：房子）

一件　i²¹²⁻²¹tɕhiːɐ¹³一件儿（衣裳）

一行　i²¹²⁻²¹xɑŋ⁵⁵（字）

一篇　i²¹²⁻¹³phiːɐ³¹¹（文章）

一页　i²¹²⁻¹³iːɐ³¹¹（书）

一节　i²¹²⁻¹³tsiːɐ²¹²（文章）

一段　i²¹²⁻¹³tuːɐn³¹¹（文章）

一片　i²¹²⁻²¹phiːɐ⁵⁵（好心，肉）

一面　i²¹²⁻¹³miːɐ³¹¹（旗）

一层　i²¹²⁻²¹tshɛn⁵⁵（纸）

一股　i²¹²⁻¹³ku⁴²（香味儿）

一洞　i²¹²⁻¹³tɛn³¹¹一座（桥）

一盘　i²¹²⁻²¹phuːɐ⁵⁵（棋）

一门　i²¹²⁻²¹mɛn⁵⁵（亲事）

一刀　i²¹²⁻¹³tɤɯ³¹¹（纸）

一□　i²¹²⁻¹³tsɛn¹³一沓儿（纸）

一桩　i²¹²⁻¹³tsɑŋ³¹¹（事情）

一缸　i²¹²⁻¹³kɑŋ³¹¹（水）

一碗　i²¹²⁻¹³uːɐ⁴²（饭）

一杯儿　i²¹²⁻²¹pɤːn¹³（茶）

一把　i²¹²⁻¹³puːɐ⁴²一把儿（米，萝卜）

一包　i²¹²⁻¹³po³¹¹（花生）

一卷　i²¹²⁻¹³tʃyːɐ⁴²一卷儿（纸）

一捆　i²¹²⁻¹³khuɛn⁴²（行李）

一担　i²¹²⁻²¹tɔ⁵⁵（米，水）

一排　i²¹²⁻²¹pa⁵⁵（桌：桌子）

一进　i²¹²⁻²¹tsin⁵⁵（院子）

一串　i²¹²⁻¹³tʃhyːɐ³¹¹一挂（爆竹：鞭炮）

一句　i²¹²⁻²¹tʃy⁵⁵（话）

一个　i²¹²⁻²¹ka⁵⁵（～客：一位客人）

一双　i²¹²⁻¹³saŋ³¹¹（鞋）

一对　i²¹²⁻²¹tuːɐ⁵⁵（花瓶儿：花瓶）

一副　i²¹²⁻²¹phu⁵⁵（眼镜儿：眼镜）

一套　i²¹²⁻²¹thɤɯ⁵⁵（书）

一种　i²¹²⁻¹³tshɛn⁴²（虫：虫子）

一伙　i²¹²⁻¹³xo⁴²一伙儿（人）

一帮　i²¹²⁻¹³paŋ³¹¹（人）

一批　i²¹²⁻¹³phi³¹¹（货）

一班　i²¹²⁻¹³puːɐ³¹¹一拨儿（人）

一个　i²¹²⁻²¹ka⁵⁵（人）

一起　i²¹²⁻¹³tɕhi⁴²

一窠　i²¹²⁻¹³kho³¹¹一窝（蜂）

一□　i²¹²⁻¹³tso⁴²一嘟噜（葡萄）

　　一串　i²¹²⁻¹³tʃhyːɐ³¹¹

一叉　i²¹²⁻¹³tshɔ³¹¹（大拇指与中指张开的长度），一虎口（大拇指与食指张开的长度）

　　一掰　i²¹²⁻¹³ma²¹²

一撑　i²¹²⁻¹³tsha³¹¹一庹（两臂平伸两手伸直的长度）

一指　i²¹²⁻¹³tsɿ⁴²（形容长度）

一停　i²¹²⁻²¹ta⁵⁵一停儿

一成　i²¹²⁻²¹sa⁵⁵一成儿

一面　i²¹²⁻¹³miːɐ³¹¹一脸（土）

一身　i²¹²⁻¹³sin³¹¹（土）

一肚　i²¹²⁻²¹tu¹³一肚子（气）

（吃）一餐　i²¹²⁻¹³tshɔ³¹¹一顿

（走）一回　i²¹²⁻²¹xuɤɯ⁵⁵一趟

　　一趟　i²¹²⁻¹³thɑŋ⁴²

（打）一下　i²¹²⁻¹³xa³¹¹

（看）一眼　i²¹²⁻²¹ŋɔ¹³

（吃）一口　i²¹²⁻¹³tɕhiu⁴²

（谈）一下　i²¹²⁻¹³xa³¹¹一会儿

（下）一席　i²¹²⁻¹³se³¹¹一阵（雨）

（闹）一场　i²¹²⁻²¹tʃɑŋ⁵⁵

（见）一面　i²¹²⁻¹³miːɐ³¹¹

一尊　i²¹²⁻¹³tsuːɐn³¹¹（佛像）

一扇　i²¹²⁻²¹ɕiːɐ⁵⁵（门）

一幅　i²¹²⁻²¹phu⁵⁵（画儿）

一□　i²¹²⁻¹³pha³¹¹一堵（墙）

　　一排　i²¹²⁻²¹pa⁵⁵

一瓣儿　i²¹²⁻²¹piɛn¹³一瓣（花瓣）

一处　i²¹²⁻²¹tʃhy⁵⁵（地方）

一部　i²¹²⁻²¹pu¹³（书）

一班　i²¹²⁻¹³puːɐn³¹¹（车）

（洗）一水　i²¹²⁻²¹ʃy⁴²（衣裳）

（烧）一炉　i²¹²⁻²¹lu⁵⁵（陶器）

一打　i²¹²⁻¹³ta⁴²（鸡蛋）

一团　i²¹²⁻¹³tuːɐn⁵⁵（泥）

一堆　i²¹²⁻¹³tuːɐ³¹¹（雪）

一片　i²¹²⁻²¹phi⁵⁵一槽（牙）

一列　i²¹²⁻¹³liːɐ³¹¹（火车）

一系列　i²¹²⁻²¹ʃe¹³liːɐ³¹¹（问题）

一路 i$^{212-13}$lu^{311}（公共汽车）

一师 i$^{212-13}$sʅ^{311}（兵）

一旅 i$^{212-13}$li^{42}（兵）

一团 i$^{212-21}$tu:ɐn^{55}（兵）

一营 i$^{212-21}$ia^{55}（兵）

一连 i$^{212-21}$li:ɐ^{55}（兵）

一排 i$^{212-21}$pa^{55}（兵）

一班 i$^{212-13}$pu:ɐ^{311}（兵）

一组 i$^{212-13}$tso^{42}

一撮儿 i$^{212-21}$tsu:ɐn^{13}一撮（毛），一绺（头发）

一绞 i$^{212-13}$ko^{42}一轴儿（线）

　一球 i$^{212-21}$tɕiu^{55}

（写）一手 i$^{212-13}$ɕiu^{42}（好字）

（写）一笔 i$^{212-13}$pi^{212}（好字）

（当）一票 i$^{212-21}$phiu^{55}（当）

（开）一届 i$^{212-21}$ka^{55}（会议）

（做）一任 i$^{212-13}$in^{311}（官）

（下）一盘 i$^{212-21}$pu:ɐ^{55}（棋）

（请）一桌 i$^{212-13}$tso^{212}（客：客人）

（打）一圈 i$^{212-13}$tʃhy:ɐ^{311}（麻将）

（唱）一台 i$^{212-21}$tu:ɐ^{55}（戏）

一丝 i$^{212-13}$sʅ^{311}一丝儿（肉）

一点儿 i$^{212-21}$ti:n^{13}（面粉）

一滴 i$^{212-13}$ti:ɐ^{42}（雨）

一盒儿 i$^{212-21}$xɤ:n^{13}（火柴）

一匣 i$^{212-13}$kɔ^{212}一匣子（手饰）

一箱 i$^{212-13}$siaŋ^{311}一箱子（衣裳）

一架 i$^{212-21}$kɔ^{55}一架子（小说）

一橱 i$^{212-21}$tʃhy^{55}（书）

一橱□ i$^{212-21}$tʃhy^{55}te^{55}一抽屉（文件）

一篮 i$^{212-21}$lɔ^{55}一篮子（梨）

一篓　i²¹²⁻²¹liu¹³一篓子（炭）

一炉　i²¹²⁻²¹lu⁵⁵一炉子（灰）

一包　i²¹²⁻¹³po³¹¹（书）

一袋儿　i²¹²⁻²¹tuːɐn¹³一小口袋（干粮）

　一袋　i²¹²⁻¹³tuːɐ³¹¹一大袋子（干粮）

一池　i²¹²⁻²¹tʂʅ⁵⁵池子（水）

一缸　i²¹²⁻¹³kaŋ³¹¹（金鱼）

一瓶儿　i²¹²⁻²¹pɛn⁵⁵一瓶子（醋）

一罐　i²¹²⁻²¹kuːɐ⁵⁵一罐子（荔枝）

一坛儿　i²¹²⁻²¹tuːɐn⁵⁵一坛子（酒）

一桶　i²¹²⁻¹³thɛn⁴²（汽油）

一盆　i²¹²⁻²¹pɛn⁵⁵（洗澡水）

一壶　i²¹²⁻²¹xu⁵⁵（茶）

一镬　i²¹²⁻¹³o³¹¹一锅（饭）

一笼　i²¹²⁻²¹lɛn⁵⁵（包子）

一盘儿　i²¹²⁻²¹phuːɐn⁵⁵一盘（水果）

一碟儿　i²¹²⁻²¹thiːɐn¹³（小菜）

一碗　i²¹²⁻¹³uːɐ⁴²（饭）

一杯儿　i²¹²⁻²¹pɤːn¹³一杯（茶）

一盅　i²¹²⁻²¹tsɛn³¹¹（烧酒）

一瓢儿　i²¹²⁻²¹phiu⁵⁵一瓢（汤），一勺儿（酱油）

一块儿　i²¹²⁻²¹khuan⁵⁵ ~钱：一块钱

一角　i²¹²⁻¹³ko²¹² ~钱：一毛钱

　一角儿　i²¹²⁻¹³koːn²¹²

个把两个　ka⁵⁵puːɐ⁰liaŋ¹³ka⁵⁵

百把来个　pa²¹²⁻²¹puːɐ⁰luːɐ⁵⁵ka⁵⁵

千把人　tshiːɐ³¹¹puːɐ⁰in⁵⁵

万把块儿钱　uːɐ³¹¹puːɐ⁰kuan⁵⁵tshiːɐ³¹¹万把块钱

里把路　li¹³puːɐ⁰lu³¹¹

里把两里路　li¹³puːɐ⁰liaŋ¹³li¹³lu³¹¹里把二里路

<u>亩</u>把二<u>亩</u>　m¹³puːɐ⁰liaŋ¹³m¹³

<u>盷</u>把二<u>盷</u>　miu⁴²puːɐ⁰liɑŋ¹³miu⁴²

二十八　附加成分等

后加成分：

－极着　tʃhe³¹¹tʃo⁰极了

－得很　te²¹²⁻¹³xuɛn⁴²（得太、得极、之极）

－要命　io⁵⁵ma³¹¹（要死）

－不行　pu²¹²⁻²¹xa⁵⁵

－死着　sɿ⁴²tʃo⁰死了（死人、坏了）

－得慌　te²¹²⁻¹³xɑŋ³¹¹（痛、穷）

最……不过　tsuːɐ⁵⁵……pu²¹²⁻²¹ko⁵⁵

　吃头　tʃhe²¹²⁻²¹thiu⁵⁵吃头儿（这个菜没～）

喝头　xɤɯ²¹²⁻²¹thiu⁵⁵喝头儿（那个酒没～）

吃头　tʃhe²¹²⁻²¹thiu⁵⁵

□头　tshɛn²¹²⁻²¹thiu⁵⁵看头儿（这出戏有个～）

干头　kuːɐ⁵⁵thiu⁵⁵干头儿

奔头　pɛn³¹¹thiu⁵⁵奔头儿

苦头　khu⁴²thiu⁵⁵苦头儿

甜头　tiːɐ⁵⁵thiu⁵⁵甜头儿

前加成分：

镜儿　tʃoːn¹³溜（光）

死　　sɿ⁴²（记，背）

全　　tshiːɐ⁵⁵（新）

生　　sa³¹¹（拖）

血　　ʃyːɐ²¹²（红）

焦　　tsiu³¹¹（黄，干）

漆　　tshi²¹²（黑）

　乌　　u³¹¹

生　　sa³¹¹（酸，甜，苦，辣，咸）

怪　　kua⁵⁵（好）

老　lɤɯ¹³（远，大，长，宽，高，厚，粗）

□　laŋ¹³（短，狭，矮，低）

皮儿　phiːn¹³（薄）

铁　thiːɐ²¹²（硬）

虚字：

着　tʃo⁰了

着　tʃo⁰着

得　te⁰

个　ka⁰的

二十九　数字等

一号　i²¹²⁻¹³xɤɯ³¹¹（指日期，下同）

二号　n³¹¹⁻³³xɤɯ³¹¹

　　两号　liaŋ¹³xɤɯ³¹¹

三号　sɔ³¹¹⁻³³xɤɯ³¹¹

四号　sɿ⁵⁵xɤɯ³¹¹

五号　n¹³xɤɯ³¹¹

六号　liu³¹¹⁻³³xɤɯ³¹¹

七号　tshi²¹²⁻¹³xɤɯ³¹¹

八号　puːɐ²¹²⁻¹³xɤɯ³¹¹

九号　tɕiu⁴²xɤɯ³¹¹

十号　sɿ³¹¹⁻³³xɤɯ³¹¹

初一　tshu³¹¹⁻³³i²¹²

初二　tshu³¹¹⁻³³n³¹¹

初三　tshu³¹¹⁻³³sɔ³¹¹

初四　tshu³¹¹⁻³³sɿ⁵⁵

初五　tshu³¹¹⁻³³n¹³

初六　tshu³¹¹⁻³³liu³¹¹

初七　tshu³¹¹⁻³³tshi²¹²

初八　tshu³¹¹⁻³³puːɐ²¹²

初九　tshu³¹¹⁻³³tɕiu⁴²

初十　tshu³¹¹⁻³³sʅ³¹¹

老大　lɤɯ¹³tho³¹¹

老二　lɤɯ¹³n³¹¹

老三　lɤɯ¹³sɔ³¹¹

老四　lɤɯ¹³sʅ⁵⁵

老五　lɤɯ¹³n¹³

老六　lɤɯ¹³liu³¹¹

老七　lɤɯ¹³tshiˑ²¹²

老八　lɤɯ¹³puˑɐ²¹²

老九　lɤɯ¹³tɕiu⁴²

老十　lɤɯ¹³sʅ³¹¹

老末　lɤɯ¹³muˑɐ³¹¹老幺，老小

　末脚　muˑɐ³¹¹⁻³³tʃo²¹²老末儿

大哥　tho³¹¹ko³¹¹

二哥　n³¹¹ko³¹¹

末脚囝儿　muˑɐ³¹¹tʃo²¹²⁻²¹ȵiˑɐn¹³最小的儿子

末脚囡　muˑɐ³¹¹tʃo²¹²⁻²¹lin¹³最小的女儿

一个　iˑ²¹²⁻²¹ka⁵⁵

两个　liɑŋ¹³ka⁵⁵

三个　sɔ³¹¹ka⁵⁵

四个　sʅ⁵⁵ka⁵⁵

五个　n¹³ka⁵⁵

六个　liu³¹¹ka⁵⁵

七个　tshiˑ²¹²⁻²¹ka⁵⁵

八个　puˑɐ²¹²⁻²¹ka⁵⁵

九个　tɕiu⁴²ka⁵⁵

十个　sʅ³¹¹⁻³³ka⁵⁵

第一　te²¹²⁻¹³iˑ²¹²

第二　te²¹²⁻¹³n³¹¹

第三　te²¹²⁻¹³sɔ³¹¹

第四　　te$^{212-21}$sʅ^{55}

第五　　te$^{212-21}$n^{13}

第六　　te$^{212-13}$liu^{311}

第七　　te$^{212-13}$tshi^{212}

第八　　te$^{212-13}$puːɐ^{212}

第九　　te$^{212-13}$tɕiu^{42}

第十　　te$^{212-13}$sʅ^{311}

第一个　　te$^{212-13}$ˑi$^{212-21}$ka^{55}

第二个　　te$^{212-13}$n^{311}ka^{55}

第三个　　te$^{212-13}$sɔ^{311}ka^{55}

第四个　　te$^{212-21}$sʅ^{55}ka^{55}

第五个　　te$^{212-21}$n^{13}ka^{55}

第六个　　te$^{212-13}$liu^{311}ka^{55}

第七个　　te$^{212-13}$tshi^{212}ka^{55}

第八个　　te$^{212-13}$puːɐ^{212}ka^{55}

第九个　　te$^{212-13}$tɕiu^{42}ka^{55}

第十个　　te$^{212-13}$sʅ^{311}ka^{55}

一　　ˑi^{212}

二　　n^{311}

　　两 liɑŋ^{13}

三　　sɔ^{311}

四　　sʅ^{55}

五　　n^{13}

六　　liu^{311}

七　　tshi^{212}

八　　puːɐ^{212}

九　　tɕiu^{42}

十　　sʅ^{311}

十一　　sʅ$^{311-33}$ˑi^{212}

二十　　n$^{311-33}$sʅ^{311}

　　廿　　n̠iːɐ^{311}（不单用）

二十一　n³¹¹⁻³³ʂʅ³¹¹⁻³³i̠²¹²

三十　sɔ³¹¹⁻³³ʅ³¹¹

三十一　sɔ³¹¹⁻³³ʂʅ³¹¹⁻³³i̠²¹²

四十　ʂʅ⁵⁵ʅ³¹¹

四十一　ʂʅ⁵⁵ʂʅ³¹¹⁻³³i̠²¹²

五十　n¹³ʅ³¹¹

五十一　n¹³ʂʅ³¹¹⁻³³i̠²¹²

六十　liu³¹¹⁻³³ʅ³¹¹

六十一　liu³¹¹⁻³³ʂʅ³¹¹⁻³³i̠²¹²

七十　tshi̠²¹²⁻¹³ʅ³¹¹

七十一　tshi̠²¹²⁻¹³ʂʅ³¹¹i̠²¹²

八十　puːɐ²¹²⁻¹³ʅ³¹¹

八十一　puːɐ²¹²⁻¹³ʂʅ³¹¹i̠²¹²

九十　tɕiu⁴²ʅ³¹¹

九十一　tɕiu⁴²ʂʅ³¹¹⁻³³i̠²¹²

一百　i̠²¹²⁻¹³pa²¹²

一千　i̠²¹²⁻¹³tshiːɐ³¹¹

一百一十　i̠²¹²⁻¹³pa²¹²⁻²¹i̠²¹²⁻¹³ʅ³¹¹

一百一十个　i̠²¹²⁻¹³pa²¹²⁻²¹i̠²¹²⁻¹³ʅ³¹¹ka⁵⁵

八千　puːɐ²¹²⁻¹³tshiːɐ³¹¹

一万　i̠²¹²⁻¹³uːɐ³¹¹

零　la⁵⁵

两斤　liɑŋ¹³tɕin³¹¹二斤

二两　n³¹¹liɑŋ¹³

两钱　liɑŋ¹³tshiːɐ⁵⁵二钱

两分　liɑŋ¹³fɛn³¹¹二分

两厘　liɑŋ¹³li⁵⁵二厘

两丈　liɑŋ¹³tʃhaŋ¹³二丈

两尺　liɑŋ¹³tʃhe²¹²二尺

两寸　liɑŋ¹³tshuːɐn⁵⁵二寸

两分　liɑŋ¹³fɛn³¹¹二分

两里　　liaŋ¹³li¹³二里

两担　　liaŋ¹³¹³tɔ⁵⁵（二担）

两斗　　liaŋ¹³tiu⁴²二斗

两升　　liaŋ¹³sin³¹¹二升

两合　　liaŋ¹³kɤɯ²¹²二合

两项　　liaŋ¹³xaŋ¹³（二项）

两亩　　liaŋ¹³m¹³二亩

　　两亩　　liaŋ¹³miu⁴²

几个？　　tɕi⁴²⁻²¹ka⁵⁵

好多个　　xɤɯ⁴²to³¹¹ka⁵⁵好几个

　　好些个　　xɤɯ⁴²ɕi³¹¹ka⁵⁵

一丝丝　　i²¹²⁻¹³sɿ³¹¹sɿ³¹¹一些些

好一点儿　　xɤɯ⁴²i²¹²⁻²¹tiːn¹³好一些

　　好一些　　xɤɯ⁴²i²¹²⁻¹³ɕi³¹¹

大一点儿　　tho³¹¹i²¹²⁻²¹tiːn¹³大一些

　　大一些　　tho³¹¹i²¹²⁻¹³ɕi³¹¹

一点儿　　i²¹²⁻²¹tiːn¹³

一点点儿　　i²¹²⁻²¹ti⁰tiːn¹³一点点

大点儿　　tho³¹¹tiːn¹³

十多个　　sɿ³¹¹⁻³³to³¹¹ka⁵⁵（比十个多）

一百多个　　i²¹²⁻¹³pa²¹²⁻¹³to³¹¹ka⁵⁵

十来个　　sɿ³¹¹⁻³³luːɐ⁵⁵ka⁵⁵（不到十个）

千把个　　tshiːɐ³¹¹puːɐ⁰ka⁵⁵千数个

百把个　　pa²¹²⁻¹³puːɐ⁰ka⁵⁵

半个　　puːɐ⁵⁵ka⁵⁵

一半　　i²¹²⁻²¹puːɐ⁵⁵

两半　　liaŋ¹³puːɐ⁵⁵两半儿

多半　　to³¹¹puːɐ⁵⁵多半儿

一大半　　i²¹²⁻¹³tho³¹¹puːɐ⁵⁵一大半儿

一个半　　i²¹²⁻²¹ka⁵⁵puːɐ⁵⁵

……上下　　ʃaŋ¹³xɔ¹³

……左右　tso⁴²·iu³¹¹

甲　kɔ²¹²

乙　i·²¹²

丙　pa⁴²

丁　ta³¹¹

戊　u³¹¹

己　tɕi·⁴²

庚　tʃa³¹¹

辛　sin³¹¹

壬　in⁵⁵

癸　tʃy⁵⁵

子　tsɿ⁴²

丑　tɕhiu⁴²

寅　in⁵⁵

卯　mo¹³

辰　sin⁵⁵

巳　tshɿ¹³

午　u⁴²

未　vi·³¹¹

申　sin³¹¹

酉　iu¹³

戌　si·²¹²

亥　xuɣɯ¹³

一转　i²¹²⁻¹³tʃyːɚ⁴²六十年

　一甲子　i²¹²⁻²¹kɔ²¹²⁻¹³tsɿ⁴²

一肖　i·²¹²⁻²¹ʃo⁵⁵十二年

第四章　语法与语料记音

一　语法例句

我们采用北京语言大学语言研究所的《汉语方言地图集调查手册》，共调查溪口方言语法例句 95 个，例句先列方言说法，后列普通话说法。方言说法均先写句子，后标读音。例句体例与"第三章　词汇"相同。

1. ——哪一个？

la$^{42-21}$ i^0 ka?^{55}

——我是老三。

ŋɔ^{55} sʅ^{13} lɤɯ^{13} sɔ^0。

——谁呀？

——我是老三。

2. ——老四呢？

lɤɯ^{13} sʅ^{55} leːn^{55}？

——渠么仍佮朋友讲话。

khɤɯ^{55} mo^0 le^0 kɤɯ^{212} phɛn^{55} iu^{311} kaŋ^{42} uːɐ^{311}。

——老四呢？

——他正在跟一个朋友说着话。

3. 渠还不曾讲完？

khɤɯ^{55} uːɐ^{55} pu^{212} ʃaŋ^{13} kaŋ^{42} uːɐ^{55}？

他还没有说完吗？

4. 还不曾，大约还有一下就讲完着。

uːɐ^{55} pu^{212} ʃaŋ^{13}，

tha$^{311-33}$ iu^{212} uːɐ^{55} iu$^{13-55}$ i$^{212-13}$ xa^{311} tshiu^{311} kaŋ^{42} uːɐ^{55} tʃo^0。

还没有，大约再有一会儿就说完了。

5. 渠讲马上就走个，哈样个半日还是缩仂家里？

khɣɯ⁵⁵kaŋ⁴²muːɐ¹³ʃaŋ⁰tshiu³¹¹tsɣɯ⁴²ka⁰,

xa⁵⁵n̠iaŋ³¹¹ka⁰puːɐ⁵⁵n̠ie³¹¹uːɐ⁵⁵sɿ¹³⁻³¹¹so²¹²⁻²¹le⁵⁵kɔ³¹¹li¹³？

他说马上就走，怎么这半天了还在家里呢？

6. ——尔到哪仂去？

n⁵⁵tɣɯ⁵⁵la⁴²⁻²¹le⁵⁵khɣɯ⁵⁵？

——我到城里去。

ŋɔ⁵⁵tɣɯ⁵⁵sa⁵⁵li¹³⁻²¹khɣɯ⁵⁵。

——你到哪儿去？

——我到城里去。

7. 是么仂，不是个仂。

sɿ¹³mo⁴²le⁰, pu²¹²⁻²¹sɿ¹³ka⁵⁵⁻⁴²le⁰。

在那儿，不在这儿。

8. 不是尔个做，是个个样式儿做个。

pu²¹²sɿ¹³n⁵⁵kə⁰tso⁵⁵, sɿ¹³ka⁵⁵⁻⁴²ka⁰iaŋ³¹¹sɿn¹³tso⁵⁵ka⁰。

不是那么做，是要这么做的。

9. 太多着，用不着个□，只要个一点儿就够着。

tha⁵⁵to³¹¹tʃo⁰,

in³¹¹pu⁰tsho³¹¹ka⁵⁵⁻⁴²n̠in¹³,

tsɿ⁴²io⁵⁵ka⁵⁵⁻⁴²iˑ²¹²⁻²¹tiːn¹³tshiu³¹¹tɕiu⁵⁵tʃo⁰。

太多了，用不着那么多，只要这么多就够了。

10. 个一个大，么一个小，个两个哪仂一个好点儿？

ka⁵⁵⁻⁴²iˑ⁰ka⁰tho³¹¹,

mo⁴²iˑ⁰ka⁰siu⁴², ka⁵⁵⁻⁴²liaŋ¹³ka⁵⁵la⁴²⁻²¹le⁵⁵iˑ²¹²⁻²¹ka⁵⁵xɣɯ⁴²tiːn¹³？

这个大，那个小，这两个哪一个好一点儿呢？

11. 个一个比么一个好。

ka⁵⁵⁻⁴²iˑ⁰ka⁵⁵piˑ⁴²mo⁴²iˑ²¹²⁻²¹ka⁵⁵xɣɯ⁴²。

这个比那个好。

12. 个□屋没得么□屋好。

ka⁵⁵⁻⁴²n̠iˑ¹³vu²¹²⁻²¹mɣɯ³¹¹⁻³³te²¹²⁻²¹mo⁴²n̠iˑ¹³vu²¹²xɣɯ⁴²。

这些房子不如那些房子好。

13. 个句话用溪口话哈样讲？

ka⁵⁵tʃy⁵⁵uːɐ³¹¹in³¹¹⁻³³tʃhe³¹¹⁻³³tɕhiu⁴²uːɐ³¹¹xa³¹¹⁻³³n̦iaŋ³¹¹⁻¹³kaŋ⁴²？

这句话用溪口话怎么说？

14. 渠今年几岁？

khɤɯ⁵⁵tɕin³¹¹⁻³³n̦iːɐ⁵⁵tɕi⁴²seʔ⁵⁵

渠今年多少高寿？

khɤɯ⁵⁵tɕin³¹¹⁻³³n̦iːɐ⁵⁵to³¹¹⁻³³so⁴²kɤɯ³¹¹⁻³³ɕiu³¹¹？

他今年多大岁数？

15. 大约三十多岁。

tha³¹¹⁻³³io²¹²⁻²¹sɔ³¹¹⁻³³sʅ³¹¹to³¹¹⁻³³se⁵⁵。

大概有三十来岁。

16. 个个物事□□多点儿重？

ka⁵⁵⁻⁴²ka⁰mɤɯ³¹¹⁻³³sʅ³¹¹i¹³xɤɯ³¹¹to³¹¹tiːn¹³tshɛn¹³？

这个东西有多重呢？

17. □□五十斤重。

i¹³xɤɯ³¹¹n¹³sʅ³¹¹tɕin³¹¹tshɛn¹³。

有五十斤重呢。

18. 担仇起动哇？

tɔ³¹¹le⁰tɕhi⁴²/tɛn¹³ua⁰？

拿得动吗？

19. 我担得起/动，渠担不起动。

ŋɔ⁵⁵tɔ³¹¹te⁰tɕhi⁴²/tɛn¹³，khɤɯ⁵⁵tɔ³¹¹pu⁰tɕhi⁴²tɛn¹³。

我拿得动，他拿不动。

20. 真不轻，连我都担不起/动着。

tsin³¹¹pu⁰tʃha³¹¹，liːɐ⁵⁵ŋɔ⁵⁵tu³¹¹tɔ³¹¹pu⁰tɕhi⁴²/tɛn¹³tʃo⁰。

真不轻，连我都拿不动了。

21. 尔讲得很好，尔还是得讲点儿□物仇？

n⁵⁵kaŋ⁴²te⁰xuɛn⁴²⁻¹³xɤɯ⁴²，

n⁵⁵uːɐ⁵⁵sʅ²¹²⁻¹³te²¹²kaŋ⁴²tiːn¹³tɤɯ¹³mɤɯ³¹¹lẽ⁰？

你说得很好，你还会说点儿什么呢？

22. 我嘴笨，我讲不过渠仍。

ŋɔ⁵⁵tsi⁴²pɛn³¹¹，ŋɔ⁵⁵kaŋ⁴²puº koⁿ⁵⁵khɤɯ⁵⁵leº。

我嘴笨，我讲渠仍不过。

ŋɔ⁵⁵tsi⁴²pɛn³¹¹，ŋɔ⁵⁵kaŋ⁴²khɤɯ⁵⁵leºpuºkoⁿ⁵⁵。

我嘴笨，我说不过他。

23. 讲着一遍，又讲着一遍。

kaŋ⁴²tʃoºiº;²¹²⁻²¹pi:ɐ⁵⁵，iu⁴²kaŋ⁴²tʃoºiº;²¹²⁻²¹pi:ɐ⁵⁵。

说了一遍，又说了一遍。

24. 请尔再讲一遍！

tsha⁴²n⁵⁵tsu:ɐ⁵⁵kaŋ⁴²i;²¹²⁻²¹pi:ɐ⁵⁵！

请你再说一遍！

25. 不早着，快点儿去！

pu²¹²⁻¹³tsɤɯ⁴²tʃoº，khua⁵⁵ti:n¹³khɤɯ⁵⁵！

不早了，快去吧！

26. 跟□还早，隔一下再去。

kɛn³¹¹sɛn⁵⁵u:ɐ⁵⁵tsɤɯ⁴²，ka²¹²iºxaºtsu:ɐ⁵⁵khɤɯ⁵⁵。

现在还很早呢，等一会儿再去吧。

27. 吃着饭再去好不（好）？

tʃhe²¹²tʃoºfu:ɐ³¹¹tsu:ɐ⁵⁵khɤɯ⁵⁵xɤɯ⁴²puº（xɤɯ⁴²）？

吃了饭再去好吧？

28. 慢慢儿个吃，｛不要｝急！

mu:ɐ³¹¹mu:ɐn¹³kaºtʃhe²¹²，pio²¹²tɕi²¹²！

慢慢儿吃啊，不要急！

29. 坐得个仍吃比徛得个仍吃要好点儿。

tsho¹³teºkaºleºtʃhe²¹²pi⁴²tɕi¹³teºkaºleºtʃhe²¹²io⁵⁵xɤɯ⁴²ti:n¹³。

坐着吃比站着吃好些。

30. 渠吃了着，尔吃｛不曾｝吃个？

khɤɯ⁵⁵tʃhe²¹²liu¹³tʃoº，n⁵⁵tʃhe²¹²pɛn¹³/piaŋ¹³tʃhe²¹²kaº？

他吃了饭了，你吃了饭没有呢？

31. 渠到过上海，我｛不曾｝到过。

khɤɯ⁵⁵tɤɯ⁵⁵koⁿ⁵⁵ʃaŋ¹³xuɤɯ⁴²，ŋɔ⁵⁵piaŋ¹³tɤɯ⁵⁵koⁿ⁵⁵。

他去过上海，我没有去过。

32. 来嗅嗅个枝花香不香。

lu:ɐ⁵⁵ xɛn⁵⁵ xɛn⁰ ka⁰ tsʅ³¹¹ xu:ɐ³¹¹ ʃaŋ³¹¹ pu⁰ ʃaŋ³¹¹。

来闻闻这朵花香不香。

33. □我一本书！

ti⁵⁵ ŋɔ⁵⁵·i²¹²⁻¹³ pɛn⁴² ʃy³¹¹！

给我一本书！

34. 我实在没得书！

ŋɔ⁵⁵ sʅ³¹¹ tshu:ɐ¹³ mɤɯ³¹¹ te²¹²⁻¹³ ʃy³¹¹！

我实在没有书嘛！

35. 尔佮渠讲。

n⁵⁵ kɤɯ²¹²⁻²¹ khɤɯ⁵⁵ kaŋ⁴²。

你告诉他。

36. 好好儿走，⌊不要⌋奔！

xɤɯ⁴² xɤ:n¹³ tsɤɯ⁴²，pio²¹²⁻¹³ pɛn³¹¹！

好好儿地走，不要跑！

37. 医生叫尔多睏一下。

i·³¹¹⁻³³ sa³¹¹ tʃo⁵⁵ n⁵⁵ to³¹¹⁻³³ khuɛn⁵⁵ i·²¹² xa⁰。

医生叫你多睡一睡。

38. 烟也好，酒也好，我都不欢喜。

i:ɐ³¹¹·ia¹³ xɤɯ⁴²，tsiu⁴² ia¹³ xɤɯ⁴²，ŋɔ⁵⁵ tu³¹¹ pu²¹² xu:ɐ³¹¹⁻³³ çi·⁴²。

烟也好，酒也好，我都不喜欢。

39. 不管/□尔去不去，横竖我是要去个。

pu²¹² ku:ɐ⁴²/tha³¹¹ n⁵⁵ khɤɯ⁵⁵ pu⁰ khɤɯ⁵⁵，ua⁵⁵ ʃy¹³ ŋɔ⁵⁵ sʅ¹³ io⁵⁵ khɤɯ⁵⁵ ka⁰。

不管你去不去，反正我是要去的。

40. 尔是哪一年来个？

n⁵⁵ sʅ¹³ la⁴²·i²¹²⁻¹³ ɲi:ɐ⁵⁵ lu:ɐ⁵⁵ ka⁰？

你是哪一年来的？

41. 我是前年儿到北京个。

ŋɔ⁵⁵ sʅ¹³ tshi:ɐ⁵⁵ ɲi:ɐn⁵⁵ tɤɯ⁵⁵ pe²¹²⁻¹³ tʃa³¹¹ ka⁰。

我是前年到的北京。

42. 我非去（不可个）。

ŋɔ^{55}fi^{311}khɤɯ^{55}（pu$^{212-13}$kho^{42}ka^{0}）。

我非去不可。

43. 尔要请我个客。

n^{55}io^{55}tsha^{42}ŋɔ^{55}ka^{0}kha^{212}。

你得请我的客。

44. （一）边走，（一）边讲。

（i^{212}）piːɐ^{311}tsɤɯ^{42}，（i^{212}）piːɐ^{311}kaŋ^{42}。

一边走，一边说。

45. 越走越远，越讲越多。

yːɐ$^{311-33}$tsɤɯ^{42}yːɐ$^{311-33}$yːɐ^{13}，yːɐ$^{311-33}$kaŋ^{42}yːɐ$^{311-33}$to^{311}。

越走越远，越说越多。

46. 帮么个物事担得我伽。

paŋ^{311}mo^{0}ka^{0}mɤɯ$^{311-33}$sɿ^{311}tɔ^{311}te^{0}ŋɔ^{55}le^{0}。

把那个东西拿给我。

47. 有些地方帮太阳叫日头。

iu^{13}ɕi^{311}thi$^{311-33}$faŋ^{311}paŋ^{311}tha^{55}iaŋ^{55}tʃo^{55}ȵie$^{311-33}$thiu^{55}。

有些地方把太阳叫日头。

48. ——尔贵姓？

n^{55}tʃy^{55}sa^{55}？

——我姓王。

ŋɔ^{55}sa^{55}aŋ^{55}。

——您贵姓？

——我姓王。

49. 尔姓王，我也姓王，我佮尔两个人都姓王。

n^{55}sa^{55}aŋ^{55}，ŋɔ^{55}ia^{42}sa^{55}aŋ^{55}，ŋɔ^{55}kɤɯ^{212}n^{55}liaŋ^{13}ka^{0}in^{55}tu^{311}sa^{55}aŋ^{55}。

你姓王，我也姓王，咱们两个人都姓王。

50. 尔先去起，俺人隔一下再去。

n^{55}siːɐ^{311}khɤɯ^{55}tɕhi^{42}，ŋɛn^{55}in^{55}ka^{212}i^{0}xa^{0}tsuːɐ^{55}khɤɯ^{55}。

你先去吧，我们等一会儿再去。

51. 个个吃得，么个吃不得。

ka⁵⁵⁻⁴² ka⁰ tʃhe²¹² te⁰, mo⁴² ka⁰ tʃhe²¹²⁻¹³ pu⁰ te²¹²。

这个吃得，那个吃不得。

52. 个是渠个书，么一本是渠个大□个。

ka⁰ sʅ¹³ khɣɯ⁵⁵ kə⁰ ʃy³¹¹, mo⁰ i²¹²⁻¹³ pen⁴² sʅ¹³ khɣɯ⁵⁵ ka⁰ tho³¹¹⁻³³ laŋ³¹¹ ka⁰。

这是他的书，那一本是他哥哥的。

53. □书个□书，□报个□报，写字个写字。

tshɛn²¹²⁻¹³ ʃy³¹¹ ka⁰ tshɛn²¹²⁻¹³ ʃy³¹¹, tshɛn²¹²⁻²¹ pɣɯ⁵⁵ ka⁰ tshɛn²¹²⁻²¹ pɣɯ⁵⁵, si:ɐ⁴² tshʅ³¹¹ ka⁰ si:ɐ⁴² tshʅ³¹¹。

看书的看书，看报的看报，写字的写字。

54. 香得很，是不（是）？

ʃaŋ³¹¹ te⁰ xuɛn⁴², sʅ¹³ pu⁰（sʅ¹³）？

香得很，是不是？

55. 试试□。

sʅ⁵⁵ sʅ⁰ tshɛn²¹²。

试试看。

56. 今日好热。

tɕin³¹¹⁻³³ ȵie³¹¹ xɣɯ⁴² ȵi:ɐ³¹¹。

今天很热。

57. 我买伱/着一只碗。

ŋɔ⁵⁵ ma¹³ le⁰/tʃo⁰ i⁰ tʃe²¹²⁻¹³ u:ɐ⁴²。

我买了一个碗。

58. 渠是休宁做事。

khɣɯ⁵⁵ sʅ¹³ ɕiu³¹¹⁻³³ la⁵⁵ tso⁵⁵ sʅ³¹¹。

他在休宁工作。

59. 渠是个伱吃饭。

khɣɯ⁵⁵ sʅ¹³ ka⁰ le⁰ tʃhe²¹²⁻¹³ fu:ɐ³¹¹。

渠是么伱吃饭。

khɣɯ⁵⁵ sʅ¹³ mo⁰ le⁰ tʃhe²¹²⁻¹³ fu:ɐ³¹¹。

他在吃饭。

60. 渠今日着着一套新衣裳。

khɣɯ⁵⁵ tɕin³¹¹⁻³³ ȵie³¹¹ tso²¹² tʃo⁰ i⁰ thɣɯ⁵⁵ sin³¹¹ i³¹¹⁻³³ ʃaŋ⁵⁵。

他今天穿着一身新衣服。

61. 渠家门锁着，槛窗也关出来个，一个人都没得。

khɤɯ⁵⁵kɔ⁰mɛn⁵⁵so⁴²tso⁰,

khaŋ¹³tshaŋ³¹¹ia⁴²kuːɐ³¹¹tshɤɯ²¹²luiɐ⁵⁵ka⁰,

i²¹²ka⁵⁵in⁵⁵tu³¹¹⁻³³mɤɯ²¹²⁻¹³te⁰。

渠家门锁得么仿个，槛窗也关得么仿个，一个人都没得。

khɤɯ⁵⁵kɔ⁰mɛn⁵⁵so⁴²te⁰mo⁰le³¹¹ka⁰,

khaŋ¹³tshaŋ³¹¹ia⁴²kuːɐ³¹¹te⁰mo⁰le³¹¹ka⁰,

i²¹²ka⁵⁵in⁵⁵tu³¹¹⁻³³mɤɯ²¹²⁻¹³te⁰。

他家门锁着，窗户也关着，一个人都没有。

62. 渠来（了）着。

khɤɯ⁵⁵luːɐ⁵⁵（liu¹³）tʃo⁰。

他来了。

63. 天要落雨着。

thiːɐ³¹¹io⁵⁵lo³¹¹⁻³³y¹³tʃo⁰。

天要下雨了。

64. 尔帮门关出来／上来。

n⁵⁵paŋ³¹¹mɛn⁵⁵kuːɐ³¹¹tshɤɯ⁰luːɐ⁵⁵／ʃaŋ¹³luːɐ⁵⁵。

你把门关上。

65. 尔帮钱囥（囥）好，｛不要｝跌脱。

n⁵⁵paŋ³¹¹tshiːɐ⁵⁵khaŋ⁵⁵（khaŋ⁵⁵）xɤɯ⁴²，pio²¹²tiːɐ²¹²thɔ²¹²。

你把钱放好，别丢了。

66. 么只碗□渠打破着。

mo⁰tʃe²¹²uːɐ⁴²ti⁵⁵khɤɯ⁵⁵ta⁴²pha⁵⁵tʃo⁰。

那个碗被他打破了。

67. 尔□我一把剪。

n⁵⁵ti⁵⁵ŋɔ⁵⁵i²¹²⁻¹³puːɐ⁴²tsiːɐ⁴²。

你给我一把剪刀。

68. 渠□我一个桃。

khɤɯ⁵⁵ti⁵⁵ŋɔ⁵⁵i²¹²⁻¹³ka⁵⁵thɤɯ⁵⁵。

他给我一个桃子。

69. 个□山我爬得上去，渠爬不上去。

ka⁵⁵⁻⁴² ts ʅ³¹¹sɔ³¹¹ ŋɔ⁵⁵ phu :ɐ⁵⁵ te⁰ ʃaŋ¹³ khɣɯ⁵⁵, khɣɯ⁵⁵ phu :ɐ⁵⁵ pu⁰ ʃaŋ¹³ khɣɯ⁵⁵。

这座山我爬得上，他爬不上去。

70. 尔（再）吃一碗添。

n⁵⁵（tsu:ɐ⁵⁵）tʃhe²¹²i²¹²⁻¹³u:ɐ⁴² thi:ɐ³¹¹。

你再吃一碗。

71. 我｛不曾｝听清楚，尔再讲一遍添。

ŋɔ⁵⁵ piaŋ¹³ tha⁵⁵ tsha³¹¹⁻³³ tshu⁴², n⁵⁵ tsu:ɐ⁵⁵ kaŋ⁴² i²¹² pi:ɐ⁵⁵ thi:ɐ³¹¹。

我没听清，你重说一遍。

72. 昨日渠｛不曾｝来，今日渠还｛不曾｝来。

tsho³¹¹⁻³³ n̠ie³¹¹ khɣɯ⁵⁵ piaŋ¹³ lu:ɐ⁵⁵, tɕin³¹¹⁻³³ n̠ie³¹¹ khɣɯ⁵⁵ u:ɐ⁵⁵ piaŋ¹³ lu :ɐ⁵⁵。

昨天他没有来，今天他还没有来。

73. 我是老师，渠也是老师。

ŋɔ⁵⁵ sʅ¹³ lɣɯ¹³ sʅ³¹¹, khɣɯ⁵⁵ ia⁴² sʅ¹³ lɣɯ¹³ sʅ³¹¹。

我是老师，他也是老师。

74. 尔去不（去）？

n⁵⁵ khɣɯ⁵⁵ pu⁰（khɣɯ⁵⁵）？

你去不去？

75. 尔去｛不曾｝（去）？

n⁵⁵ khɣɯ⁵⁵ piaŋ¹³（khɣɯ⁵⁵）？

你去没去？

76. 兄弟三个渠最/顶大。

ʃy:ɐ³¹¹⁻³³ the¹³ sɔ³¹¹ ka⁵⁵ khɯɯ⁵⁵ tsu:ɐ⁵⁵/ta⁴² tho³¹¹。

弟兄三个他最大。

77. 个碗菜太咸着。

ka⁰ u:ɐ⁴² tshu:ɐ⁵⁵ tha⁵⁵ xɔ⁵⁵ tʃo⁰。

个碗菜咸很着。

ka⁰ u:ɐ⁴² tshu:ɐ⁵⁵ cɣ⁵⁵ xuɛn⁴² tʃo⁰。

这碗菜太咸了。

78. 我吃着三碗饭还｛不曾｝吃饱。

ŋɔ⁵⁵tʃhe²¹²tʃo⁰sɔ³¹¹uːɐ⁴²fuːɐ³¹¹uːɐ⁵⁵piaŋ¹³tʃhe²¹²⁻¹³po⁴²。

我吃了三碗饭还没吃饱。

79. 尔坐得个仂，渠坐得么仂。

n⁵⁵tsho¹³te⁰ka⁰le⁰，khɣɯ⁵⁵tsho¹³te⁰mo⁰le⁰。

你坐这儿，他坐那儿。

80. 坐着，｛不要｝倚出来。

tsho¹³tʃo⁰，pio²¹²tɕi¹³tshɣɯ²¹²⁻²¹luːɐ⁵⁵。

坐得个仂，｛不要｝倚出来。

tsho¹³te⁰ka⁰le⁰，pio²¹²tɕi¹³tshɣɯ²¹²⁻²¹luːɐ⁵⁵。

坐着，别站起来。

81. 渠□电视□□睏着着。

khɣɯ⁵⁵tshɛn²¹²tiːɐ³¹¹⁻³³sɿ¹³tshɛn²¹²tshɛn⁰khuɛn⁵⁵tʃho⁰tʃo⁰。

他看电视看着看着睡着了。

82. 天冷出来着。

thiːɐ³¹¹la¹³tshɣɯ²¹²⁻²¹luːɐ⁵⁵tʃo⁰。

天冷起来了。

83. 渠走仂真快。

khɣɯ⁵⁵tsɣɯ⁴²le⁰tsin³¹¹⁻³³khua⁵⁵。

他走得很快。

84. 我打仂过渠仂。

ŋɔ⁵⁵ta⁴²le⁰ko⁵⁵khɣɯ⁵⁵le⁰。

我打仂渠过。

ŋɔ⁵⁵ta⁴²le⁰khɣɯ⁵⁵ko⁵⁵。

我打得过他。

85. 我打不过渠（仂）。

ŋɔ⁵⁵ta⁴²pu²¹²⁻²¹ko⁵⁵khɣɯ⁵⁵（le⁰）。

我打渠不过。

ŋɔ⁵⁵ta⁴²khŋɔ⁵⁵pu²¹²⁻²¹ko⁵⁵。

我打不过他。

86. 尔去叫渠一句。

n⁵⁵khɣɯ⁵⁵tʃo⁵⁵khɣɯ⁵⁵i²¹²tʃy⁵⁵。

你去叫他一声儿。

87. 个□山没得么□山高。

ka⁰tsʅ³¹¹sɔ³¹¹mɣɯ²¹²⁻²¹te²¹²mo⁰tsʅ³¹¹sɔ³¹¹kɣɯ³¹¹。

这座山不如那座山高。

88. ｛不要｝急，先吃点儿水起再讲。

pio²¹²tɕi²¹²，si:ɐ³¹¹tʃhe²¹²ti:n¹³ʃy⁴²tɕhi⁴²tsu:ɐ⁵⁵kaŋ⁴²。

别急，先喝点儿水再说。

89. 尔□□没得钱？

n⁵⁵ʲ¹³xɣɯ³¹¹mɣɯ²¹²⁻²¹te²¹²tshi:ɐ⁵⁵？

尔□□钱没得？

n⁵⁵ʲ¹³xɣɯ³¹¹tshi:ɐ⁵⁵mɣɯ²¹²⁻²¹te²¹²？

尔□□钱不（啊）？

n⁵⁵ʲ¹³xɣɯ³¹¹tshi:ɐ⁵⁵pu²¹²（a⁰）？

尔钱□□没得个？

n⁵⁵tshi:ɐ⁵⁵ʲ¹³xɣɯ³¹¹mɣɯ²¹²⁻²¹te²¹²ka⁰？

你有没有钱？

90. 尔还□□钱哇？

n⁵⁵u:ɐ⁵⁵ʲ¹³xɣɯ³¹¹tshi:ɐ⁵⁵ua⁰？

我用用只剩一块儿钱着。

ŋɔ⁵⁵in³¹¹in³¹¹tsʅ⁵⁵ʃa⁵⁵i²¹²khuan⁵⁵tshi:ɐ⁵⁵tʃo⁰。

你还有钱吗？我花得只剩下一块钱了。

91. 衣裳干着，裤还｛不曾｝干。

i³¹¹⁻³³ʃaŋ⁵⁵ku:ɐ³¹¹tʃo⁰，khu⁵⁵u:ɐ⁵⁵piaŋ¹³ku:ɐ³¹¹。

衣服干了，裤子还没干。

92. 渠坐仍椅上。

khɣɯ⁵⁵tsho¹³le⁰ʲ⁴²ʃaŋ⁰。

他坐在椅子上。

93. 尔是安徽人，我也是安徽人，渠不是安徽人。

n⁵⁵sʅ¹³u:ɐ³¹¹ʃy³¹¹in⁵⁵，ŋɔ⁵⁵ia⁴²sʅ¹³u:ɐ³¹¹ʃy³¹¹in⁵⁵，khɣɯ⁵⁵pu²¹²⁻²¹sʅ¹³u:ɐ³¹¹ʃy³¹¹in⁵⁵。

你是安徽人，我也是安徽人，他不是安徽人。

94.（寻渠）整个村都寻遍着，都｛不曾｝寻着渠伈。

（tʃin⁵⁵ khɤɯ⁵⁵）tʃa⁴² ka⁵⁵ tshuːɐn³¹¹ tu³¹¹ tʃin⁵⁵ piːɐ̯⁵⁵ tʃo⁰，tu³¹¹ piaŋ¹³ tʃin⁵⁵ tʃho⁰ khɤɯ⁵⁵ le⁰。

找遍了整个村子都没找到他。

95. 书书读不好，手艺手艺又学不好，尔讲哈样搞？

ʃy³¹¹ ʃy³¹¹ thu³¹¹ pu²¹²⁻²¹ xɤɯ⁴²，

çiu⁴² n̠ie³¹¹ çiu⁴² n̠ie³¹¹ iu⁴² xo³¹¹ pu²¹²⁻²¹ xɤɯ⁴²，n̩⁵⁵ kaŋ⁴² xa³¹¹⁻³³ n̠iaŋ³¹¹ ko¹³？

书呢书读不好，手艺呢手艺学不会，你怎么办啊。

二　语法特点

本书侧重对溪口方言语音现象的讨论，词汇和语法现象相对较少。在溪口方言词汇和语法现有调查材料的基础上，对该方言的词汇、语法特点粗略的做一些介绍。

根据赵日新《徽语的特征词》（下文简称《特征词》）一文，溪口方言拥有徽语的 64 条特征词，由此可见该方言在词汇方面的代表性（徽语特征词共 80 条）。这些特征词如下：发风（刮风）、出蛟（山洪暴发）、三十夜（除夕）、苞萝（玉米）、芦稷（高粱）、老鸦（乌鸦）、蚊虫（蚊子）、猴狲（猴子）、馃儿（徽语区一种常见的圆饼形面食）、屋（房子）、房（屋子）、槛儿窗（窗子）、堂前（客厅）、上横头（上座，面对大门的座位）、□［tsho⁴²］下（厨房，《特征词》中写作"灶下"）、猪栏（猪圈）、火□［tshɐn¹³］（火篮，《特征词》中写作"火囱"）、杵棒（帮助挑担用的棍子）、竹笐（晒衣服用的竹竿，《特征词》中写作"笐竹"）、筷儿（筷子）、面糊（浆糊）、铁锤（锤子）、物事（东西，《特征词》中写作"物"）、事/事体（事情）、灶司老爷/菩萨（灶王爷）、阿朝/老朝（祖父）、老公（丈夫）、叔伯母（妯娌）、面（脸）、面盆（脸盆）、洗面水（洗脸水）、洗面（洗脸）、顺手（右手）、反手（左手）、脚头/脚膝头（膝盖）、［月匹］（女阴）、［尸从］（精液）、碰着（遇见）、来家（回家来）、去家（回家去）、洗浴（洗澡）、是（判断动词，相当于"在"）、徛（站）、嬉（玩）、睏（睡）、囥（放，藏）、驮（抱，

《特征词》中写作"佗"）、担（拿）、伏（孵）、跌（坠落，遗失）、跌古（丢人）、传袋（婚礼上新郎新娘从传递的麻袋上进入洞房）、尔（你）、自家（自己）、乌（黑）、丑（不好看）、晏（晚）、牢（坚固）、硬（形容液体如稀饭等稠）、只（一只鱼）、不（否定副词）、个（结构助词"的"）、添（动词的后置性成分，相当于"再"）、起（动词的后置性成分，相当于"先"）。

溪口方言语法特点：

1. 词法特点

（1）表示动物雌雄的语素，习惯放在种称名词的后面，如：公鸡说"鸡公"、母鸡说"鸡母"，母猪说"猪嬷"。

（2）有前缀"阿"，可以用于某些亲属称谓的前面，如：阿朝（爷爷）、阿奶儿（奶奶）、阿□［ia⁵⁵］（爸爸）、阿公（公公）、阿婆（婆婆）。此外，还有"阿 + 名排行"用法，如：阿明、阿三。有后缀"头"，如：十块头（十元一张的钱币）、五间头（五间一座的房屋）、一下头（一下）。儿尾使用广泛、作用多样，详见第二章"四 语流音变"。

（3）单音节动词如"问"有"问问、问一问、问问□［tshɛn²¹²］（问问看）、问一问□［tshɛn²¹²］（问一问看）"等重叠方式，有"看看看"（看看）的说法。

（4）程度副词"很"有后置说法，如：热得很、热很了。

（5）有相当于"的"的肯定语气词"个"，如：渠会来个/渠会得来个（他会来的）。

2. 句法特点

（1）完成体用"着"或"仂［le⁰］"表示，相当于普通话的"了"，如：我吃仂/着一碗饭（我吃了一碗饭）、我吃好着（我吃了饭了）、渠来着三日着（他来了三天了）。此外，完成体还有"动词 + 脱着"的形式，如：鸡死脱着（鸡死了）、鞋破脱着（鞋破了）。

（2）已然体与将然体形式不同，前者用"着"，如：天光着（天亮了），后者常同时使用"快"以强化将然的意味，如：天快光着/快天光着（天快亮了）。

（3）进行体是在动词前用一个由介词和表方位的指示代词构成的介词词组（是个仂/是么仂）表示，表明动作正在进行，如：渠是个仂/是么仂吃饭（他在吃饭呢）。指示代词用近指（是个仂）还是远指（是么仂）要视动作进行的位置离说话人的距离远近而定，意义较虚。

（4）持续体表陈述或祈使时在动词后加表示方位、处所的词语（个仂／么仂）表示，表陈述的持续体如：坐得个仂吃比徛得个仂吃要好点儿（坐着吃比站着吃好些）、渠么仂佮朋友讲话（他正在跟一个朋友说着话）。表祈使的持续体如：尔坐仂个仂（你坐着）。表示方位、处所词语（个仂／么仂）的选用视该动作进行的位置与说话人的距离远近而定。带宾语时用"着"表示持续，如：渠今日着着一套新衣裳（他今天穿着一身新衣服）。在存现句中，可以单独用"着"表示持续，如：渠家门锁着，槛窗也关□［tshɤɯ²¹²］来个，一个人都没得（他家门锁着，窗户也关着，一个人都没有。）。

（5）处置句用"把"或"帮"，如：渠把／帮碗打脱着（他把碗打破了）。其中动词是表示具体动作行为的及物动词，并且是复杂形式。

（6）被动句，在动词前加介词短语表示，用"□［ti⁵⁵］"引出施事，如：么只碗□［ti⁵⁵］渠打破着（那个碗被他打破了）。表示被动的介词"□［ti⁵⁵］"必须引出施事，没有"碗被打破了"之类的说法。

（7）双宾句，用"□［ti⁵⁵］"引出间接宾语，直接宾语在后，如：□［ti⁵⁵］我一本书（给我一本书）。

（8）反复问句，如"你去不去？"在溪口中有"尔去不去？"、"尔去不？"两种形式；"你去没去？"在溪口中有"尔去不曾去？"、"尔去不曾？"两种形式；"你抽烟不抽烟？"在溪口有"尔吃烟不吃烟？"、"尔吃不吃烟？"和"尔吃烟不？"三种形式。

（9）可能补语有两种形式，一种是在动词后加"得"或"不得"，一种是在动结式或动趋式短语中插入"得"或"不"。前者如：个个吃得（这个吃得）、么个吃不得（那个吃不得），后者如：吃得饱、吃不饱。

（10）宾语和补语的顺序非常灵活，如"叫他一声"在溪口有"叫渠一句"、"叫（一）句渠"两种说法，"打得过他"有"打得过渠"、"打得渠过"两种说法，"打不过他"有"打不过渠"、"打渠不过"两种说法。

（11）方言中有把修饰语放在动词之后的情况，这种修饰语叫作动词

的后置成分，溪口有"添"、"起"等后置成分。"添"意义相当于
"再"，表示动作的追加和继续，如：尔吃一碗添（你再吃一碗）、尔再吃
一碗添（你再吃一碗），后一种说法也可省略"添"，但以不省略为常；
"起"意义相当于"先"，表示动作在时间上的领先性，如：尔去起（你
先去）、尔先去起（你先去），后一种说法也可省略"起"。

三　语料记音

pe^{212-13} $f\epsilon n^{311}$ $k\gamma\mu^{212-21}$ ηie^{311-33} $thiu^{55}$

北　风　俖　日　头

iu^{13} i^{212-21} $xu\gamma\mu^{55}$, pe^{212-13} $f\epsilon n^{311}$ $k\gamma\mu^{212-21}$ ηie^{311-33} $thiu^{55}$ $tshu$ː $\textrm{e}^{13}$ mo^{42}

有　一　回，　北　风　俖　日　头　在　么

le^{0} tsa^{311-33} luː ϵn^{311} la^{42-21} ka^{55} ka^{0} $p\epsilon n^{42-33}$ $s\textrm{l}^{311-33}$ tho^{311}。 tsa^{311} luː $\textrm{e}^{55}$ tsa^{311}

伖　争　论　哪　个　个　本　事　大　。争　来　争

$kh\gamma\mu^{55}$, $tshiu^{311}$ $s\textrm{l}^{13}$ $f\epsilon n^{311}$ pu^{212-13} $tshu$ː $\textrm{e}^{212}$ i^{212-21} ka^{55} $k\gamma\mu^{311-33}$ te^{311} luː $\textrm{e}^{55}$。

去，　就　是　分　不　出　一　个　高　低　来　。

ka^{55-42} ka^{0} $s\textrm{l}^{55}$ ςiu^{311}, lu^{311} $\int a\eta^{13}$ luː $\textrm{e}^{55}$ $t\int o^{0}$ i^{212-21} ka^{55} $ts\gamma\mu^{42}$ lu^{311} ka^{0} in^{55},

个　个　时　候，路　上　来　着　一　个　走　路　个　人　，

$kh\gamma\mu^{55}$ sin^{311} $\int a\eta^{13}$ $t\int hy$ː $\textrm{e}^{311-33}$ $t\int o^{0}$ i^{212-21} $tshi$ː $\textrm{e}^{13}$ ςiu^{13} tho^{311-33} i^{311}。

渠　身　上　穿　着　一　件　厚　大　衣。

$kh\gamma\mu^{55}$ $lia\eta^{13}$ in^{55} le^{0} $tshiu^{311}$ $ka\eta^{42-13}$ $x\gamma\mu^{42}$ $t\int o^{0}$, la^{42} i^{212-21} ka^{55} le^{0} siː $\textrm{e}^{311-33}$

渠　两　人　伖　就　讲　好　着，　哪　一　个　伖　　先

$t\int o^{55}$ ka^{55-42} ka^{0} $ts\gamma\mu^{42}$ lu^{311} ka^{0} in^{55} thuː $\textrm{e}^{212-21}$ $x\textrm{O}^{13}$ $kh\gamma\mu^{55}$ ka^{0} ςiu^{13} tho^{311-33}

叫　个　个　走　路　个　人　脱　下　渠　个　厚　大

i^{311}, $tshiu^{311-33}$ suː $\textrm{e}^{55}$ la^{42} i^{212-21} ka^{55} ka^{0} $p\epsilon n^{42}$ $s\textrm{l}^{311-33}$ tho^{311}。 pe^{212-13} $f\epsilon n^{311}$

衣，　就　算　哪　一　个　个　本　事　大　。北　风

$tshiu^{311-33}$ in^{311-33} $t\varsigma in^{55}$ ka^{0} $t\int hy^{311}$ $tshu$ː $\textrm{e}^{212-21}$ luː $\textrm{e}^{55}$ $t\int o^{0}$, pu^{212-21} ko^{55},

就　用　劲　个　吹　出　来　着，不　过，

$kh\gamma\mu^{55}$ yː $\textrm{e}^{311}$ $t\int hy^{311-33}$ te^{0} li^{55} $xu\gamma\mu^{311}$ le^{0}, mo^{42} ka^{55} $ts\gamma\mu^{42}$ lu^{311} ka^{0} in^{55} le^{0}

渠　越　吹　得　厉　害　伖，　么　个　走　路　个　人　伖

$tshiu^{311}$ $pa\eta^{311}$ tha^{311-33} i^{311} ko^{42} te^{0} yː $\textrm{e}^{311}$ $t\varsigma in^{42}$。 ςiu^{13} luː $\textrm{e}^{55}$, pe^{212-13} $f\epsilon n^{311}$ le^{0}

就　帮　大　衣裹得越　　紧。后　来，北　风　仍

mɣɯ²¹²⁻²¹ te⁰ phuː ʐ³¹¹ fuː ʐ²¹² tʃo⁰, tsʅ⁴²⁻¹³ xɣɯ⁴² tshiu³¹¹ suː ʐ⁵⁵ tʃo⁰。

没　　得　办　法　着，只　好　就　　算　　着。

ko⁵⁵ tʃo⁰ iˑ²¹²⁻¹³ xa³¹¹, ȵie³¹¹⁻³³ thiu⁵⁵ tshuː ʐ²¹²⁻²¹ luː ʐ⁵⁵ tʃo⁰。khɣɯ⁵⁵ xo⁴²

过　着　一　下，日　　头　出　　来　　着。渠　火

lɔ³¹¹ lɔ³¹¹ ka⁰ iˑ²¹²⁻²¹ sa⁵⁵, mo⁴² ka⁰ tsɣɯ⁴² lu³¹¹ ka⁰ in⁵⁵ muː ʐ¹³ ʃaŋ¹³

tshiu³¹¹ pɑŋ³¹¹

辣　辣　个　一　晒，么　个　走　路　个　人　马　上　就　　帮

mo⁴² tɕhiː ʐ¹³ ɕiu¹³ tha³¹¹⁻¹³ iˑ³¹¹ thuː ʐ²¹²⁻²¹ˑ xɔ⁰ luː ʐ⁵⁵ tʃo⁰。ka⁵⁵⁻⁴² iˑ²¹²⁻²¹

么　件　厚　大　衣　脱　下　来　着。个　　一

xa³¹¹ le⁰, pe²¹²⁻¹³ fɛn³¹¹ tsʅ⁴²⁻¹³ xɣɯ⁴² sa⁵⁵ ȵin³¹¹, khɣɯ⁵⁵ liaŋ¹³ ka⁰ in⁵⁵ taŋ³¹¹⁻³³

下　仍，北　风　只　好　承　认，渠　两　个　人　当

tsɛn³¹¹, uː ʐ⁵⁵ sʅ¹³ ȵie³¹¹⁻³³ thiu⁵⁵ ka⁰ pɛn⁴² sʅ³¹¹⁻³³ tho³¹¹。

中，还　是　日　头　个　本　事　大。

附：

北风跟太阳

　　有一回，北风跟太阳在那儿争论谁的本事大。争来争去就是分不出高低来。这时候路上来了个走道儿的，他身上穿着件厚大衣。他们俩就说好了，谁能先叫这个走道儿的脱下他的厚大衣，就算谁的本事大。北风就使劲儿地刮起来了，不过他越是刮得厉害，那个走道儿的把大衣裹得越紧。后来北风没法儿了，只好就算了。过了一会儿，太阳出来了。他火辣辣地一晒，那个走道儿的马上就把那件厚大衣脱下来了。这下儿北风只好承认，他们俩当中还是太阳的本事大。

参考文献

北京大学中国语言文学系语言学教研室：《汉语方音字汇》（第二版），语文出版社 2003 年版。

北京语言大学语言研究所：《汉语方言地图集调查手册》，澳门语言学会出版 2003 年版。

曹志耘：《严州方言研究》，好文出版 1996 年版。

陈章太、李如龙：《闽语研究》，语文出版社 1991 年版。

程樨生：《徽州休宁县溪口方言音系》，1958 年初稿，汉语方言学会第二届年会论文，1983 年。

丁声树、李荣：《汉语音韵讲义》，《方言》第 4 期，1981 年。

冯爱珍：《福清方言研究》，社会科学文献出版社 1993 年版。

顾黔：《通泰方言音韵研究》，南京大学出版社 2001 年版。

侯精一 温端政：《山西方言调查研究报告》，山西高校联合出版社 1993 年版。

侯精一主编、尹世超编写：《哈尔滨话音档》，上海教育出版社 1997 年版。

侯精一主编、周磊编写：《乌鲁木齐话音档》，上海教育出版社 1997 年版。

侯精一主编、张成材编写：《西宁话音档》，上海教育出版社 1997 年版。

侯精一主编、李蓝编写：《贵阳话音档》，上海教育出版社 1997 年版。

侯精一主编、施其生编写：《汕头话音档》，上海教育出版社 1997 年版。

侯精一主编、魏钢强、陈昌仪编写：《南昌话音档》，上海教育出版社1998年版。

侯精一主编：《现代汉语方言概论》，上海教育出版社2002年版。

黄伯荣、廖序东主编：《现代汉语》，高等教育出版社1997年版。

江西省地方志编纂委员会：《江西省志－方言志》，方志出版社2005年版。

李荣：《切韵音系》，科学出版社1956年版。

李如龙、张双庆：《客赣方言调查报告》，厦门大学出版社1992年版。

林焘、耿振生：《音韵学概要》，商务印书馆2002年版。

刘勋宁：《一个中原官话中曾经存在过的历史层次》，《语文研究》第1期，2005年。

罗昕如：《新化方言研究》，湖南教育出版社1998年版。

平田昌司主编：《徽州方言研究》，好文出版1998年版。

钱乃荣：《当代吴语研究》，上海教育出版社1992年版。

秋谷裕幸：江西广丰方言音系，《方言》第3期，2000年。

上海市语文学会、香港中国语文学会：《吴语研究——第二届国际吴方言学术研讨会论文集》，上海教育出版社2003年版。

谭邦君主编：《厦门方言志》，北京语言学院出版社1996年版。

王军虎：《晋陕甘方言的"支微入鱼"现象和唐五代西北方音》，《中国语文》第3期，2004年。

熊正辉：《南昌方言同音字汇》，《方言》第3期，1989年。

张光宇：《吴闽方言关系试论》，《中国语文》第3期，1993年。

赵日新：《徽语的小称音变和儿化音变》，《方言》第2期，1999年。

赵日新：《徽语的特征词》，载李如龙主编：《汉语方言特征词研究》，厦门大学出版社2001年版。

赵日新：《徽语古全浊声母今读的几种类型》，《语言研究》第4期，2002年。

赵日新：《徽语的特点和分区》，《方言》第3期，2005年。

中国社会科学院语言研究所：《方言调查字表》，商务印书馆1999年版。